内部审计工作法系列

提升经营效率、
强化风险管理、
促进价值再造

增值型

内部审计

周平　荣欣／主编

人民邮电出版社

北京

图书在版编目（CIP）数据

增值型内部审计：提升经营效率、强化风险管理、促进价值再造 / 周平，荣欣主编. -- 北京：人民邮电出版社，2022.9
（内部审计工作法系列）
ISBN 978-7-115-59679-6

Ⅰ．①增… Ⅱ．①周… ②荣… Ⅲ．①内部审计 Ⅳ．①F239.45

中国版本图书馆CIP数据核字（2022）第121385号

内 容 提 要

随着经济与管理技术的不断发展，内部审计也在不断与时俱进，适应不断出现的新业务、新管理思维，内部审计的职能也逐渐由查错纠弊转换为价值再造，由成本中心转化为利润中心。面对新变化，如何结合企业的经营实际做好增值型内部审计成为了内审部门关注的重点方向。

本书针对企业经营管理中的增值型内部审计，提供了详细的思路与方法，并辅以生动的实战案例，全面涵盖了基建、采购、制造、营销、内部控制、组织管理等重点环节。本书案例丰富、理念新颖，是增值型内部审计的实战指南，旨在为内部审计工作者传递新的审计理念，学习进阶的审计知识及方法，让内部审计为企业增值，从而提高内部审计在企业中的重要性，让内部审计与业务部门的联系更加紧密及牢靠。

◆ 主　编　周　平　荣　欣
责任编辑　刘晓莹
责任印制　周昇亮

◆ 人民邮电出版社出版发行　　北京市丰台区成寿寺路 11 号
邮编　100164　电子邮件　315@ptpress.com.cn
网址　https://www.ptpress.com.cn
北京天宇星印刷厂印刷

◆ 开本：700×1000　1/16
印张：19　　　　　　　　　　2022 年 9 月第 1 版
字数：272 千字　　　　　　　2025 年 1 月北京第 8 次印刷

定价：108.00 元

读者服务热线：（010）81055296　印装质量热线：（010）81055316
反盗版热线：（010）81055315
广告经营许可证：京东市监广登字 20170147 号

内部审计工作法系列丛书
编委会

总　序

　　近日，作为第一读者阅读了人民邮电出版社即将出版的"内部审计工作法系列"丛书送审稿后，我很兴奋。这套丛书共五本，有理论，有方法，还有案例分享，特别是《内部审计思维与沟通》一书，紧紧抓住了内部审计的两大基本技能并进行深入阐述，达到了很好的效果。在审计实务方面，本套丛书将内部审计区分为"增值型"与"合规型"两大类别，较好地反映了内部审计在企业和行政事业单位的工作实际；《内部审计情景案例》一书以案释纪、以案说理，给人留下深刻的印象；《内部审计工作指南》一书条理清晰、重点明确，涵盖了内部审计全流程的核心工作。

　　本套丛书的作者皆是来自内部审计一线的理论与实务工作者，他们在书中认真分析、借鉴和总结了当前国内外内部审计先进的理念和方法，他们勤于思考、思维开阔、洞察力强，衷心希望他们和这套丛书都可以为我国内部审计事业的发展添砖加瓦。

第十一届全国政协副主席

审计署原审计长

中国内部审计协会名誉会长

2022. 5. 28

图 1　李金华副主席与本套丛书作者代表
2017 年 11 月，在全国内部审计"双先"表彰大会期间的合影，
左起：荣欣、林云忠、李金华、杨芸芸

图 2　李金华副主席、李如祥副会长与本套丛书作者代表
2018 年 9 月，在中国内部审计协会第七届理事会第一次会议时的合影，
左起：荣欣、李如祥、李金华、林云忠、周平

推荐序一

内部审计是建立于组织内部、服务于管理部门的一种独立的检查、监督和评价的活动，是为了适应和满足一个组织的内生动力与内在需要而产生的职业，因其具有"术业有专攻"的专业胜任能力要求，所以更彰显出其在组织管理中所不可替代的地位。正因为如此，在现代组织管理理论中，内部审计作为组织治理的四大基石之一（董事会、高级管理层、外部审计、内部审计），被誉为是"对管理者的再管理，对监督者的再监督"的职业。

随着中国经济快速发展，中央高层越来越重视内部审计工作。2018 年，中央审计委员会第一次会议上指出"审计是党和国家监督体系的重要组成部分。……要加强对内部审计工作的指导和监督，调动内部审计和社会审计的力量，增强审计监督合力"。可以说，内部审计作为我国审计监督体系中重要的组成部分，迎来了加快发展的"春天"。未来十年，也将迎来我国内部审计前所未有的发展机遇期。

实务的发展需要理论的支持，理论的价值需要实务去印证，内部审计实务图书的高质量建设在内部审计人才培养中具有重要地位。正是基于对这一价值观的认识和对审计行业的高度使命驱动，袁小勇、林云忠等一批具有深厚理论功底和丰富实践经验的专家学者，集思广益、默默耕耘、精雕细琢、系统探索，编写了这套"内部审计工作法系列"丛书。

本套丛书从综合结构与编写思路上来看，既有审计基础理论的阐述与创新

（《内部审计工作指南》《内部审计思维与沟通》）；也有审计实务的指导（《合规型内部审计》《增值型内部审计》）；还有审计案例的分析与探讨（《内部审计情景案例》），可以说是一套设计思路清晰、逻辑结构合理、内容务实完整、层次递进互补的"内部审计工作法"体系。

在具体内容上，本套丛书的作者均是从事审计理论研究与实务工作的资深专家，深知审计实务中的重点、热点、痛点与难点。因此，在写作过程中，作者们能够以《国际内部审计实务框架》和《中国内部审计准则》为基础、作依据，以党和国家对内部审计工作的新要求为标准、作指引，力求实现理论与实务相结合。

我作为本套丛书的第一读者，深感荣幸，也相信本套丛书会给读者日常工作带来启发与收获，给理论探讨提供思路与指导，感谢作者与编写者们的辛苦劳动与智慧付出，希望作者、编者与读者一道，立足本职工作，深耕专业领域，在健全内控、揭示舞弊、提示风险、评估价值、提升效益、保障利益相关人权益等方面做出自己应尽的努力，为中国内部审计的发展做出自己应有的贡献。

中国内部审计协会副会长

雅戈尔集团监事会主席

李如祥

2022 年 5 月 7 日于宁波

推荐序二

从全球视角看，内部审计理论产生于 20 世纪 40 年代初。1942 年，随着维克托·Z. 布林克 (Victor Z. Brink) 的著作《内部审计——性质、职能和程序方法》的出版，内部审计理论得以面世。80 年来，内部审计职业在快速发展，内部审计理论研究也在不断升温，而系列研究成果陆续问世、理论体系日渐成熟，也指导着内部审计实践发展。我国内部审计起步于 20 世纪 80 年代初，伴随国家审计事业的发展，其功能、作用也在不断提升，社会各界对内部审计的需求更是非常迫切。毋庸置疑，21 世纪以来，我国内部审计事业进入了高速发展的快车道，以增加价值为目标的现代管理审计蓬勃发展。今天，中国特色社会主义进入新时代，我国的经济社会环境也发生了巨大的变化，环境的变化对审计理论研究和实践体系创新提出了新要求。

宁波市内部审计协会副会长林云忠，教育部审计学课程思政教学名师（2021 年）、首都经济贸易大学会计学院案例研究中心主任袁小勇等一批专家学者基于深厚的理论功底和丰富的实践经验，编写了这套"内部审计工作法系列"丛书，书名分别是《内部审计工作指南》《内部审计思维与沟通》《合规型内部审计》《增值型内部审计》《内部审计情景案例》，我能先睹为快，欣喜无比。

这套丛书是在新时代内部审计面临高质量发展的大时代背景下编写的，在继承、发展传统内部审计理论的基础上，以习近平新时代中国特色社会主义思想为指引，彰显了中国特色社会主义内部审计理论的精髓和特色，具有创新性和前瞻性。这套丛书的内容体例完整，既有基础理论的发展与创新，也有实践的应用与指导。

在《内部审计工作指南》中，作者从内部审计发展、演变的脉络出发，应用内部审计理论、管理学理论等相关学科知识，阐述了现代内部审计业务的内涵和外延，展开了对财政财务收支审计、经济活动审计、内部控制审计、风险管理审计等核心内容的论述，并以上述业务为基础，深入探讨了内部审计程序和方法、进阶数智应用的路径及内部审计部门的管理。

在《内部审计思维与沟通》中，作者从审计主体出发，运用案例分析法，就审计思维的内涵、内部审计思维体系的构成、审计思维在内部审计工作中的运用等相关内容进行了阐述，这是在一般审计流程描述基础上的一次飞跃和升华。

在《合规型内部审计》中，作者从国内外内部审计理论和实践的比较分析入手，结合我国的审计实践案例，运用委托代理理论等相关学科知识，界定了合规性审计与合规型内部审计的概念和发展逻辑，进一步探讨了开展合规型内部审计中审计业务的方法，使内部审计业务在合规性审计视域下的理论和应用更加丰富。

在《增值型内部审计》中，作者从"什么是增值型内部审计"这一问题出发，清晰地界定了增值型内部审计的概念，这本身就是一个理论创新。众所周知，增值型内部审计的概念是 IIA 在 2001 年发布的《国际内部审计专业实务框架》（IPPF）中第一次提出的，之后，国内外专家学者开始了对"什么是内部审计价值""内部审计怎么帮助组织增加价值"等一系列问题的探讨，实务界也开始了对增值型内部审计的实践探索，但到目前为止，对增值型内部审计概念尚未有一个统一的解释和定义，这本书在这些方面却给出了独到的观点和解读，并与《合规型内部审计》相互印证，使《增值型内部审计》框架清晰可辨。

在《内部审计情景案例》中，作者以不同组织类型的内部审计实践为原型，基于丰富的培训经验，来契合读者的学习需求，用讲故事的方式再现内部审计实务情景，使内部审计业务更加形象、真实。

这套丛书的内容相互支撑、互为印证，体现了很好的内在逻辑。同时，每本书都有理论分析和应用案例，能够自成体系，紧扣主题；丛书在写作方法方面也有所创新，采用了问题导向、逻辑分析加应用指引的方式，有助于读者学习和理解，引人入胜；丛书契合中国国情和内部审计环境，有厚度、有内涵；丛书的作者都有长期参加内部审计、主管内部审计工作的丰富经验，对内部审计充满了热爱，他们将理论修养、实践经验和内部审计情感全部带入这套丛书中，使这套丛书更具情怀。

相信这套丛书会给读者一个全新的感受，会使读者受到很好启迪的同时收获丰富的知识。感谢作者们的努力，向各位作者致敬！

中国内部审计协会准则专业委员会副主任委员

南京财经大学副校长

时 现

2022 年 4 月 7 日于南京

推荐序三

　　经济越发展，审计越重要。随着中国经济的快速发展，国家越来越重视内部审计工作。2019 年 10 月发布的《中共中央关于坚持和完善中国特色社会主义制度推进国家治理体系和治理能力现代化若干重大问题的决定》对坚持和完善党和国家监督体系进行了部署，审计监督作为党和国家监督体系的有机组成部分，是推进国家治理体系和治理能力现代化的重要力量。内部审计作为我国审计监督体系的重要组成部分，被寄予了越来越多的期待，这也为内部审计机构和内部审计人员在组织机构中占据新的位置提供了极好的机遇。

　　因此，内部审计对于人才的需求量越来越大，越来越多的年轻人投身于内部审计的工作之中。但是目前国内开设内部审计课程的高校却寥寥无几，且内部审计作为一门实践性较强的学科，对工作人员的综合素质和工作能力有着较高的要求，无论是刚刚进入内部审计行业的年轻人，还是具有一定工作经验的内部审计工作者，在内部审计实务工作方面都需要一定的指导和点拨。目前已出版的内部审计图书品种少、缺乏体系性的策划，在内容的完整性和实用性方面均有所缺失，因此需要一批理论与实务经验丰富、对内部审计工作有深刻理解和认识的权威专家作为创作者，打造一套贴近实务、知识体系完整的内部审计实务工作学习读物，在弥补市场空白、树立行业标杆的同时，为广大的内部审计工作人员提供科学的指导，推动我国内部审计的人才培养，为我国内部审计的行业发展做出贡献。在此背景下，以袁小勇、林云忠为代表的一批具有丰富实践经验和理论功底的专家学者，勇于担当，通过大量的实践调研和线上线下的会议来征求意见，深耕细作、努力探索，编写了这套"内部审计工作法系列"丛书。

本套丛书有以下几个特点。

一是内容体系完整、层次递进互补。丛书共五册，既有内部审计理论（《内部审计工作指南》《内部审计思维与沟通》），又有内部审计工作实务（《合规型内部审计》《增值型内部审计》），还有内部审计案例分析研讨（《内部审计情景案例》），是一套逻辑结构完整、层次递进互补的内部审计工作法系列丛书。

二是重视审计思想、突出核心能力。2015 年 CBOK 对全球内部审计从业人员进行的三次调查表明，思维与沟通是内部审计师必须具备的两项核心能力，越来越受到审计职业人士的重视。《内部审计思维与沟通》对这两项核心能力进行了全面、系统的阐述，抓住了内部审计人才建设的核心，有助于内部审计工作者建立内部审计思维，提高审计推理与沟通技能，增进对内部审计工作的理解。

三是捕捉时代热点、紧抓实务要点。《合规型内部审计》是国内外经济环境变化速度快，合规性审查越来越趋于常态化、严厉化的一种产物，在目前内部审计图书市场中它属于创新性的产品，难能可贵。《增值型内部审计》是从 21 世纪内部审计发展的新理念、新要求出发，对现代内部审计职能进行重新定位后的一种全面阐述。本书内容包含增值型内部审计的开展方式与主要方法，增值型内部审计在采购环节、生产环节、销售环节、基建环节等方面的具体应用，内容非常丰富。

四是以案说理，引起读者思索。《内部审计情景案例》以情景案例的形式，通过情景认知、情景导入、情景演示、专家点评等元素，让读者置身于某个具体的审计情景之中——以自己作为案例中的主角，主动参与案例的分析与思考，从而增强自己在学习与工作中的思考能力，也能为内部审计实务工作者提供借鉴。

　　本套丛书既适用于各类审计实务工作者、纪检监察人员阅读、研究，也可以作为高等学校财会审计类专业大学生、研究生的参考教材，还可作为从事内部审计研究者的参考读物。

　　借此机会，谨向付出了艰辛劳动的全体作者及出版社的编辑人员致以崇高的敬意，向为丛书创作提供支持与帮助的各界人士表示衷心的感谢。

复旦大学管理学院教授

李若山

2022 年 5 月 11 日于上海

丛书前言

进入 21 世纪以来，内部审计在推动组织治理、风险管理和实现战略目标等方面所发挥的重大价值越来越引起世界范围内的高度重视。内部审计师作为一个与经济紧密交织的全球性职业，正在展示其卓越的领导力、灵活性和相关性。在中国，随着经济的稳定发展，越来越多的年轻人加入内部审计的队伍，为防范组织风险的最后一道防线助力。面对新形势，内部审计理论研究者和实务工作者必须突破传统的职能定位和工作思路，重新审视内部审计在组织治理中的地位及所肩负的新使命和新要求，并结合内部审计工作实际，调整内部审计工作视角，改变内部审计工作思路，以新姿态、新举措、新作为，促进内部审计工作高质量发展。为了系统地帮助与指导审计实务工作者更好地开展内部审计工作，在中国内部审计协会的支持与鼓励下，人民邮电出版社联合内部审计一线工作的专家、教授和全国内部审计先进工作者，组成了"内部审计工作法系列"丛书编委会。

编委会在线上、线下经过充分的会议讨论，通过调研、征求部分国有企业和民营企业中内部审计实务工作者的建议，将内部审计按工作的重心分为两大类：合规型内部审计与增值型内部审计，前者主要在行政事业单位运用较多，后者主要在企业单位运用较多。考虑到审计思维与沟通这两大基本技能在内部审计工作中的重要性，以及内部审计实务工作者对案例分析研究的需求，编委会决定本套丛书确定为以下五部图书：《内部审计工作指南》《内部审计思维与沟通》《合规型内部审计》《增值型内部审计》《内部审计情景案例》。这五本书的逻辑关系如图3所示。

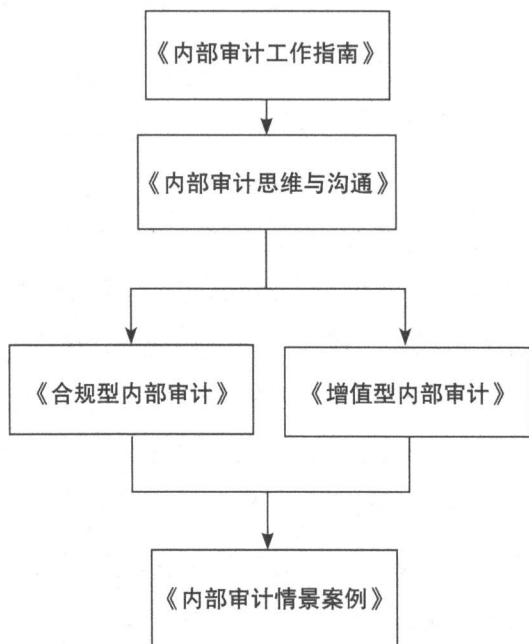

```
┌─────────────────────────┐
│   《内部审计工作指南》    │
└─────────────────────────┘
             │
             ▼
┌─────────────────────────┐
│  《内部审计思维与沟通》   │
└─────────────────────────┘
             │
      ┌──────┴──────┐
      ▼             ▼
┌──────────────┐ ┌──────────────┐
│《合规型内部审计》│ │《增值型内部审计》│
└──────────────┘ └──────────────┘
      │
      ▼
┌─────────────────────────┐
│  《内部审计情景案例》     │
└─────────────────────────┘
```

图3　"内部审计工作法系列"丛书的逻辑关系

《内部审计工作指南》作为本套丛书第一部，相当于内部审计的基本原理。本书紧紧围绕中国内部审计准则和审计署关于内部审计的规定，以及党和国家对内部审计工作的新要求来撰写，内容涉及内部审计的职能与使命、内部审计核心业务类型、审计计划制订、审计方案实施、审计报告、审计结果运用与后续审计等。

《内部审计思维与沟通》作为本套丛书第二部，是对内部审计两大基本技能的系统阐述。本书紧紧围绕审计思维与沟通这两个重要主题，帮助内部审计工作者建立内部审计思维、提高审计推理能力，通过分享内部审计沟通技巧，增进读者对内部审计工作的理解。

《合规型内部审计》作为本套丛书第三部，第一次系统地对合规型内部审计进行全方位的探讨。本书从理论、方法、案例三个维度对组织违法违纪违规、领导干部失职渎职、员工舞弊、内控失效等典型的合规性问题进行深入系统的分析，帮助读者阔眼界、明规律、理思路、懂策略、识大体。

《增值型内部审计》作为本套丛书第四部，以全国内部审计先进单位——方太集团这一民营企业为原型，第一次把增值型内部审计理念、具体场景与企业组织管理的特征有机地结合在一起，从采购、生产、销售、基建等环节具体讲述内部审计是如何发挥增值作用的，让读者能够得到更好的审计实践体验。

《内部审计情景案例》作为本套丛书第五部，以情景案例的形式，通过情景认知、情景导入、情景演示、专家点评等元素，让读者置身于某个具体的审计情景之中——以自己作为案例中的主角，主动参与内部审计案例的分析与思考，从而增强自己在学习与工作中的思考能力，也为行政事业单位和企业的内部审计实务工作提供借鉴。

在写作人员的组成上，编委会重视理论与实务相结合。在理论方面，选择具有较深理论功底的专家学者，如陈宋生，中国内部审计协会准则专业委员会副主任，北京理工大学博士生导师；郭长水，高级审计师，上海海事大学审计处处长；徐荣华，中国注册会计师，国际注册内部审计师，宁波大学商学院副教授；荣欣，全国内部审计先进工作者，浙江万里学院审计部部长。在实务方面，选择经验非常丰富的实务专家，如纪新伟，全国会计领军人才，中国兵器工业集团北方国际合作股份有限公司财务金融部主任；周平，宁波方太厨具有限公司审计部（2014—2016年度全国内部审计先进单位）部长；葛绍丰，高级审计师，浙江省内部审计实务专家；陈泽，北京用友审计软件有限公司总裁。本丛书还有多位审计理论与实务经验丰富的全国内部审计先进工作者参与，如刘红生博士，2017—2019年全国内部审计先进工作者，宁波市内部审计协会副秘书长，宁波鄞州农村商业银行审计部总经理；杨芸芸，2014—2016年度全国内部审计先进工作者，宁海县高级审计师。

在写作过程中，编委会深入北京、宁波、温州等地进行实地考察，与部分全国内部审计工作先进单位和先进工作者进行座谈，掌握内部审计需求与发展状况的一手材料。

在写作风格上，本套丛书力求在内部审计理论的阐述上深入浅出，在审计案例分析中详尽细致，并依据各章特点设置"思考与探索""案例讨论延伸""审计名人名言"等内容，有助于读者全面提升内部审计思维能力与实务处理能力。

本套丛书是关于内部审计实务探讨方面的一种新尝试，尤其是《内部审计思维与沟通》《合规型内部审计》《增值型内部审计》《内部审计情景案例》这四本书的选题角度都十分新颖，有一定的写作难度，对作者来说也是一种挑战。因此，我们期待本套丛书能够得到读者的喜爱，也欢迎读者对于书中不足之处进行批评指正。

袁小勇 林云忠

2022 年 3 月

本书前言

随着内部审计的发展，不少企业内部审计经历了从查错纠弊到加强重点领域的内部控制的过程，对企业查处与防范腐败起到了重要的作用。但在与很多同仁沟通时，笔者也听到不少疑惑："刚到公司时查了不少腐败案子，也帮助公司建立健全了内部控制制度，腐败案子也少了很多，现在却不知道干什么了。长此以往，审计的地位又会下降。"笔者也曾在工作中遇到过这类问题，但随着审计目标已从财经领域扩展到防范运营风险，审计目的已从查错纠弊扩展为提供增值服务，笔者意识到，目前，审计工作进入了一个新的阶段。

本书由周平、荣欣等共同编写，全书共有 7 章。第 1 章增值型内部审计概论和第 4 章增值型内部审计在制造环节的应用，由全国内部审计先进工作者、浙江万里学院审计部部长荣欣主编，宁波方太厨具有限公司审计部李向阳参编。第 2 章增值型内部审计在基建中的应用、第 3 章增值型内部审计在采购环节的应用、第 5 章增值型内部审计在营销环节的应用、第 6 章增值型内部控制方法，由宁波方太厨具有限公司审计部（2014—2016 年度全国内部审计先进单位）部长周平主编，审计部成员沈佳栋、崔洁、华淼淼、逯秋燕、孙佳、宁远武等同志参编。第 7 章增值型内部审计在企业组织管理中的应用，由高级审计师、2017—2019 年全国内部审计先进工作者、宁波市内部审计协会副秘书长、宁波鄞州农村商业银行审计部总经理刘红生博士编写。

本书针对基建、招标、施工审计与内部控制环环相扣的特点，通过风险控制表的形式系统地列示与应对风险；而营销环节风险具有偶发性，则更多通过案例对除费用等传统审计视线之外的一些多发风险进行呈现；并将采购增值型审计与现代采购管理相结合，对构建新型供应关系的新理论做了论述。

制造环节增值型内部审计结合精益生产理念，减少生产环节的"跑冒滴漏"，增加制造效率。增值型内部控制结合企业发展的新形态，提出强化内部控制时效性、兼容性、系统性的新的内部控制理念。增值型内部审计在企业组织管理中的作用突出了如何对子公司进行治理、如何进行科学决策等内容。

本书所介绍的审计，针对的组织形态是具有互联网特性的新经济体，很多具体的方法与措施也是与之适应的。而企业存在的形态多样，把增值型内部审计理念与具体场景同企业组织管理特性相结合，有助于得到更好的审计实践体验。

周平　荣欣

2022 年 2 月

目　录

第
6
章

增值型内部控制方法

第 7 章 **增值型内部审计在企业组织管理中的应用**

增值型内部审计概论

客观为基，公正为要，以风险为导向，以电子化为助力，
合规与增值并进，促进单位发展。

——许江波

1.1
什么是增值型内部审计

增值型内部审计的诞生

内部审计从产生到发展，是一个循序渐进的过程，经历了不同的发展阶段。二十世纪四十至七十年代间，规模较大的企业会在母企业设立审计机构，实行自上而下的审计模式。当时的内部审计机构从属于会计部门，主要履行监督职能，保障企业会计、财务信息真实可靠，帮助管理层有效管理企业。但进入二十世纪九十年代后，资本市场发展迅速，企业规模不断扩张，企业对内部审计的要求也随之提高。这一阶段的内部审计主要目标虽然仍是为管理层提供服务，但审计对象已经拓展到了组织的所有活动。企业内部审计部门面临着两大严峻挑战。其一，内部审计部门如何在防范和控制企业经营风险上发挥积极作用。二十世纪九十年代后，企业所处环境变化迅速，企业经营中的各种风险普遍增大，企业对风险管理日益重视。这主要是因为：技术变革速度加快，产品生命周期缩短，经济国际化程度进一步加深，导致企业之间的竞争加剧；资产证券化趋势加强，企业经营业绩的波动扩大；企业实行多样化经营，进入了众多以前未涉足的领域；企业实施国际化发展战略，经营地点日趋分散；随着信息技术在经营管理中的广泛应用和电子交易的普及，控制环节减少，计算机犯罪增加且更加隐蔽；等等。在这种背景下，处于企业生产经营第一线的内部审计部门就要有高度的职业责任感和敏锐性，积极行动起来，努力扩充相关专业知识，紧紧围绕企业经营风险的甄别、评估、控制和防范，计划和实施审计工作，促使并协助企业改进整个内部控制系统，以避免企业遭受严重损失。其二，内部审计部门如何在企业组织机构战略重组中维系自己的地位。自二十世纪九十年代起，西方不少企业，特别是大企业，为了降低成本，增强市场适应性，进行了内部组织机构的调整和重构，将部分非核心管理活动改由外部专业化公司执行。如解雇内部审计人员，将日常审计工作完全或部分转由会计师事务所或管理咨询公司承担。许多企业经理人员和会计师事务所从业人员认为，内部审计的这种"外包化"，有利于实现内部审计业务的规模经济性，从而降低审计成本，有利于增强内部审计工作的专业性，从而提高审计质量，并能为企业带来先进的审计技术和管理理念。尽管许多内部审计人员对此持有异议，但"外包化"事实上已成为二十世纪九十年代西方内部审计领域的一种重要现象。这就给企业的内部审计部门带来了前所未有的外在压力，迫使其想方设法通过改善审计绩效、提高审计效率来证明自己：内部审计部门不单是资源耗费者、成本中心，更是价值增加者、利润中心。这样，内部审计部门可以增强自己对本企业的吸引力，维系自己的组织地位和职业生命。在上述两大挑战下，增值型内部审计开始兴起，并日益成为关系到内部审计生存大计的问题。

1999 年，国际内部审计师协会（Institute of Internal Auditors，IIA）重新定义了内部审计，指出内部审计是独立、客观的确认和咨询活动，旨在增加价值和改善组织经营。价值增值这一目标的提出对内部审计而言，既是一种理念上的革新，也是增值型内部审计应运而生的理论基础。对比 1990 年颁布的《内部审计师职责说明书》，IIA 将内部审计的目标从"监督和评价"转变为"增值和改善"，着重强调"增值"是其最终目标。自此，内部审计对象逐渐演变为企业风险管理、内部控制和企业治理，审计工作重心由为管理层服务转变为增加组织价值，内部审计的目标变成了为组织增加价值。

"增值型内部审计"这一概念的提出，对内部审计部门原来的服务活动内容进行了扩充，内部审计人员从对企业的上层管理人员的监督者，变为可以为独立地、客观地在企业的日常经营活动中为企业提供咨询服务的人员。内部审计的核心目的是完善企业的经营理念，不断通过系统、专业化的办法规范企业的组织管理，评价并改善企业在内部控制、企业治理以及风险管理等方面存在的问题。由于企业管理理念的不断提升，最初的内部审计工作理念不能与当今社会的工作理念相适应。内部审计部门仅通过"发现问题"已经远远不能满足企业的管理需要，因此内部审计部门往往会以"增值"为工作重心，从"监督与评价"的工作理念逐渐过渡到"增值与改善"的工作理念。

2001 年"安然事件"发生，社会各界质疑声频发，矛头直指内部审计机构，其虽具有独立性，但其结果的客观性与公正性较弱。2002 年美国发布《萨班斯—奥克斯利法案》（SOX 法案），内部审计的作用在全球引发激烈讨论。因此，"增值型内部审计"一词进入大众视野，内部审计迎来了重大变革。西方有关国家意识到内部审计在组织增值服务方面的重要性：增值型内部审计以价值增值为核心目标，以风险为导向，为建立完善内部控制系统和风险分散战略提供建议，从而实现组织增值的目标；增值型内部审计是在继承传统内部审计查错防弊职能的基础上，有效发挥价值增值功能，是企业价值链上一个重要增值环节。

增值型内部审计是内部审计经过多年的发展，在经历了消极防弊、积极兴利这两个阶段后，迎来的一个新发展阶段。增值型内部审计继承传统内部审计的原有优势，逐步由传统的查错纠弊向防范风险、为管理层提供建议和服务转变。增值型内部审计以提高企业运作效率、增加企业价值和提升自身价值为发展目标，并在此基础上有效发挥其增值功能，由传统的监督与评价转变为独立、客观的确认和咨询等内部审计的增值活动。增值型内部审计下，内审业务范围不断扩大，内部观念也在不断发展改变，极大地促进了企业目标的达成和运营的改善。可以说，增值型内部审计的革新点在于完善和提升传统内部审计在各个领域中的作用，如加强企业风险管理、有效防范风险、改善企业治理等，并通过上述革新实现企业价值增值。

自 1999 年增值型内部审计的理念被提出后，国内学者对于增值型内部审计的认识，总体上持以下两种观点：一种观点是将增值型内部审计看作在传统内部审计基础上的革新（李斌、李晓波，2012）；另一种观点认为，增值型内部审计是一种创新，是为满足企业发展新要求而产生的一种新型内部审计模式（谭丽丽，2005）。二者对增值型内部审计的目标定位一致，即其最终目标要与企业的需求相匹配，为企业价值增值做贡献。

总之，增值型内部审计的主要目的是提高企业的运行效率、协助企业实现其发展价值。增值型内部审计是规范化与系统化的管理形式与社会实际发展情况相结合来有效改良企业的组织形式，在公司治理中扮演着重要角色，是对传统内部审计的创新。在传统内部审计模式下，企业将各项经营业务作为主要的审核对象，整个过程侧重于事后监督和评价，并且看重眼前利益。概括而言，传统内部审计未将企业整体发展目标贯穿始终。而增值型内部审计，则强调从企业整体目标出发，旨在为企业管理者提供协助，促进企业增值目标的顺利实现。增值型内部审计不仅强调事后监督、管理和评价，而且强调事中控制，强调及时发现问题并解决问题。所以实施增值型内部审计对企业内部审计目标的实现和竞争力的提升有着十分重要的作用。

如何界定增值型内部审计

本书认为增值型内部审计指的是：在企业内部审计工作中，借助确认、咨询等一系列活动，使得组织的价值得以增加的职业。对于任何一家企业而言，内部审计都是其增加利润、完善组织结构、维持正常运转的一项重要工作。而将增值型内部审计模式引入企业内部审计工作中，是改善以往内部审计工作中的不足，强化内部审计工作效果的关键。

增值型内部审计的特征如下。

（1）增值型内部审计是一项独立、客观的确认和咨询活动，旨在增加企业价值和改善企业运营；通过应用系统的、规范的方法，评价并改善风险管理、控制和治理过程的效果，帮助企业实现其目标。

（2）增值型内部审计是一种新的理念，是对传统内部审计的继承、发展与创新。相对于传统的内部审计而言，增值型内部审计在审计目标、审计职能、审计领域、审计重点、沟通方式等方面发生了较大的变化。

（3）增值型内部审计不是一种审计方式，尽管增值型内部审计没有规范的定义，但作为内部审计发展的方向，增值型内部审计在合规型内部审计的相关职能的基础上进行创新升级。

（4）增值型内部审计是一种新的审计理念和方法，是在"监督和评价"的基础上，通过独立、客观的确认和咨询活动，运用系统、规范的方法和技术，参与企业的业务活动、内部控制和风险管理，实现企业目标和增加企业价值。增值型内部审计重点在"增值"，即为企业创造价值和增加内部审计自身价值。

增值型内部审计的作用如下。

（1）提高企业的运作效率，通过内部审计的方法，在新形势下向消费者提供增值的新型内部审计工作。

（2）运用内部审计专业的手段和方法，在日益变化的经济环境下不断增加企业价值。

（3）提高内部审计评估企业风险、优化内部管理，以及为企业做出贡献的能力。

增值型内部审计提出的意义

增值型内部审计并非一种新的内部审计形式，而是一种新的内部审计理念。增值型内部审计的理论基础源于国际内部审计师协会对内部审计概念的新诠释。这表明内部审计进入了一个新的发展阶段，为增加价值成为引导内部审计活动的方向。

企业的目标是实现价值最大化，企业的一切资源和活动都应该围绕这一目标。内部审计作为企业管理过程中的一部分，有参与价值创造的需求和条件。价值是生产和销售活动创造的，内部审计虽然不参加生产和销售活动，但它可以通过保护企业资产、减少企业风险、降低自身审计成本、提出有价值的建议、增加企业获利机会等活动来为企业增加价值。因此增值型内部审计的提出对企业发展具有全方面意义。具体内容如下。

（1）有助于增强企业的治理能力。在增值型内部审计模式下，审计人员可以对企业的经营风险进行识别与评估，对企业的决策、管理过程进行分析与评价，使得内部审计自然纳入企业治理的框架中，成为企业治理的重要一环。增值型内部审计可以对影响企业经营的各项重要因素进行评估，对企业的战略规划部署进行评价，检查企业治理是否科学有效、企业经营结果与预期是否相符，帮助企业查找治理中存在的漏洞，并提出相应的建议，切实提升企业的治理能力。

（2）有助于增强企业的风险管理能力。内部审计是企业风险管理的重要手段，而增值型内部审计作为传统内部审计的完善，自然也是风险管理的重要组成部分。在实际工作中，增值型内部审计可以通过开展各项审计活动来识别和应对企业发展过程中遇到的各种风险，并为风险应对提出有针对性的建议。增值型内部审计还可以通过财务指标分析等手段，预知风险，帮助企业规避风险、提高效率。同时，增值型内部审计还可以在企业内部建立起风险防范机制，实现长效的风险管控，以增加企业价值。

（3）有助于强化企业的内部控制。企业可以通过不断完善内部控制制度和手段，来提升自身的竞争力。而内部审计作为内部控制的一个重要环节，可以对内部控制的情况进行评价，对内部控制制度进行测试，来发现企业在运行过程中的缺陷并提出弥补建议，帮助企业建立起长效的内部控制体系。同时，增值型内部审计的建立，使内部审计人员乃至管理层加强了对内部控制重要性的认识。内部审计部门可以通过定期培训等手段，将企业全体人员都纳入内部控制活动中，帮助企业员工认识到内部控制的重要作用，为企业增加价值。

（4）有利于完善内部控制、降本增效。企业活动的最终目标是实现企业价值增值，即企业价值最大化。内部审计是一项企业不可或缺的督导和检查活动，通过及时、高效地实施内部审计项目，积极参加企业价值创造活动，降低生产成本，减少财务舞弊等来间接参与企业管理，从而达到企业价值增值的目标。

（5）有效提高内部审计在企业管理中的作用和地位。内部审计目标从原来的以财务审计为主、查错防弊，逐步向以风险导向为主、为组织增值服务发展，使得内部审计的侧重角度更加开阔。这对内部审计人员的知识结构、业务水平提出了更高的要求，客观上提高了内部审计在企业经营管理中的参与度，也必然要求内部审计人员不断加强培训和业务学习，从而使得内部审计人员成为全面的经营管理人员，拓展他们的职业发展空间。如国外的一些大型公司，会依照设定的培训计划及大纲，对其内部审计人员进行有目的和有步骤的培训，待其完成培训，考核合格后，再参照其表现，选拔、提升到其他相应的岗位上去工作。

（6）有利于内部审计职能的优化。传统的内部审计主要是实现监督职能，侧重于对企业财务等方面的监督检查。而增值型内部审计则是对企业治理、内部控制、风险管理等多方面进行审计，注重"参与式"审计。企业的创新管理机制不仅包括企业理念的创新，而且包括组织方式等方面的创新。同时，增值型内部审计更加需要与其他职能部门积极主动配合，以减少审计过程中出现的抵触情绪和内耗及协调工作，从而有利于审计工作的开展，以及审计意见和建议的整改和完善。增值型内部审计通过加强内部审计对生产经营的参与度，提升审计工作的质量和效果，从而实现企业价值增值的目的。

（7）有利于防范税务风险。增值型内部审计将价值增值作为核心后会对企业的经济活动开展范围更大、更加深入的审计工作。税收支出作为企业的一项重要成本，必定会受到重点审计，避免过多的税收影响企业价值的增加。此外，较高的税务风险一方面可能会导致企业面临高额的处罚金，另一方面会导致企业信誉遭受损失进而影响股价和市场份额。增值型内部审计为了实现企业价值增值的目的，会对税务风险进行防范和控制。企业在开展纳税筹划时，增值型内部审计会进行干预，一方面保证纳税筹划的合规性，避免税务风险，另一方面会将支付的税款控制到最少，保证企业的收益。税务风险对企业价值的负面影响体现在缩减投资规模、加强现金流不确定性等方面。增值型内部审计介入后，会对投资项目、现金流进行更加深入的评估并控制其保持在合理水平，保证企业业务活动的稳定性。可见，增值型内部审计有助于有效控制税务风险，并弱化税务风险对企业价值的负面影响。

（8）有利于增值型内部审计理念的转变。从审计理念来看，传统内部审计的服务对象是企业管理层，主要目的是发现企业存在的问题，并对管理层进行反馈；而增值型内部审计理念则侧重于为利益相关方服务，服务范围更广，服务对象更加多元化。建立创新管理机制，有利于企业管理理念的更新，能够为增值型内部审计的发展提供良好的环境和基础。只有企业的整体理念发生转变，才能实现增值型内部审计理念的转变。

增值型内部审计的优势

增值型内部审计作为一种新型审计模式，与传统内部审计相比具有许多优势，主要有以下方面。

（1）综合性强。增值型内部审计下，内部审计部门由于对企业每个环节、每个层面的业务都比较熟悉，可以为企业的经营管理提出更加合理的建议，有利于企业制定更加有效的资源配置方案，不断优化企业经营方针和经营策略，增强企业的竞争力和持久力，最终使得企业的价值增加。

（2）注重全局。传统的内部审计对于经营管理中的突出问题可以起到一定程度的监督作用，但是，传统的内部审计重点关注短期目标，没有从整体层面关注各个部门所面临的机遇和挑战，从而无法为企业的发展提供持久的动力。而增值型内部审计在企业的内部控制中属于重要的环节，可以从整体层面监督企业内部的各个部门，增加企业的价值。

（3）降低代理成本。两权分离是企业经营历史性的跨越。信息的不对称往往会使得所有者付出高昂的监督成本。所有者可以通过增值型内部审计来监督经营者，从而实现所有者的利益最大化，降低代理成本。

（4）关注成本效益平衡。从财务管理的角度看，传统的内部审计并不直接为企业创造价值，只是单纯的资源消耗者，本质上作为一个费用中心而存在。而增值型内部审计通过提供有价值的内部审计，为企业的经营管理建言献策进而增加企业价值。此时的内部审计部门不仅仅是资源消耗者，更是作为企业的利润中心存在。增值型内部审计追求以较少的成本投入和较少的资源消耗提高经营的效率，大力发展高附加值的业务，同时少做甚至不做不增值的业务，以此来提高企业整体的价值。

（5）审计对象定位明确，关注高风险点，避免所有方面均被纳入审计范围，却不发挥主导作用，节约审计成本，减少审计资源的浪费。

（6）注重参与式的审计。增值型内部审计下，审计方与被审计方共同参与。审计部门主动发现问题、预防问题，由事后审计变为事前、事中、事后全过程的审计；被审计人员也要参与到审计当中，积极主动配合内部审计的工作。

（7）审计涉及范围广。增值型内部审计从传统审计范围，拓展到了风险管理、内部控制以及企业治理方面。其涉及增加企业价值的项目，并且相关项目一经确定立项，增值型内部审计会以最低的审计成本实现企业价值增值。

（8）发挥作用大。从直接作用来看，增值型内部审计可以从经济角度控制企业的成本费用和财务风险，同时约束企业所有者和管理者的自利行为，能够帮助企业实现价值增值。从间接作用来看，增值型内部审计主要通过形成威慑作用，促使管理者重视战略决策的价值增值，以及员工在工作中重视成本控制和工作绩效，以企业价值增值为导向。增值型内部审计以企业价值增值为核心，在开展审计工作时会重视各项业务活动的经济效益。管理层在制定战略决策时，内部审计除了对战略决策的合规性和风险进行评估外，还需要对经济效益开展评估，保障各项决策可以为企业创造价值。增值型内部审计在履行价值增值职能后出具的审计报告涵盖更多的会计信息：一方面，增强信息透明度，对管理层制定经营决策具有积极的作用；另一方面，显著降低管理层的代理成本，对企业价值的增长具有正向影响。此外，增值型内部审计会从经济效益角度开展审计工作，审计范围更加广泛，对企业经营风险、财务风险的防范和控制作用更为合理，能够更加有效地避免企业资产流失。

总体来说，增值型内部审计就是以增加企业价值为最终目标，调动各方参与内部审计工作，优化审计结构，有效利用审计资源，以最小的审计成本实现企业价值的最大化。

1.2
增值型内部审计审什么及怎么审

增值型内部审计的范围

内部审计可通过两种途径增加组织价值。一是通过审核检查组织财务活动挽回资金损失，间接增加组织价值。但由于内部控制日益健全并得到有效执行，通过审核检查挽回资金的数额越来越少。二是通过对组织的风险管理、内部控制和治理程序的审查评价，提出富有价值的审计建议，直接增加组织价值。这是最具有发展前景的增值途径。因此，增值型内部审计范围应当确定为以下三个方面。

（1）审查评价组织的风险管理系统。

增值型内部审计通过对组织风险管理系统的可靠性、充分性和有效性进行检查、评估和报告，帮助组织发现并评价重要的风险因素，指出其风险隐患、控制缺陷，并提出风险管理的有效方法和规避措施，以改进组织风险管理与控制体系，规避经营过程中可能出现的风险。具体包括三项内容。一是审查评价系统对风险的预知和识别的可靠性，主要检查组织所面临的重要风险是否已被系统识别，有无未被系统识别的风险因素等。二是审查评价系统对已确认风险的防范和控制所提出措施的充分性，主要检查管理者对已识别并已衡量的风险所采取的措施是否充分、得当等。对于缺乏充分应对措施的情况，审计人员应当提出改进建议。三是审查评价风险控制程序的有效性，主要检查风险控制程序是否适当和有效，能否将剩余风险降低至董事会可接受的程度，并提出改进风险控制程序的建议。

（2）审查评价组织的内部控制状况。

增值型内部审计通过对内部控制状况进行审查评价，衡量内部控制的健全性和有效性，并寻找内部控制的薄弱环节，向管理者提出完善内部控制的建议，以防范和堵塞经营管理漏洞，提高经营管理水平。增值型内部审计审查评价组织的内部控制状况主要包括两个部分。一是内部控制建设评价。这属于内部控制健全性评价范畴，主要评价内部控制设计是否健全。内部控制包括控制环境、风险评估过程、信息系统与沟通、控制活动和对控制的监督五项要素。组织并不一定采用这种分类方式来设计和执行内部控制，审计人员可以使用不同的框架和术语了解和评价内部控制，但必须涵盖上述内部控制五项要素所涉及的各个方面。二是内部控制执行评价。这属于内部控制遵循性评价范畴，主要评价组织制定的经营方针、政策和规章制度是否符合国家有关政策法规的要求并严格执行，组织内各部门执行内部控制的过程和结果是否合理、有效。

（3）审查评价组织的治理程序。

治理程序包括确定目标与战略的程序、监控目标实现情况的程序、衡量业绩的程序和维护价值的程序等。增值型内部审计通过对治理程序的定期审查，评价治理程序的完整性、有效性和合法性，并提请组织治理层、管理层和全体员工遵守法律、法规、道德规范和承担社会责任，推进组织依法经营管理，帮助组织完成各项治理目标，从而实现增值。同时，增值型内部审计还应当通过定期评价组织的道德及其战略、战术、信息流通，以及为了实现期望目标的遵纪守法水平而采取的其他过程的有效性，披露组织内部违反道德规范、政策和其他不正当行为的情况，规避道德风险和法律风险，为组织增加价值服务。

增值型内部审计的方法

正确选用适当审计方法是实现增值型内部审计目标的基本路径。增值型内部审计范围十分广泛，内容极为复杂，审计人员除继续使用传统审计技术，如检查法、审阅法、抽查法、盘点法、观察法、分析法等之外，还应当使用一些特有的审计方法，主要包括以下几种。

（1）调查法。调查法是增值型内部审计的一种重要方法。审计人员应当了解被审计单位及其环境。包括：所有权结构、治理结构、组织结构以及法律环境、监管环境和其他外部因素（如宏观经济的景气度、利率和资金供求状况、通货膨胀水平及币值变动等）；被审计单位对会计政策的选择和运用；被审计单位的目标、战略以及经营活动、投资活动和筹资活动；被审计单位财务业绩的衡量和评价；被审计单位的内部控制。审计人员通过调查分析，发现影响被审计单位战略目标实现的重大风险因素，并提出规避建议，以确保被审计单位增值目标实现。

（2）管理系统图法。审计人员首先将初步调查取得的企业治理结构、组织结构、职能配置、信息沟通等管理系统信息绘制成图形，然后与企业应当建立的科学、合理、严密的管理系统模式进行对照，从中找出薄弱环节，分析可能产生的问题和隐患，并提出改进建议。

（3）流程图法。流程图以图解的方式描述企业内部控制诸要素，直观展示企业内部控制全过程及关键控制点。审计人员应当注意区分不同内部控制要素和每一个业务环节绘制流程图，考虑各方面可能产生的互相影响，根据流程图对每项业务细节的控制情况进行审查，以发现内部控制的薄弱点，提出加强内部控制的意见和建议。

（4）平衡计分卡法。平衡计分卡突破了传统的以财务指标为核心的评价体系，把企业的战略目标与实现的过程联系起来，把企业当前的业绩与未来的获利能力联系起来，通过评价体系使企业的组织行为与战略目标保持一致。审计人员可以运用平衡计分卡把企业财务业绩、重要客户、内部经营过程、学习和成长诸多方面通过一系列指标进行数字化描述，进而分析其因果关系，以发现组织行为与战略目标的偏离程度，并提出相应的纠正意见。

（5）计算机审计法。随着计算机技术的发展及其应用水平的提高，开展实时审计、非现场审计、远程审计已经成为可能。利用计算机网络对企业内部管理系统、业务系统和财务信息系统实施有效监控与评价，有利于提高内部审计在信息化条件下审查评价的能力，及时查找出企业经营管理中的薄弱环节和存在的问题，提出完善内部控制、强化经营管理的建议，帮助企业增加价值。审计人员运用计算机审计必须依据预定审计软件程序和方法来分析、评价和检测企业的经营状况、风险管理和控制现状及其发展趋势；随机抽取非现场审计样本进行现场复核，以评估其准确性；实时向管理者报告非现场审计结果，提出审计整改和处理意见。

相对于外部审计，内部审计的重点是对企业经济活动进行独立的审计和评估，其主要目的是实现企业的总体战略目标。内部审计人员通过识别内部控制缺陷，审查企业和业务的各个组成部分，验证内部控制设计的合法性和有效性，并需要关注以下事项来解决和预防内部控制缺陷：会计处理是否符合企业会计准则及相关标准，以及会计处理与经济交易的一致。

增值型内部审计的职能

增值型内部审计与传统内部审计在基本职能上是一致的，在审计的方式、内控的方法和业务的范围有较大的区别，下文中我们主要讲解两者一致之处。

（1）监督与整改职能。在管理层决策影响企业经营效率的情况下，作为决策执行过程的一部分，内部审计可以对决策的正确性进行监控与验证，及时发现风险，及时向企业报告问题并提出建议。内部审计对企业内部控制机制的可靠性和完整性进行监督和审查，以确定企业内部控制是否存在重大风险。内部审计人员要及时关注企业风险，对高风险项目进行审计，尽可能将风险降至可接受的水平，并提请相关人员采取有效的措施处理管理不善、财务状况不良等问题，防止今后再发生这些问题。

（2）咨询与服务职能。内部审计既要发挥监督作用，又要发挥咨询与服务作用。内部审计是一项独立的职能服务，主要检查企业的生产活动是否与财务状况相一致，是否与政策、制度和资源相协调。企业内部审计部门通过独立的评估与评价活动，发现企业存在的问题，为管理者提供分析、建议与指导，以帮助管理者实现企业目标。

（3）控制与改善职能。审计目标是在一定历史环境下，审计主体通过审计实践所期望达到的境地或最终结果。审计目标体现审计的基本职能，是整个审计系统运行的定向机制。审计目标的确定受审计环境影响，并伴随着审计环境的变化而变化。内部审计目标由最初的查错防弊调整发展为增加价值。IIA发布的最新内部审计定义："内部审计是一种独立、客观的确认和咨询活动，旨在增加组织价值和改善组织经营。它通过应用系统的、规范的方法，评价并改善组织风险管理、控制和治理过程的效果，帮助组织实现其目标。"这十分清楚地表明，现代内部审计是一种价值创造活动，其最终目标是帮助组织实现目标——为所有者和其他利益相关者创造价值。

为组织增加价值这一内部审计目标具有明显的时代背景和深刻的经济学含义。其一，组织设立的目的是为所有者和其他利益相关者创造价值和谋取利益。为了实现这一目的，组织必须不断地创造出超过自身投入价值的价值，即实现价值增加。增加价值的目标应由组织的各个职能部门共同完成，内部审计机构也在其中。内部审计机构要在组织机构战略重组中维系自己的组织地位和职业生命，必须改善审计绩效，提高审计效率，以工作业绩证明内部审计不是资源耗费者，而是价值增加者。其二，任何组织在经营活动中都会面临各种风险，风险对其生存和竞争能力产生重要影响。因此，内部审计在有效防范经营风险、提高企业持续竞争力方面应发挥积极作用。随着经济国际化程度进一步加深，企业间竞争日趋激烈。特别是信息技术在经营管理中的广泛应用和电子交易的普及，控制环节减少，计算机犯罪增加且更加隐蔽，迫使内部审计必须紧紧围绕企业风险识别、评估和防范开展工作，帮助企业实现增值目标。增值型内部审计作业模式是审计人员开展审计活动时应当执行的工作程序和要求。审计人员开展增值型审计活动时，在审计范围、审计方式和审计技术等方面有其特殊要求。

为适应开展富有建设性的增值型内部审计需要，审计人员应采取"参与性"审计方式，不仅要善于发现问题，更要善于解决问题，并将所提建议当作其服务产品向管理者积极推销，充当管理者加强内部控制、改善经营管理、实现组织目标的热心顾问和有力助手。

1.3

增值型内部审计与合规型内部审计

什么是合规型内部审计

（1）定义。合规审计（Compliance Audit），或称合规性审计，通常是指内部审计部门针对组织经营过程中对相关法律法规、行业准则、计划、预算、程序、合同等既定标准的遵循情况进行审查和评价的一系列审计活动。它以相关行为为审计主题，核心要旨是鉴定相关行为是否符合既定的标准（郑石桥、李媛媛，2017）。概括而言，合规审计是以组织特定行为为审计对象，运用规范、系统的审计方法，鉴定和评价组织行为是否符合外部法律法规、监管规定、行业准则以及内部组织规章制度等既定的标准，对组织的合规性发表审计意见并将审计结果传达给利益相关者，旨在帮助组织实现合规性、合法性目标的内部审计类型。合规审计的审计目标可区分为两个层次：直接目标和终极目标（郑石桥、李媛媛，2017）。直接目标立足于审计人员角度，是审计人员参与合规审计项目所期望达到的结果。一般而言，审计人员运用规范、系统的方法，鉴定和评价组织特定行为是否符合法律法规、监管规定、行业准则以及内部规章制度等既定的标准，其直接目标是找出偏差行为并对合规性发表审计意见。终极目标以直接目标为基础，立足于合规审计利益相关者。合规审计利益相关者期望通过合规审计，抑制偏差行为，提高组织行为的合规程度，从而有效应对合规风险。

（2）含义。合规审计应该按照三层含义来正确理解：第一层是具有强制性的法律法规，即组织总部所在国和经营所在国的具有强制性的法律规定及监管规定；第二层是组织在生产经营活动中写入企业规制的对相关方（客户、股东、监管方、企业内部员工等）的自愿性承诺；第三层是组织要遵守良好的职业操守和道德规范、公序良俗等，这些不是强制性的，但在社会活动中普遍为大众所认同。

（3）目的。合规审计是审计机构和审计人员依据国家法律、法规和财经制度对被审计单位的生产经营管理活动及其有关资料是否合规所进行的一种经济监督活动。合规审计是内部审计实施的审计类型之一，可以作为单独的审计过程，也可以是财务审计或运营审计的一部分。合规审计可以由管理层发起，也可以按法律或法规要求进行。在合规审计中，审计人员应确定组织是否遵循了现行法律和法规以及专业和行业标准或合同责任的要求，即组织是否遵循了特定的程序、规则或条例。合规审计的目的在于揭露和查处被审计单位的违法、违规行为，促使其经济活动符合国家法律、法规、方针政策及内部控制制度等要求。

（4）特点。①合规审计主要是政府审计和内部审计。合规审计风险是指合规审计目标未能达成或未能达成的概率。合规审计是不少审计机构的主要审计业务。政府审计倡导开展综合性审计业务，但是，就现实审计业务来说，其主要关注合规性。然而，由于各种原因，合规审计风险理论并未被系统地厘清，相关准则对审计风险也未给予应有的重视，审计风险意识并未贯穿审计全过程，潜在审计风险较高。②合规审计的客体是相关行为，核心要旨是鉴证相关行为是否符合既定标准，并将这种鉴证结果传递给利益相关者。合规审计是政府及相关部门开展的普通审计业务，一些国家的政府审计还将合规审计作为重点审计业务。注册会计师审计主要关注舞弊及违法行为。不少组织的内部审计机构也开展合规审计业务。无论何种审计主体开展合规审计，审计重要性都是一个贯穿始终的问题。从某种意义上来说，合规审计重要性的应用情况直接决定合规审计目标的达成及效率。③合规审计主要关注特定行为是否符合既定标准，如果特定行为与既定标准的要求一致，就是合规，有偏差就是违规。目前越来越多的大型企业都在组织内部设置了内部审计机构和合规内部审计部门，主要是为满足组织在经营管理过程中内生的自发需求，也是为了满足外部法律法规、上级单位的要求。

增值型内部审计与合规型内部审计的关系

　　（1）性质差异。增值型内部审计与合规型内部审计从不同的视角来支持、改进组织工作，二者的差异性主要体现在四个方面。一是增值型内部审计报告范围更广。通常而言，增值型内部审计报告所有与组织业务及控制有关的重大事项；而合规型内部审计涉及与组织利益相关的业务及运营合规问题，相对而言属于有限的审计。二是合规型内部审计中，内部审计部门需要对合规行为准则、利益冲突、道德规范和法规遵循过程进行审查，因此，合规风险只是内部审计对象众多风险中一个类别的风险。三是增值型内部审计依赖合规型内部审计来确定和实施合规审计。过程中，合规部门能够对审计计划提出建议，从而使内部审计贯彻执行外部法律和政令、自由市场所要求的特定行为规范以及企业内部制定的共同体规则和协定。四是新的合规责任会极大地影响内部审计功能的方向。对于外部政策的变更，内部审计部门需要在过程中运用综合手段，推动并监督相关合规机制切实执行及动态调整。

　　（2）职能共性。由于越来越多的规章制度对企业运营透明度提出要求，企业更倾向于采用统一协调的控制，以确保所有必要的治理需求都得到满足。增值型内部审计和合规型内部审计存在以下相似之处。一是都高度强调客观性和独立性。在许多内部管理活动中，二者都在协助管理层进行风险识别、管理、监控和降低方面发挥着积极的作用，在提升效率的同时不损害独立性。二是都密切关注风险管理和预防存在的欺诈和滥用职权行为。二者均涉及法律、法规、规则方面的问题。二者通过利用足够的资源、人员和时间，按照已被证实的标准或过程执行，能够提供关于当前工作实效及改善工作实践的解决方案。三是都涉及相同的报告主体。首席审计执行官和首席合规官都需要向董事会或其下设委员会汇报工作。四是形成并维持一种企业文化。二者通过对企业经营管理活动实行自我调整与约束，能够有效构建一种独特的企业文化，与刚性系统和监督程序区别开来。

（3）合规是"打基础"。合规审计的核心是确保企业各项生产经营活动遵循内外部的法律、制度、条例、规范、指引等。合规审计的产出是"合规"，可以起到最基本的抑制操作风险的作用。

（4）增值型内部审计是合规的"最高等级"。内部审计的核心是不但要求合规，还要考察"规"的状态（制度是否完善、是否有配套指引、执行过程是否完善）。增值型内部审计与合规型内部审计相比，重视过程，并在此基础上发展较完善的工具和方法。

（5）合规型内部审计与增值型内部审计均是内部控制的重要组成部分，是组织进行风险管理的重要工具和手段，二者之间既相互独立、各有侧重，又相互协作。合规部门作为内部管理和外部监管规则连接的主要渠道，将监管规则、风险提示以及监管意见等信息传递给内部审计部门，并向其提供定期的提示性风险导向和审计方向；内部审计部门则主动寻求合规部门的支持和帮助，主动提供合规风险信息或审计风险点。

（6）增值型内部审计是组织内部控制的关键一环，是有效风险管理的"第三道防线"，合规型内部审计离不开增值型内部审计。合规型内部审计与增值型内部审计都是企业全面风险管理的重要构件，是保证企业经营管理合法合规、稳健发展的保障，是企业防范风险、改善管理、提高效益的重要手段。但二者在构筑防线位置、管控侧重点与方式、职能方面存在差异，因而要切实保障二者治理结构中的绝对独立地位，才能实现各自职能。强化合规审计和增值型内部审计，有利于企业健康发展。

（7）增值型内部审计是政府审计和社会审计功能的必要补充，合规型内部审计是保护企业资产安全的有效手段。尽管二者存在诸多不同，但在寻求提高企业效率方面有很多相似之处，都是完善内部控制的题中之义。从内部环境和外部环境两方面来分析二者互动的必要性，基本涵盖了企业组织关系的全局。其中，内部环境包括部门操作、企业管理、企业治理三个层面，外部环境包括外部债权人、供应商、投资者、监管机构等利益相关者。由此，二者是组织价值增值的重要保障。

（8）合规审计正在成为内部审计职能的重点。调查显示，合规审计在总体审计任务中所占的份额正在急剧增长，已经超过了确认风险管理有效性、确认 IT 系统控制有效性等业务。据估计，现在美国几乎六分之的内部审计资源将会投入合规审计。立法和监管环境直接导致了合规审计在审计计划中占据突出的地位。美国颁布的法律，包括《多德—弗兰克华尔街改革和消费者保护法案》《就业法案》《平价医疗法案》等，正在不断增强监管的力度，从而对合规提出了新要求。新的合规要求又带来了相关的风险，而这正是内部审计的介入点。对合规审计的高度关注正在挤占内部审计用于应对企业面对的战略风险所需的资源。然而，在新法规、新要求不断出台的势头减缓之前，很有可能更多的资源会被投入合规审计。

第 2 章

增值型内部审计在基建中的应用

审计就是与被审计单位斗智斗勇的过程，因此，每一项审计任务都是一场智慧的博弈。

——林云忠

随着经济发展对基础设施的依赖性越来越强，国家和企业对基建的投资额不断增加。而基建本身金额大、专业性强、过程管控难、施工单位鱼龙混杂的特点，决定了基建本身是固有风险极高的领域。从各类经济案件中可以发现，涉及基建的比重也是最大，最严重的。有效促进企业管理好基建相关风险，保障工程交付、质量、安全和成本是审计部门的重要关注内容。

传统的基建审计主要集中在合规与预算、结算方面，但在实践中，这样的工作方式有一定的局限性。从合规上讲，基建环节多、变化多，固化的合规性检查很容易被相关方规避和应对，难以真正实现保证招投标公平公正、成本合理、质量可控等目标。结算虽然是管理基建成本的关键环节，但由于其滞后性的特点，对设计、变更签证、隐蔽工程等环节的既有损失是无能为力的。从实践上看，以设计和招标为主体的前期阶段的风险占整个基建风险的比例通常为60%，以现场管理和验收为主体的中期阶段的风险占整个基建风险的比例通常为30%，而结算环节的风险仅占整个基建风险的10%左右。所以对于涉及基建项目的企事业单位和政府机关，都有必要建立更为系统和有效的增值型审计模式。基建项目的增值目标主要有三个：交付及时、成本合理、质量达标。要达成相应目标，设计、发包、现场管理、验收、结算是最重要的业务控制环节。基建风险管理三大目标是由这五大环节的控制相互作用而形成的，单独而孤立地应用控制手段，从实践上看效果都是很差的。

2.1 尽早介入——设计环节重点风险及控制

因为基建设计专业性强，所以通常审计部门极少介入设计环节。但实务中审计部门放弃这一环节的管理，在后期会遇到诸多难以解决的问题。在设计环节失控的基建项目，后续几乎都会产生连锁失控的状况，所以设计是不容忽视的审计控制环节。

设计环节的关键控制点主要有需求管理、图纸深化、材料定型、图纸整合等，其对成本、质量、交付都有重要的影响，见表 2-1，供参考。

表 2-1　设计环节风险控制

设计环节关键控制点	易产生问题	受影响相关环节	对应风险	审计应对
需求管理	需求不清或错误	发包、现场管理、结算	成本风险、交付风险、质量风险	监督与监测，责任机制
	未进行经济性审图	结算	成本风险	抽查、结算审计
图纸深化	图纸深化程度不足	发包、现场管理、结算	交付风险、成本风险、质量风险、招标公平性风险（主要体现在不平衡报价）	监督与监测、责任机制
材料定型	材料报备	发包	成本风险、招标公平性风险	招投标控制、责任机制
	定型不及时	发包、现场管理	招标公平性风险、成本风险、质量风险	招投标控制、责任机制

续表

设计环节关键控制点	易产生问题	受影响相关环节	对应风险	审计应对
图纸整合	界面不清	现场管理、结算	质量风险、成本风险、交付风险	监督与监测、责任机制
	图纸未协同整合	现场管理、结算	质量风险、成本风险、交付风险	监督与监测、责任机制

需求管理

基础设施包括厂房、食堂、办公楼等，其特定的功能需求决定了建筑的施工图。在需求管理环节，工程部门需编写需求调研表，明确该项目使用要求、配备设施等，需求整合是设计工作极重要的组成部分。很多使用单位对基建了解甚少，对需求提交既不重视也不专业，在提交需求时往往考虑不周，导致这一环节出问题。比如厂房建设中楼板承载、设备布线、物流路径等就是重要的需求内容，决定施工图中的柱距、设备基础、结构、管线线路等关键设计内容。这些需求不准确可能造成变更签证激增、加大成本，对质量、工期都可能产生严重的影响。需求管理风险控制，见表 2-2。

表 2-2　需求管理风险控制

风险类型		风险描述	涉及环节	关键控制点
一级风险	二级风险			
成本风险	需求不清	不明确安装点位、工位、设备布线、物流路径等因素造成施工过程中反复变更形成浪费	需求调研	1. 需求调研与确认 2. 施工图会审
	未进行经济性审图	因设计单位为保证自身安全，趋于设计冗余形成浪费；或存在设计、建设、施工单位内部人员勾结，利用专项措施费牟取不当利益	设计	

续表

风险类型		风险描述	涉及环节	关键控制点
一级风险	二级风险			
质量风险		需求不清形成功能缺陷或因变更影响工程质量	设计、现场管理	1. 需求调研与确认 2. 施工图会审
交付风险		因反复变更需求影响工程进度	现场管理	

案例：令人疑惑的超高支模费

某公司审计部在审核施工图时发现，公司拟建设热水器车间的层高设计有很大疑点。国家规定，水平混凝土构建模板支撑系统超过 8m，或跨度超过 18m，施工总荷载大于 10kN/m 的模板支撑系统属于高大模板工程，需要做专项方案并支付额外 1 567 万元的超高支模专项措施费。审计人员却发现图纸层高为 8.2m，为了 0.2m 的高度支付成倍的措施费意义是什么？审计人员带着疑问和需求调查表找到供应链相关负责人，最终查实是公司内部、设计院、施工单位三方勾结，故意设计超标，由施工单位按常规方案支模，而向公司收取高额的支模专项措施费。审计部根据调查结果对相关设计人员失职渎职行为进行了问责。

图纸深化

选择不合格的设计单位、需求不清晰、设计管理不严都可能造成图纸深化程度不足。其中安装工程，特别是弱强电点位等容易出现问题。以上疏漏看起来小却会产生连锁效应，造成多环节的风险失控，对基建项目的危害是比较大的。图纸深化不足风险控制，见表 2-3。

表 2-3　图纸深化不足风险控制

风险类型		风险描述	涉及环节	关键控制点
一级风险	二级风险			
成本风险	不平衡报价	工程量增减变动大，施工单位通过判断或与内部人员勾结，对预增部分单位报高，对预减部分单位报低，以在后期变更时获得不当利益	发包、现场管理、结算	1. 设计院的选择与管理 2. 施工图会审 3. 需求调查表会审 4. 招标询标、澄清与答疑
	变更价格失控	因深化度不够，大量材料规格与工艺未能明确，也缺乏合同保障，在变更时施工单位通常会对相关材料和工艺报高价，产生成本损失	现场管理	
质量风险		深化程度不足，材料工艺不明，施工单位可能采用劣质材料或不合格工艺，形成质量风险	现场管理、验收	
交付风险		深化程度不足，需由施工单位自行深化图纸，并与发包方沟通讨论，需要大量时间，造成工期延迟	现场管理、验收	1. 设计院的选择与管理 2. 施工图会审 3. 需求调查表会审 4. 招标询标、澄清与答疑
		变更时，因材料与工艺不明，对价格工程量等会有大量谈判与博弈，可能会造成工期延误		

案例：图纸深化的陷阱

某公司办公楼弱电工程，为赶工期，在图纸深化程度不够时就进行招投标，弱电具体点位不明确，支架等措施工艺未约定。结果一家施工单位以较低的价格中标，但现场情况让人震惊，见图 2-1。审计部协同法务、工程建设部与施工单位沟通，要求停工整改。施工单位马上停止施工，并以建设方需求不明、施工图纸深化程度不够、当时投标价格就是按这样的材料和工艺进行投标为由，要求建设方按实际布线路线重新计算工程量，相关材料也要重新谈判价格，否则不予复工。审计、法务、工程建设部三个部门合议，由于建设方自身工作的缺陷，权益已无法得到有效保护，为保障工期与质量，最终只能同意在原合同基础上多支付了约 40% 的工程款。最终，施工图纸完善的布线，见图 2-2。

图 2-1　未进行图纸深化就按图施工的　图 2-2　施工图纸完善的布线
布线

材料定型

为顺利进行工程发包，需要在设计环节对主要的材料进行选型定型。材料定型风险控制，见表 2-4。

表 2-4　材料定型风险控制

风险类型		风险描述	涉及环节	关键控制点
一级风险	二级风险			
成本风险	材料报备	材料商可能对该工程报备，对长期合作的施工方报以较优惠的价格，而对其他相关方报价较高，以形成独有优势	发包	投诉受理、询标与答疑
	材料选型滞后	招投标，特别是装修类等材料差异性大的工程，材料选型滞后使招标难以正常进行，或后期变更签证重新谈判价格，增加成本	发包	出具备选材料样本、封样

续表

风险类型		风险描述	涉及环节	关键控制点
一级风险	二级风险			
成本风险	恶意推荐材料	设计师或内部人员可能与材料商恶意串通，收取回扣并转嫁到工程报价之中	发包、现场管理	投诉受理、询标与答疑
质量风险	材料不达标	因材料在发包时未明确，可能造成质量、外观效果达不到预期	现场管理	样板先行、封样

案例：材料备案风险排除

　　某公司审计部接到研发大楼装修投标单位投诉，投诉称公司要求的某款亚克力装饰板被人报备，设计方列出的三个品牌的同类产品属同一家集团，施工单位询价时价格比平时高出一倍；投诉还称，指定的亚克力供应商与另一家投标单位组成投标同盟，排斥其他投标单位，形成不公平竞争。审计部受理投诉后立即展开调查，确认三个品牌公司存在关联关系。审计部要求施工单位提交该型材料原采购的发票和最近的报价单，确认价格异常，通过中介机构确认该品类材料存在同档次大量可选择品牌。审计部初步确定设计单位、施工单位和材料供应商存在串通、操纵招标的嫌疑。审计部马上组织审计、设计方、工程建设部三方沟通会，查明该型号产品是公司工程建设部内部设计人员要求设计单位按其方案提报的。会议决定，由工程建设部与设计单位重新选型，由审计部负责回访所有投标单位，确保改换品牌后备案风险得以消除。会议还决定，对涉事设计师按审计负面事件问责制度追究其滥用职权的责任，保证了招投标的顺利进行。

　　同一装修工程招标结束，施工单位又有投诉，称其在采购材料时一款隔音吊顶价格高于正常水平约220%，如按公司要求进行采购，会形成严重亏损。审计部接到投诉后，立即与工程建设部沟通相关情况。会议上工程建设部大多数人认为，这是施工单位的责任：他们应当在投标时就进行询价，合同已签订，不管价格如何，公司没有任何义务提供帮助，而且安装基座等配套工程已完成，不大可能更换品牌，定材料的设计人员也离职了，不必去管。审计部则认为，出现这种情况，背后一定有不当利益，高出的金额大概率被设计人员以介绍费的名义拿走了，公司不予理睬必然助长这种行为；而且施工单位在这时亏了钱，容易在其他隐蔽工程、材料上想办法，加大现场管理难度和质量风险。通过诸多努力，工程建设部和审计部终于约谈了该材料商，要求其将价格下降至正常水平，或提交内部人员不当行为证据，否则将其公司与品牌列入黑名单，永不采用其材料。最终该材料商决定以仅高于市场 10% 左右的价格将材料提供给施工单位。

图纸整合

基建项目中，土建、安装、市政、消防、装修设计往往不是一个设计公司进行的，最容易产生的问题就是各设计公司各设计各的，相关协调工作力度不够。这容易造成重复、遗漏、冲突等问题，导致浪费和质量风险。图纸整合风险控制，见表 2-5。由于图纸整合涉及环节单一，只在施工阶段，故未列出此列。

表 2-5　图纸整合风险控制

风险类型		风险描述	关键控制点
一级风险	二级风险		
成本风险	重复设计与施工	不同模块设计，特别是土建和装修容易形成对消防系统部分施工重复设计，造成浪费	图纸会审、变更管理
	设计漏项	各设计模块均遗漏相应施工工作，施工中再进行变更签证往往价格会较高	
质量风险	设计冲突	消防、弱电、水电等安装工程容易造成线路冲突影响质量	
交付风险	施工甩项	如果与施工单位关系紧张，或变更签证价格无法达成一致，可能导致各施工段均不愿完成合同之外的工程，延误工期	

案例：图纸未整合

图 2-3 中，两根排水管裸露在外。其原因是在设计时，安装与土建各自设计图纸，缺乏协调，按图施工后就影响了施工效果。

图 2-3　图纸未整合的现场情况

设计冲突会影响工程质量及效果。通常安装、土建、装修、市政等施工图出来后，都要组织会审，明确点位、界面，排除设计冲突问题。

设计阶段风险大、专业性强、节点多，审计部门如果对这些风险和控制环节全过程介入管控，成本较高，且难度很大。所以如果不是发生工程建设整体内控失效的情况，不建议对该环节实施正向的全过程审计。

低成本且有效地管理好设计环节的风险，一定要做好两件事。

一是管理好逆向事件。

逆向事件即已产生风险或存在异常状况的事件，包括各类投诉、关键风险指标（Key Risk Indicator，KRI）超标、审计发现等。设计环节存在失职或腐败行为，一定会在其他环节体现出来。比如发包环节出现问题，就会导致询标时投标单位问题无法解决，招标无法顺利进行的问题。在现场管理环节出现变更增多，超过关键风险指标控制范围，或变更不合理、不经济的情况，都是在设计环节存在风险的表现。审计部门可依托优质的外部咨询公司，结合审计部门的调查能力与权限，很好地落实问题。设计关键风险指标示例，见表 2-6。

表 2-6　设计关键风险指标示例

二级风险	三级风险	关键风险指标	阈值
设计品质风险	规划定位过高	1. 设计导致不合理变更例数 2. 变更总金额占比	年度超过 10 例，且变更总金额占比超过 10%
	图纸设计不合理		
	重大设计失误导致影响功能	有较大投诉和事故	0 例
	变更成本误差	变更成本误差金额占比	超过 10%
	需求不合理、不清晰导致变更	需求原因导致变更金额占比	超过总金额 10%

二是建立良好的责任机制。

查实了问题，还必须有坚强的责任机制来保障问题的解决与内控改善。常规的做法是：通过管理建议修订会建立相关管理制度，并在制度中约定相应岗位的职责、权限与责任。但由于基建项目控制点多，制度在难以有效实施时，也可以单独约定其风险责任。

案例：屡审不改的终结

某公司审计部发现工程建设部面对审计部提出的问题与改进建议，态度很好，但坚决不改，屡审屡犯情况很严重。审计部在风险管理委员会的框架下，拟定了《审计负面事件问责制度》《负面事件清单》，其中就专门有《基建设计岗位负面清单》，见表 2-7。在出台负面清单和设计出关键风险指标之前，审计部在这一环节投入大，但问题多，解决难，而出台相关文件之后，实现了业务部门责权利的统一。审计部通过投诉管理、关键风险指标体系监督与监测，以较小的成本把金额变更率从 13% 骤然降低至 0.89%，不合理变更率从原来的 86% 降到了 0，起到了无为而治的效果。

表 2-7 基建设计岗位负面清单

序号	关键风险岗位	负面清单条款	触发程度		触发程度判定结果	解释条款
			触发性质	触发差异金额		
2018-46	设计	对设计变更必要性、符合性以及设计变更方案合理性有审核职责的人员，出现两次以上未履行或怠于履行职责的情况，可能导致进度延误、成本增加或者质量规格下降，对其追究直接责任，其直接上级视情况追究管理责任	进度滞后10%以上/质量事故	不经济30万元以上（大型项目）；不经济10万元以上（小型项目）	重大	1.本条款针对重大的需求，工程建设部未进行提前管理，导致后续需求重大变更的情况；且指设计变更审核结果的不合理或者设计相关人员提出的设计方案不合理的情况 2.设计部门在前期工期制定时应提出合理的意见并对其意见负责（负责人：设计部门负责人）3.进度滞后系设计原定交付日起至设计实际交付日
2018-47	设计	负有对图纸设计的规范性、完整性审核职责的人员，出现两次以上未履行或怠于履行职责的情况，可能导致后续环节进度延误、质量隐患或成本索赔，对其追究直接责任，其直接上级视情况追究管理责任	严重质量隐患/进度滞后30%以上	不经济30万元以上（大型项目）；不经济10万元以上（小型项目）	重大	本例中所指规范性并非绝对准确，主要是针对重要设计的规范性且后果重大，对于小瑕疵不做追究

续表

序号	关键风险岗位	负面清单条款	触发程度		触发程度判定结果	解释条款
			触发性质	触发差异金额		
2018-48	设计	负有对材料品牌合理性审核职责的人员，出现两次以上未履行或怠于履行职责的情况，可能导致后续环节质量隐患或材料严重报备的成本风险，对其追究直接责任，其直接上级视情况追究管理责任	严重质量隐患／进度滞后30%以上	不经济30万元以上（大型项目）；不经济10万元以上（小型项目）	重大	本例中的职责根据职责和实际决策者来确定责任归属

只要审计部门对这些逆向事件做到能发现、能查清、能处理，就可以低成本而高效地应对其风险。

2.2

打碎"一锤子买卖"——发包环节重点风险及控制

发包流程

发包，是指建设工程合同订立过程中，发包人将建设工程的勘察、施工交给工程总承包单位完成的行为。从本质意义上讲，发包就是把工程交给施工单位去做。发包是基建领域审计的核心环节。选择什么样的施工单位对成本、质量、交付风险都有决定性的影响。招标、议标、直接发包、框架式发包是发包的主要方式，招标是最常见的发包方式。

发包流程中，招标计划、施工单位开发、编制招标文件、编制清单与控制价、编制评标办法、询标、评标等环节都容易出问题。审计部门需要重点关注的风险环节，见表2-8。

表2-8　发包流程中重点关注的风险环节

招标关键控制环节	易产生问题	风险描述
招标计划	未能预留足够的招标时间	可能造成招标不规范、操纵招标结果
	计划具有排他性	操纵招标结果
施工单位开发	合格供应商不足	竞争不足成本失控
	供应商不在同一个档次	竞争不足成本失控或操纵招标结果

续表

招标关键控制环节	易产生问题	风险描述
施工单位开发	串标、陪标	操纵招标结果
编制招标文件	技术性排他	操纵招标结果
编制清单与控制价	清单准确性、完整性不够	清单不准可能诱发不平衡报价、变更和过程管理失控
	控制价不准	价格评估失真
编制评标办法	评标办法不公允	操纵招标结果
询标	信息不对称、不真实	操纵招标结果
评标	评标结果不公允	操纵招标结果

招标计划环节需要关注的风险

在招标计划环节容易产生两个问题。

一是招标计划时间太短，以至于难以有效完成施工图设计，最后图纸深化程度不够、清单不准导致招标无法进行或被迫接受不规范的招标，产生成本、质量与交付风险。实践中业务部门经验不足和故意破坏招标有效性都可能导致出现这种情况。

二是招标计划存在明显排他性。

案例：细节也可以排他

某公司审计部在招标中接到投诉，称在弱电项目招标中，施工单位在接到图纸的第二天就被要求提交投标文件，他们在这么短时间无法把消化图纸形成技术方案、形成清单并报价、组织团队等工作都完成。审计部经过调查发现，公司相关部门设计人员在一个多月前就将设计图给了其中一家单位，并进行沟通，所有投标单位中只有这一家能按时提交投标文件。审计部根据公司招标制度中止招标，在征询多家单位意见的基础上重新安排招标计划，并对存在不当行为的设计人员提请了处分，有效维护了招标的公开、公正和有效性。

———

审计部门应认真受理招标计划环节的投诉，对于频繁出问题的相关人员可以提请问责。

施工单位开发环节需要关注的风险

在采购活动中有个真实的笑话：采购人员选了三家单位让领导审批，一家质量很好，但价格很高；第二家质量适中，价格居中；第三家价格极便宜，但质量也极差，无法使用。领导能如何审批呢？只能选第二家。采购人员既选用了自己希望的供应商，还有了领导来担责。

在基建招标中也经常出现这种情况，如果引入的施工单位不在同一档次，招标就极难有序进行。审计部门在审核入围资质时就要予以充分关注：质资要求过高、有偏向性，可能导致入围单位不足，竞争不充分；而要求过低且鱼龙混杂，则难以有序招标。

围标，也是招标中常见的问题。审计部门如发现招标文件雷同、部分单位表现消极、大面积弃标、报价异常等情况，则存在围标、串标的风险。发现围标并能有效处置具有一定的难度，通常进行施工单位的多元化开发、定期清理不合格施工单位是主要的应对方法。不同部门或领导多元推荐施工单位，因为来源不一，很难形成围标。对于一些长期投标，但长期不中的"陪跑员"，要定期清理，从而减少围标的风险并降低管理成本。审核招标文件与报价明细、析标也能发现一部分围标风险，但成本较高，可以在整体风险较高或有明显风险迹象时应用此方法。

编制招标文件环节需要关注的风险

编制招标文件环节最容易产生的问题是技术性排他。某公司审计部在机房招标中就接到对招标文件中技术性排他的投诉。技术要求硬盘转速必须为 15 000 转 / 分，而这是只有某品牌才能满足的技术参数要求。这就是比较明显的技术性排他。主观与客观的原因都可能形成技术性排他。一些技术人员在编制技术文件时可能与潜在供应商沟通，而供方往往容易在这一过程中推荐自己独有的技术参数。当然也存在内部人员与供方串通，设置对指定供应商有利的技术要求，从而达到排他目的的情况。

审计部门需做好与投标单位的沟通，这有一定的技术性，但有效、有力地处理好投诉能较好地对编制招标文件环节风险加以控制。

编制清单环节需要关注的风险

招标目前通常有综合单价法、总价法和费率招标三种方式。费率招标是指在投标报价时以费率代替工程总价进行竞标。这种方式的招标只适用于应急与零星的技改项目，一旦用到大型的工程建设项目大多会造成边设计、边勘测、边施工的"三边工程"，导致造价、工期、质量都难以控制，所以尽量少采用。

国外招标大多采用总价法，即施工单位投标时根据图纸报出总价，对于图纸理解错误、市场价格变动等均不予调整。若在国内使用这一方法，问题比较多。一是国内图纸深度通常不够，施工单位难以根据图纸把价格报准。二是部分施工单位的契约精神往往还不足以支持这种形式的招标。

国内目前应用最广的是综合单价法，即根据招标单位的清单对材料、措施费、利润等进行分别报价，当后期工程变化时，可根据实际的工程量与当时申报的单价进行结算。所以编制清单是重要的内部控制节点。

编制清单不准有可能是因为中介机构能力不够，也有可能是因为出现人为操纵清单。比如，编制清单人员故意把一些材料工程量报少，而另一些材料工程量报多。将报少的材料价格报高，而将报多的材料价格报低，在投标时总的价格不高，但结算时由于按实际工程量结算，会产生相当大的利润差。

另外，清单不准也会加大过程管理的难度，比如清单遗漏太多，一些材料就得重新谈价格、谈工艺，既影响工期，也影响成本。

清单是确定控制价的基础，而控制价是招标单位评估投标价格是否合理的重要参考。清单和控制价不准也会让招标单位对价格合理性产生误判。

审计部门可以抽查少部分的清单与控制价，对编制单位形成一定的制约。另外，编制清单与控制价的中介机构与结算的中介机构最好分离，清单有问题，结算时就一定会暴露，可以形成相互牵制。同时，审计部门可以对变更率进行监控，因清单问题形成的变更过多，就要引起关注。相关部门对清单编制中故意或失职导致的损失要及时追究责任人。

询标环节需要关注的风险

询标是招标当中很不起眼又相当重要的管理环节。信息不对称是招标中常见且难以控制的风险。对于中意的供应商知无不言，对其他供应商三缄其口甚至误导的情况常见而难以处理，这种信息不对称会严重影响招标的公平性。招标单位通常需要在招标中设置公开的流程对投标单位的疑问进行解答，对我方的要求进行澄清，询标环节也可以称为澄清答疑环节。审计部门应积极参与询标环节风险控制，因为询标环节有助于施工单位更顺畅地对异常情况提出异议，询标环节也是暴露问题、投诉比较集中的环节。审计部门对供应商提出的疑问要保证疑问得到解答，分歧和不同意见得到有效处置和共识。询标环节一方面可解决信息不对称的问题，另一方面也是加强审计部门与投标单位沟通互信的重要平台，对于有效接收与处置投诉有重要意义。

评标环节需要关注的风险

评标环节中，增值型审计不仅应对评标、开标的规范性进行控制，还应对评标办法是否公允、评标结果是否客观进行管理。对于评标办法最初的设计，审计部门最好参与审核，防止招标办法出现倾向性。因为招标办法有时不对外公布，所以审计需更多主动介入：避免一个部门决定评价结果，有条件的话，可以邀请独立第三方进行独立评价。多部门共同参与分析评分结果、对差异大的评委评分结果和评分项做专项分析，可以很好地保障评价结果的客观性。

对于需要全过程跟踪的招投标，审计部门可以编制专门的底稿予以控制，招投标评价范例见表2-9。

表 2-9　招投标评价

××××项目

项目全称：　　　　　　　　　　　　　　　　　　　日期：

类别	关键事项	检查要点	标准	实际检查情况	结论及说明
1.招标立项	立项	风险评估、及时通报	立项前应对项目风险、投入产出进行相应分析	立项前，项目风险、投入产出分析报告或文件（附件说明）	是否有可行性报告（或其他记录）：是□ 否□
			符合招标条件的，应给予以招标组充足的筹备时间	采购部发起时间：———— 要求供应商到位时间：————	是否给予招标组充足的筹备时间：是□ 否□ 说明：
	招标组	多部门参与	招标小组由采购部、审计部、管理部门（技术部门）、使用部门负责人组成，其他执行人员由各部门负责人指定	参与部门：———— 参与人员：————	是否多部门参与：是□ 否□ 说明：

续表

类别	关键事项	检查要点	标准	实际检查情况	结论及说明
1.招标立项	技术需求	需求及时准确	为方便招标小组按需寻找优质潜在投标人，在成立招标小组时，同时确定技术需求。管理部门（技术部门）在成立招标组七个工作日内，向招标小组提供技术需求	1.招标小组成立时间：_____年__月___日 2.管理部门（技术部门）向招标小组提供时间：___年__月___日 3.共___个工作日	是否及时公开公司技术需求：是□ 否□ 说明：
2-1.招标（开发投标人阶段）	投标人的选择	招标标准明确且统一，多部门共同参与开发	邀请招标的，需由领导小组确定投标人准入标准	标准描述：_____ _____	投标标准是否异常：是□ 否□ 说明：
			招标小组成员依据该标准均可对招标项目投标人进行开发	供应商1名称：_____ 开发部门：_____ 开发人员：_____	开发阶段是否多部门参与：是□ 否□ 说明：
				供应商2名称：_____ 开发部门：_____ 开发人员：_____	供应商家数是否三家及以上：是□ 否□
				供应商3名称：_____ 开发部门：_____ 开发人员：_____	供应商是否在同一档次，形成竞争机制：是□ 否□
				供应商4名称：___ 开发部门：_____ 开发人员：_____	

类别	关键事项	检查要点	标准	实际检查情况	结论及说明
2-1.招标（开发投标人阶段）	招标技术交底	及时充分答疑，技术需求统一	招标小组对潜在投标人开发完成后，应由采购部组织技术交底，管理部门（技术部门）负责向投标人代表对方案进行解释、答疑，形成最终的技术需求，作为招标文件的组成部分供投标人参考	技术交底时间：_____	是否举行统一的技术交底会议：是□ 否□ 说明：
				技术交底组织部门：_____	是否有不满足我司技术要求的供应商需要淘汰：是□ 否□ 说明：
				技术交底组织部门：_____	技术需求条款是否具有排他性：是□ 否□ 说明：
				向投标人代表解释、答疑部门：_____	是否符合国家、行业及公司标准：是□ 否□
				供应商提出疑问及答疑记录（需附件说明）	是否有未解答遗漏事项：是□ 否□ 说明：
2-2.招标（发标书阶段）	招标文件	经过决策且齐全、一致	招标文件应包括商务标、技术标、评标标准及办法。招标文件需经领导小组全体合议通过	招标文件审核时间：_____	招标文件是否经领导小组决定：是□ 否□ 说明：
				会议记录（附件说明）	招标文件是否齐全：是□ 否□ 说明：
				正式发出标书（附件说明）	招标文件是否统一发送：是□ 否□ 说明：
					招标条款是否有排他性：是□ 否□ 说明：

续表

类别	关键事项	检查要点	标准	实际检查情况	结论及说明
2-2.招标（发标书阶段）	评标办法	指标及权重合理	评分项应涵盖关键性能及商务指标	评分指标：＿＿＿	是否已包含评标关键指标：是□ 否□ 说明：
			评分办法应客观可行	评标办法（附件说明）	评标办法是否客观可行：是□ 否□ 说明：
2-3.招标考察阶段（无考察时不涉及）	考察	工厂及案例评估	管理部门（技术部门）需对考察项目关键指标、考察办法、评分标准拟制考察评估表，经由领导小组审核批准。考察评分由领导小组审议。考察评估表应涵盖设备的主要性能，主要项目、权重、评估办法应能够准确评估考察要点	考察项目关键指标：＿＿＿	是否有考察评估表：是□ 否□ 说明：
				考察评估表（附件说明）	考察评估表是否涵盖设备的主要性能：是□ 否□ 说明：
				考察案例要求：＿＿＿	评价办法是否能够准确评估考察要点：是□ 否□ 说明：
	汇报	汇报及时，评分公正、公开合法、有效	考察结束后两天之内，由管理部门（技术部门）负责组织向领导小组提交考察报告，汇报考察情况，由领导小组审议通过考察评分	考察日自＿年＿月＿日起，于＿年＿月＿日止	管理部门是否及时汇报考察报告：是□ 否□
				考察汇报日：＿年＿月＿日	考察报告及评分是否经过审议：是□ 否□
				考察汇报内容（附件说明）	
				若有淘汰，原因说明：＿＿＿＿	

类别	关键事项	检查要点	标准	实际检查情况	结论及说明
3.开标	资格审核	汇报及时,评分公正、公开合法、有效	按时缴纳保证金、提交密封标书,身份合法、有效	保证金凭证	是否缴纳投票保证金:是□ 否□
				授权委托书	是否有授权委托书:是□ 否□
				身份证明	是否有效身份证明:是□ 否□
				开标流程	是否说明开标流程:是□ 否□
				标书提交时间:_____	标书是否密封:是□ 否□
				......	
4-1.评标(技术标)	技术打分	评标家数形成竞争机制,评分公正、客观	评委由招标小组成员组成	评委所在部门及人数:_____( )	未到场的领导小组成员是否授权:是□ 否□ 说明:
			根据投标人准入标准及考察结果,由招标小组提出是否符合项目要求,并报领导小组审议。招标小组仅对符合要求的投标人进行评分	技术投标供应商名称:_____	供应商家数是否三家及以上:是□ 否□
					进入技术标阶段的供应商,是否都能满足技术要求:是□ 否□ 说明:
			技术评标前由技术、管理部门就各技术方案做出评价参考意见	技术部门意见:_____	技术部门是否就供应商的胜任能力做出评价:是□ 否□ 说明:

续表

类别	关键事项	检查要点	标准	实际检查情况	结论及说明
4-1.评标（技术标）	技术打分	评标家数形成竞争机制，评分公正、客观	技术评标前由技术、管理部门就各技术方案做出评价参考意见	管理部门意见：—————	管理部门是否就供应商的胜任能力做出评价：是□ 否□ 说明：
			会议依据评标办法对投标人技术标进行评分，各评委根据技术评标办法，秉承公正、客观的态度，对投标人进行评分	评分表情况（附件说明）评分离散程度：———	是否依据评标办法进行评分：是□ 否□ 说明：
4-2.评标（商务标）			准确计算各投标人得分，决出中标单位。若有弃标者按顺位选择。	计算方法：———	计算是否准确：是□ 否□ 说明：
5.供应商的过程淘汰			需经领导小组决议、审批		是否经过领导小组审批：是□ 否□ 说明：
			淘汰理由需充足		淘汰理由是否充足：是□ 否□ 说明：
……					

评价级别：
综合评价及建议：
A：完美；B：关键环节得到控制；C：有重大瑕疵，但也有效；D：完全不符合流程

项目组人员签名：　　　　　　　　　　　　审计部人员签名：

时间：　　　　　　　　　　　　　　　　　时间：

总的来讲，招标需控制的环节非常多，而且各环节风险是累加的，一个环节出问题，就可能让所有的努力付之东流。招标难以控制的问题，总体上是一直存在的。企业及公共事业单位均是按照《招投标法》来开展发包工作的，可用常规手段进行合规审计。

案例：招标还是议标

F 公司在发包时，最初参照《招投标法》组织招投标。但后来发现，招来的施工单位特别难管理，这些单位都抱着一锤子买卖的心理。招标阶段串标、散布不实信息、低价竞标、不平衡报价，现场管理中存在大量变更，漫天要价，动不动就以停工相逼，在材料上以次充好，工程中偷工减料……这些问题让人头痛又无计可施。其根本原因有三个。

一是招标单位通常会偏向于选择价格更低的施工方。施工方低价中标后要维持其基本利润，必然会在后期想办法补回差价。施工方如果不能通过不平衡报价、不合理变更补回差价，就会以次充好，偷工减料。如果这也不行，他们就停工。建设单位基本不可能终止合同，最后只能妥协。

二是招标的施工单位来源过于复杂，难以甄别。如果施工单位与建设单位内部管理人员存在关系，甚至出现建设单位工程部干部参股施工单位的情况，那将影响招投标的公平性和现场管理的效率。

三是民营企业建设单位对施工方和内部人员缺乏足够的约束力。国家机关和国有企业对施工方和内部人员有更严格的法律保障，因为根据《中华人民共和国刑法》第四百零六条的规定，国家机关工作人员签订、履行合同失职被骗罪是指国家机关工作人员在签订、履行合同过程中，因严重不负责任被诈骗，致使国家利益遭受重大损失的行为，而民企没有这类的法律保护。比如国有企业中，内部人员签订合同有重大失误是会入刑的；而民营企业中，若内部人员有类似情况就要诉诸法律，要证明其行为是故意的，且有侵占情节。这种情况下，实现完整证据链的可能极小，企业大多只能对相关责任人开除了事。

针对这一问题，F 公司审计部向公司提出了战略供应商的管理概念。基于公司发展考虑，F 公司的基建投资是巨大且持续的，有条件把与施工单位的买卖关系转变为合作关系，以减少前述的招标弊端。具体理由与措施有两点。

一是形成战略供应商库。

由多部门多源开发优质供应商，形成战略供应商库，并由 F 公司董事长与施工单位高级领导建立沟通关系，承诺建立长期合作关系。这样施工单位来源清晰，竞争充分。建设单位与施工单位高层领导有了通畅的沟通渠道与机制，甚至建立伙伴关系，大大降低了中基层人员舞弊的可能。而且长期合作，形成了足够的约束力，若施工单位不服从管理，就会严重影响后续合作，双方都会受到影响。

二是将原招标方式改为议标方式，建立合作共赢关系。

议标与招标的流程与控制基本是一样的，最大的不同是招标的结果是自然产生的，而议标的结果是由招标小组与上级领导合议决定的。国企与民营企业相比较而言，国企领导更像是职业经理人，制约因素相对较多，民企领导者往往是企业的大股东，制约因素相对较少，且不会出现管理方与股东利益背离的情况，就这方面而言，民营企业能充分发挥经营者与所有者统一和管理灵活的优势，避免招投标产生的诸多不可控因素。议标把价格目标从获取更低的报价转变为获取合理的价格，保证了施工单位保障质量与现场安全文明的条件。施工单位过往工程的质量、管理、诚信成为重要的参考因素，也让发包方在这些方面具备了足够的管理约束力。

F 公司采纳了审计部的建议，同时由审计部定期对战略施工单位的施工质量、安全文明、材料、变更与结算规范性进行综合评定，见表 2-10。这样形成了成本有竞争力、施工班组高质稳定、双方合作有序有节的有利局面。

表 2-10　施工单位评价

考核项		考核权重	单位 1	单位 2	单位 3
综合管理	施工团队管理	5			
	总体管理情况	15			
	分包 / 供应商管理	10			

续表

考核项		考核权重	单位1	单位2	单位3
质量管理	质量管理能力	10			
	隐蔽工程、重要部位、重要工序施工	8			
	材料控制	12			
	移交实体质量	10			
进度管理	进度内控	15			
安全管理	安全制度	3			
	安全管理能力	12			
强制性指标	施工重要事项，违规红线	扣分项			
总分（100分）					

2.3

杜绝豆腐渣工程——现场管理环节重点风险及控制

施工现场的风险管理非常重要，对工程来讲，应该杜绝豆腐渣工程。设计和施工单位应保证工程质量。设计、发包等环节涉及的影响因素相对较少；而现场管理不同，很多工程总包商接了工程后会转包给分包商，分包商又要找班组，班组还得管工人。层层管理，层层收管理费，越到后端成本压力越大、管理范围越大，管理越容易失效。现场管理控制不到位，偷工减料就会成为常态。而一旦造成事故，在经济、法律乃至政治上都会出现严重的问题。

例如：1999 年重庆綦江"彩虹桥"发生整体垮塌，造成 40 人死亡，轻重伤 14 人。14 名县委领导被判处死刑或有期徒刑。后新建大桥基座上的"綦江虹桥警示碑"碑文写道："盖主事者徇私渎职，施工者贪利粗制……腐之为患，国祸民伤。"

发生事故的直接原因如下。

（1）主拱钢绞线锁锚方法错误，使吊杆钢绞线锚固失效。

（2）主拱钢管在工厂加工中，对接焊缝普遍存在有裂纹、未焊透、未熔合、有气孔、夹渣等严重缺陷，质量达不到施工及验收规范规定的二级焊缝验收标准。

（3）主拱钢管内混凝土强度未达设计要求，局部有漏灌现象，在主拱肋板处甚至出现 1 米多长的空洞。

（4）设计粗糙，随意更改。

这些原因涵盖了现场管理大多数关键节点，所以审计部门不能放松对现场管理的风险控制，几个重点关注的内容，见表 2-11 。

2-11　现场管理风险控制环节

控制节点	审查点	重要程度	风险程度
现场管理环节	隐蔽工程管理	★★★	★★★
	材料检查管理	★★☆	★★★
	现场质量管理	★★	★★
	现场变更管理	★★	★★

注：☆为半星，★为一星。

隐蔽工程管理

隐蔽工程是指建筑施工期间将建筑材料或构件埋于物体之中，覆盖后外表无法看见的部分。排水、电气管线、地板基层、吊顶基层、钢筋、防水、防腐、线缆及桥架等都是重要的隐蔽工程内容。因为这些工程施工完成后将被覆盖，很难再检查，所以历来都是工程偷工减料的重灾区。审计部门应将其作为重点控制点。

案例：看不见的塘渣

某公司审计部在结算审计中发现，公司工业区建设的塘渣用量存在异常。塘渣是风化石与土的混合物，用于防止建筑沉降，价值相对较高。通常厂房内只需 30cm—40cm 厚度即可，而在这个工程中 175cm 的标高差全部铺设塘渣，而且连绿化带这种不可能铺设的地方都是满铺的。这不仅是巨大的浪费，而且存在较大的腐败可能。审计部立即开展了调查。但这个项目缺乏良好的设计与发包基础，图纸只是示意图，铺设前没有勘测记录，现场都全部覆盖，现场管理人员确认文件都签好了。调查陷入了僵局，审计部经过项目会审，决定采用破坏性测试方案，见图 2-4。审计部在做通工厂工作，顶住工程建设部的压力后，在厂区随机取 16 个点位进行检测，要求每个点挖到淤泥层为止，测量实际塘渣厚度。实测下来，除厂房与道路平均有 30cm 塘渣外，绿化、临时道路等区域都未见塘渣。按估算值计算，公司损失超过 700 万元。然而这种随机取点的数据无法作为法律证据，损失难以挽回，只能把相关责任人开除。

图 2-4　厂房内破坏性测试厚度 30cm，与申报 175cm 严重不符

这个案例说明了以下几点。

（1）隐蔽工程管理只有保证图纸合格，才有按图施工与检查的条件。

（2）隐蔽工程在必要时要进行破坏性测试，但尽量要做到早期介入，否则取证难、处罚难。

（3）审计部门要形成定期和不定期巡查的机制。

（4）工程建设项目时间漫长，建立完善的内控机制尤为重要。

工程建设中隐蔽工程数量多、时间分散而漫长，审计部门全部检查是不现实的。审计部门要充分利用监理和工程建设部门的工作，定期检查监理和工程建设部门的检查记录可以节省大量的精力。实现有序检查还应在隐蔽工程的管理中建立申报机制。审计部门独立定期巡检也是重要的内控方式。审计部门要控制隐蔽工程，通常需要与工程建设部门沟通，在施工单位合同中要约定关于隐蔽工程验收的条款，约定其覆盖前必须向监理、工程建设部门、审计部门同时报备，如不报备，结算时不予计算。隐蔽工程报备机制是实施控制的前提条件。

有条件的审计部门也可以借助咨询公司力量，形成定期巡检机制，对隐蔽工程进行定期和不定期检查。为了有效保障第三方工作，审计部门可以与其约定工作计划与工作底稿，对保证其工作系统性、计划性与质量都有较好的效果。

某公司第二工业园项目的工作底稿，见表 2-12 ，供参考。

表 2-12　第二工业园项目的工作底稿

检查项	检查要求	施工区域									
		MFC1	MFC2	MFC3	原材料	涂装1	涂装2	包装车间	实木1	实木2	实木3
屋面防水施工工艺	本月施工范围	√	√	√	√	√	√	√			
	1. 聚氨酯防水涂料是否涂抹										
	2. 防水卷材品牌是否为××，是否为4mm厚										
	3. 墙边防水卷材的翻边处理是否为250mm厚										
	4. 防水卷材上是否铺设20mm的水泥砂浆										

续表

检查项	检查要求	施工区域									
		MFC1	MFC2	MFC3	原材料	涂装1	涂装2	包装车间	实木1	实木2	实木3
屋面防水施工工艺	5. 水泥砂浆上铺设的保温板是否为×××，是否为60mm厚										
	6. 保温板上是否铺设 LC5.0 轻集料混凝土，是否为60mm厚										
	7. 轻集料上是否铺设 20mm 厚水泥砂浆										
	……										
顶棚、柱体抹灰（一层）	本月施工范围	√				√	√	√			
	1. 找平是否平整										
	2. 抹灰是否透混凝土底色										
	……										

对于不符合项不仅要整改，更要追溯其产生的内控原因，并落实到责任人。可以在评价中对施工单位进行扣分；可以约谈没有履职的监理，甚至对其进行处罚；还可以追究有严重失职行为的工程建设部门的责任。只要检查到位、责任机制完备，通常可以较好地实现隐蔽工程管理。

某公司第二工业园项目的整改事项控制表，见表2-13，供参考。

表 2-13　第二工业园项目的整改事项控制表

序号	主要内容	下发日期	要求截止时间	是否签收	是否回复	整改复查情况
1	防腐涂料涂刷问题：承台和地梁区域环氧煤沥青涂料施工不到位	2016-6-30	2016-7-7	是	是	
2	地面混凝土垫层厚度问题：MFC二区块地面混凝土垫层施工不到位	2016-7-19	2016-7-26	是	是	仅回复复查情况（表示符合要求）
3	钢筋与模板质量规范施工问题：很多柱子钢筋与模板之间未按规定放置保护块	2016-7-19	2016-7-26	是	是	
4	预埋管线防腐涂料涂刷问题：倒班宿舍区域存在预埋管线防腐防锈涂料施工不到位现象	2016-7-19	2016-7-26	是	是	
5	钢筋品牌问题：现场存在××牌钢筋，不属于合同范围内品牌	2016-7-19	2016-7-26	是（有罚款联系单）	是（但未及时提交审计部）	
6	工业园指定品牌不生产的排查情况，要求项目部进行处理意见回复	2016-7-20	2016-7-27	是（邮件下发）	是	

续表

序号	主要内容	下发日期	要求截止时间	是否签收	是否回复	整改复查情况
7	回填石块问题：室内地面基层回填石块过大，石料粒径应≤100mm	2016-8-11	2016-8-18	是	是	
8	防雷接地问题：只用了混凝土柱中一根主筋做引下线	2016-8-11	2016-8-18	是	是	
9	钢筋吊牌问题：现场钢筋存放区的所有盘螺钢筋，均无吊牌，只剩吊钩，无法辨别品牌	2016-8-11	2016-8-18	是	是	经查实，存放的吊牌及检测报告属中天钢筋
10	防水卷材问题：地下水泵房区域地下室顶板未按设计图纸要求铺设4厚聚酯胎SBS改性沥青耐根穿刺	2016-8-11	2016-8-18	是	是	已整改
……	……	……	……	……	……	……

材料检查管理

工程建设中，材料的优劣对施工质量有重大的影响，以次充好是一些施工单独获取额外利益的重要手段。

案例：有效的料检

审计人员在材料飞行检查中发现，工地上一批钢材没有吊牌，存在以次充好的风险，就与施工单位和工程部现场管理人员进行核实，并进行调查。施工单位马上提交了正品的检验报告，审计人员认为可以接受。在项目结项会审时，审计质控人员提出了异议，认为检验报告无法证明该批材料的真实性。一批材料的报告可以在一百批材料上使用，是无意义的证明材料，审计质控人员要求项目组复查。复查结果证明，施工单位确实偷换了材料，因害怕审计的检查，把所有吊牌全部剪去，又准备了检验报告作为应对，见图 2-5。

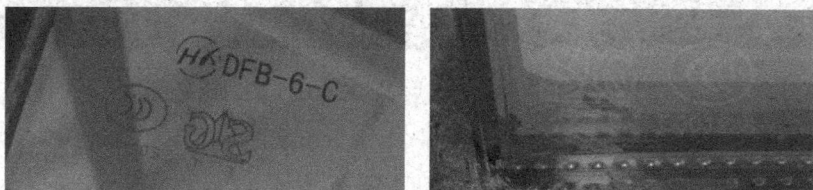

图 2-5　现场小样（左）与正品（右）对比

审计部马上约谈了监理、现场项目经理，要求把现场所有无标牌的材料全部退场，监理与项目经理要进行检讨，责成工程建设部按合同对施工单位给予经济处罚。

进场材料主要分两类：一类是有品牌与规格的，比如钢筋、玻璃、管线等；另一类是没有品牌与规格的，比如河沙、塘渣等。对于后者，审计人员应当熟悉这类材料的特性。

比如塘渣，虽没有品牌，但有相应的要求：含泥量小于 20%，塘渣料最大粒径应不超过 10cm，通过 5mm 筛孔的质量控制在 30%—50%，最大含泥量不超过总质量的 5%—10%，密实度大于 90%（重型击实标准）。而宕渣是爆破后的碎石，粒径较大，是土石混合物。其粒径大于 40mm 的石块含量大于 30% 的土石混合物，其石块的最大粒径不大于 150mm。由于目前国家对自然资源管理越发严格，塘渣获取难度加大，必要时可以允许施工单位以宕渣等替代，但应进行适当破碎和按真实材料计价。塘渣与宕渣的对比见图 2-6，工程中施工单位常用宕渣替代塘渣，对工程质量有一定影响。

图 2-6　塘渣（左）与宕渣（右）的对比

另外，河沙也是重要的建筑材料，但经常会遇到施工单位用海沙冒充河沙的情况。海沙含盐量多，对钢筋有很强的腐蚀性，要严禁这种冒用行为。海沙与河沙的区别主要如下。

1. 外观不同

（1）海沙颜色较暗，呈现出深褐色。

（2）河沙一般是亮黄色。

2. 手感不同

（1）海沙黏性较大，用手抓时有黏手感。

（2）河沙属干性，用手抓时无黏手感。

3. 成分不同

（1）海沙主要成分为二氧化硅，云母片含量较低。

（2）河沙二氧化硅含量低，云母片含量高。

4. 味道不同

（1）海沙放入水中味道较涩。

（2）河沙放入水中无明显味道。

海沙与河沙的对比，见图 2-7。

图 2-7   海沙（左）与河沙（右）

现场质量管理

施工单位项目经理能力、班组水平、现场管理能力都会影响到施工质量。现场质量管理对施工质量有较大影响，且现场质量管理具有较强的专业性，而且涉及安装、土建、弱电、市政等方方面面。通常不建议审计部门自己培养相应能力，更宜依托咨询公司进行定期检查。审计部门的重要工作是，利用好咨询公司的结果，以审计促进工程建设部门的巡检落地。巡检保障项目管理团队充分履职，项目管理团队保证施工单位按图施工，监理有效监管，压力层层传递，促进各部门各司其职，保证施工质量。

审计部门在现场质量管理中的另一个重要工作就是，保证检查出的问题得到有效整改。不仅是不合格的地方重新施工，更重要的是建立相应机制防止类似问题再发生。

某公司施工检查发现清水混凝土天花板质量不合格的案例，见图 2-8。

图 2-8 清水混凝土天花板的质量检查：不合格（左），合格（右）

清水混凝土天花板质量不合格，部分区域色差明显，明缝深度不一致。质量合规表现：颜色基本一致，没有明显色差；无漏浆、流淌及冲刷痕迹，无油迹、墨迹及锈斑，无粉化物；明缝位置规律、整齐、深度一致，水平交圈。

现场变更管理

现场发生变更对成本影响较为重大，现场变更的原因有以下五种。

第一种，优化工艺或在保证质量的情况下减少成本，这种变更是合理的。

第二种，图纸深化不够，清单遗漏或不准确导致变更。

第三种，部门需求变化导致变更。

第四种，不可抗力因素导致变更，比如台风引起的工期变更、政策法规变化引起的工艺材料变更等。

第五种，施工单位或管理人员为获取不当利益导致变更。

这里重点讲第五种情况的风险控制。施工单位要通过现场变更获得不当利益，通常需要内部人员的配合，一方面会败坏风气，另一方面会增加管理与审计的难度。其获取不当利益的主要手段有以下两种。

1. 不平衡报价变现

在清单阶段，施工单位与内部管理人员就可能串通，让清单的部分工程量不准确。施工单位投标时，把预增的部分报高价，预减的部分报低价，待到施工单位中标，通过变更调整回正常工程量，因新增的部分合同价高，减少的部分合同价低，就可以获取相应的利益。这一问题在现场管理环节很难解决，一定要在设计与发包环节就解决。现场管理环节暴露相关问题很集中，审计部门发现问题后一定要果断地往前端追溯，找到产生问题的责任人，对符合问责条件的果断问责。这样做有两方面作用：一是对内部人员形成震慑，避免再发；二是一方问责一方获利，双方就可能产生矛盾，可以避免内外勾结形成同盟。

2. 材料或工艺变更

在现场管理中经常会出现施工单位提出合同指定的材料买不到，希望变更材料的情况。这通常有两种可能。一是材料被设计师报备了，没法正常买到。这种情况，审计部门可以协调相关方帮助其解决。二是把合同报价利润比较低的物料更换掉，新材料价格就要重新谈，会产生利益。如果内部人员参与利益分成，就更容易造成损失了。

案例：某公司研发楼建设工程

审计部在变更单审计中发现，施工方把合同约定的 A 品牌洁具更换成 B 品牌，变更原因是买不到相应规格产品。审计人员认为 A 品牌属于成熟品牌，不太可能买不到其产品，于是展开调查，发现 B 品牌产品价格比正常价格高出一倍，公司损失近百万元。

利用变更不当获利变现快且容易，因此变更是腐败的常见手段。在有条件的情况下，审计部门可以对变更实施过程性管理。若变更发生频次高，应以月或季为单位定期开展审计，而不是发生一单审一单。审计的重点如下。

1. 授权

变更签证的管理一定要分类授权，职责分离。如果向级别过低的员工授权，现场级别很低的员工都可以同意变更签证，就会有极大的可能诱发腐败。而仅向级别高的员工授权，又会降低效率。所以，需要根据变更的金额大小与紧急程度分类授权。另外，变更的技术方案审核、成本核定、现场施工管理等不相容的职责要分离。

2. 合理性

避免变更泛滥，要坚持所有的技术变更必须得到设计院的审核与签字确认。一方面避免出现安全问题，另一方面加大变更的复杂程度与难度，也可以自然屏蔽掉一些无谓的变更。审计部门可以邀请咨询公司对变更合理性进行审核。

3. 规范性

变更单变更原因不明、方案不清、成本计算无依据，对变更单的审批、审核、审计都会造成很大的困扰。审计部门可以将变更规范性作为内控检查的一个要点。

4. 成本适当性

工程建设部门通常会进行价格审核，但审计部门仍宜进行定期复审，问题多要坚持审，问题少也要坚持审。变更容易引发风险，多投入一些资源是值得的。

某公司审计部审核变更单中的工作底稿（部分展示），见表 2-14。

表 2-14　审核变更单中的工作底稿

单位：元

联系单大概内容	内部流转单（成本估算）	合理性	经济性	是否符合流程
申请将沥青混凝土调整为普通混凝土加沥青	-430 000.00	不合理	-665 000	符合

续表

联系单大概内容	内部流转单（成本估算）	合理性	经济性	是否符合流程
增加混凝土掺膨胀剂 6%	500 000.00	合理	500 000	不符合。1. 并不属于紧急变更，应按正常程序进行流转。2. 流转单中总裁未签字审批便已下发指令单。3. 未抄送审计部便下发
食堂 1F 使用功能调整，增加荷载，地坪加厚	620 000.00	如果荷载确实增加，得到设计院确认，则合理；如果荷载未增加，则不合理。（如荷载增加，应得到设计院确认，是否原设计需要修改。如设计院确认原设计需修改，则可以提变更；如设计院认为原做法不变，则不予变更）	500 000	不符合。1. 并不属于紧急变更，应按正常程序进行流转。2. 内部流转单缺失。3. 未抄送审计部便下发。4. 设计变更单还未出

总的来讲，现场管理是重要控制环节，这一环节管理的难度并不大，但施工工期漫长。若这一环节有问题，审计人员要敢于查；若没有问题，审计人员要坚持查。

2.4
善始善终——验收与结算环节重点风险及控制

验收与结算控制的意义

验收与结算是工程控制的最后一道防线，其本身产生的问题不多，但若前期工作没做好，问题会在该环节集中爆发。始乱则终弃，善始则善终。如果前端工作做得好，验收就不会出大问题。招标文件、清单、合同、图纸质量高，各单位对于相关争议就容易达成共识。

若前端工作质量低，审计人员在这一环节压力就大。对验收不能放松。

验收与结算环节控制，见表 2-15。

表 2-15　验收与结算环节控制

控制环节	审查点	审查阶段	重要程度	风险程度
验收与结算	是否按图施工	是否存在甩项	★★★	★★☆
		施工质量是否达标	★★☆	★★
	是否进行验收交接	品保是否到位	★★	★★
		是否进行资料交接、培训	★★	★☆

注：☆为半星，★为一星。

双方关系紧张、施工难度大、工期协调难、遗漏多等，都可能导致施工单位未予完成或拒绝完成合同约定的施工内容，形成甩项。审计人员在验收时发现甩项，应予以记录，要求工程建设部门拿出解决方案，并注意在结算中扣除相应工程量；对于前期检查出的质量问题及验收环节发现的问题要列出清单，要求相关单位限期整改，整改前要控制付款的进度。

工程项目有大量的图纸，特别是管线与隐蔽工程，相关部门对于非长期合作的施工单位，一定要保证做好资料交接，否则后期维护、维修、改造都会遇到问题。一些公司的项目在改造过程中一挖就爆管、二挖就断电，都是资料移交产生的问题。

验收与结算审计应把握的原则

工程结算审计是传统审计的重要内容，具体的审计方法和技术这里就不赘述了。验收与结算环节审计应把握好以下几个原则。

1. 合规合理

案例：情、理、法的平衡

某公司审计部在结算环节遇到了一个问题：一个消防项目签了一个总价包干合同，但后期国家政策变化导致部分材料大幅上涨，项目亏损严重。施工单位在结算时希望审计部能适当考虑涨价因素，予以 5 万元补助。审计部从侧面了解到，这家施工单位施工质量较好，而且前期装修工程严重延期，窝工造成了很大的损失，但这家施工单位仍保持良好的配合。从感情上讲，审计人员是同情这家单位的。但审计部应依规办事，基于风险包干原则签的总价包干合同，如果出了风险仍由公司承担，如何面对其他签订类似合同的施工单位？如果审计部可以脱离法规与制度去结算，还值得他人信任，还能保持廉洁吗？据此，审计部驳回了该施工单位的请求。但是，审计部给公司领导写了一份报告，讲明了缘由，并提出由于装修单位延期确实对施工单位造成了很大损失，建议在处罚装修公司的十万元中，拿出五万元作为给施工单位的补偿。最后公司领导批示，十万元全给这家施工单位。这样情、理、法都得以兼顾。

2. 未雨绸缪

对于结算来说，很多工作需要做在前面。比如变更签证，如果过程中不管控，很多隐蔽工程都覆盖了，公司结算时就很被动。过程中签证合理性、经济性、合规性都管理得好，隐蔽工程都有序查检过，对质量问题、甩项等都进行了记录取证，结算时公司就更能掌握主动权。

3. 有礼有节

案例：不欺善者、不怕恶者

某公司审计部刚接手结算审计业务，在当年需要结算十余个项目。但奇怪的是，除了一家单位来结算，其余单位都没有动静。结算的这家单位可以讲锱铢必较、胡搅蛮缠，一定要公司做出重大让步，没有正常结算的打算。这家单位不断扬言要起诉公司、要动用车辆堵公司大门。审计部判断，这是有人要给审计部下马威，先让这样的单位打头阵，审计部妥协了，其余单位都能得到利益。审计部马上向公司领导汇报，得到公司领导"坚持原则，不怕打官司"的指示；又马上与法务部沟通，让其做好诉讼准备；并会同安保部门取得当地公安机关对维持公司正常运营的支持。通过艰苦的 6 个月谈判，双方最终以审计部意见为基础达成一致。这个结算项目的处理起到了很好的示范作用，其余十余家单位仅用一个多月时间全部顺利完成结算了。

结算中，审计部门应坚持不欺善者、不怕恶者，有理有据，有礼有节。

4. 争取主动

结算中什么是被动？公司天天联系施工单位，对方却不理睬，公司就是被动的。什么是主动？双方态度调换，公司就掌握主动权。公司常常想着去起诉别人，公司就很被动。施工单位常常扬言要起诉公司，公司多半比较主动。

　　某审计部负责人就犯了个错误。年前有施工单位写了份报告，报告称审计部的二审进度太慢，导致资金回笼慢，严重影响了其经营，希望公司先支付一部分进度款。审计部根据初审审减金额判断，支付后不会有大的风险，就同意支付了。其结果就是：6 个月过去了，审计部二审找对方对账，对方总说没空。工程建设中，争取主动权的方式比较简单——钱在谁手中，谁就掌握主动权！

第 3 章

增值型内部审计在采购环节的应用

内审工作要上台阶，信息化是必由之路。

——陈泽

　　物资采购是企业生产经营中重要的一环，是腐败多发的环节，采购审计历来是审计的重点。传统的采购审计主要审查以下内容：采购申请是否合规审批；采购计划是否合规、准确；采购订单与合同资料是否完整、合规；采购物资验收数量、质量是否与采购订单一致，采购物资入库验收资料是否真实完整；采购价格是否合理、公允，是否存在采购人员舞弊导致物资价格虚高、采购成本控制失效的情况。传统审计方式对减少采购环节的腐败与降低采购环节的风险有一定的作用，但是在实践中局限性也比较明显。

　　在内控设计上，以审批、加强价格审计、职责分离为核心的控制活动效果越来越差。比如审计往往提出三家比价、引入竞争这样的内控要求，往往会受到供应商不足、材料采购有难度、供应商档次相差大等条件制约，受到比价采购会导致材料质量越来越差的质疑。因这些内控的局限性，即便是相对成熟的公司，也可能承受大规模集体采购腐败的伤害。

　　在价格审计中，审计很难覆盖所有物料，只能抽取少部分物料进行审计。往往结果就是，被审计的物料价格降低了，其他物料价格又上涨了。年年审出问题，但总体情况又不见改善。

　　在审计范围与对象上，只注重价格与采购。如果研发人员指定物料性能乃至供应商，使采购人员沦为傀儡，应怎么办？设计人员把标准定得很高，品质检查时放水，一样可以做到价格不高，同时还有腐败空间。对于这些问题，审计人员又如何解决？这些都是实际审计中经常遇到的问题。

　　应对企业管理方式的变化，审计部门有必要针对采购环节，采取更加系统的方法，通过增值型审计有效地应对日趋复杂的采购风险。采购环节主要的风险有成本风险、费用风险、交付风险、质量风险四种。

审计部门对采购相关风险的关键控制策略如下。

一是保障良好的供应关系。

二是进行采购关键活动控制：供应商管理（引入、竞争关系管理、淘汰）、技术选型与新品定点定价、成本管理的标准形成与合理化，以标准替代个人权力，减少个人寻租空间。

三是保障采购及相关部门形成相互制约的组织架构，促进采购阳光廉洁文化的形成与发展。

3.1

相处的艺术——良好的供应关系

　　良好的供应关系是进行采购内控的基础。笔者曾遇到一位审计负责人，他提道，他们公司比较大，每年包材纸箱采购就要 3 亿元。他向公司提建议，通过招投标降低成本。起初效果很好，但连续实行三年后发现，价格越来越高、质量越来越差，好的单位还不来投标了。他怀疑有人做手脚却不知如何破解，于是来询问笔者的看法。笔者分析后认为，这种结果的产生可能是因为采用了不恰当的采购方式。其一，采购方采购量很大，但纸箱制造厂规模多半很小，一亿到两亿元基本就是其全部产能。这些制造厂中标之后可谓又喜又忧，喜的是有了大订单，忧的是产能不足。于是他们要么大量招工，购买厂房、设备扩大产能，要么中止与现有其他客户合作。对这些制造厂来说，明年自己是否还会中标是个未知数，如果不中标，就会出现设备、厂房大量闲置，大量裁员，经营巨额亏损或倒闭的情况。几轮招标下来，优质的供应商大多会选择规避这样的风险，自然也就出现价格不断上升，质量却不断下降的状况。从这一案例来看，理顺供应关系对管理好成本、质量、交付有重要意义。

　　供应关系从稳定维度分为买卖、稳定买卖、合作、战略合作四个层次。

　　买卖的本质是各取所需，买卖是最基本的交易行为。而实际中存在罔顾信用、图谋私利的现象。长期的买卖关系可以转化为稳定买卖关系。

　　合作是指双方或多方一起工作以达到共同目标。合作以各自的利益最大化为基础，但不一定是整体的利益最大化。

　　战略合作是出于长期共赢考虑，建立在共同利益基础上，实现深度的合作。双方首先要考虑怎么建立共同利益，包括长期和短期的。所谓战略，就是要从整体出发，考虑相互之间的利益，使整体的利益最大化。

从实践经验来看，存在腐败行为的采购人员往往喜欢把与供应商的关系设定为买卖关系。因为这种最不稳定的采购关系，监管最松懈，个人决定权最大。当个人特别是基层采购人员能决定供应商的去留、订单分配比例等时，不用他去索要回扣，供应商也会主动给。这样的关系，非常容易产生腐败。

战略合作关系往往由高层建立，这种关系持续时间长且稳定，以双赢为目的，在主观上大大缩小基层采购人员腐败的空间，也有条件健全引入、退出、订单分配、技术选型等关键内控节点。决定供应商去留、订单多少、技术选型的权力不再归于个人，而是标准化，对于减少腐败、促进供应商提升质量、改进成本都是有利的。

稳定的供应关系中，采购寻租空间越小，受控程度就越高，但并不是所有的物料采购都要建立战略合作关系。一些用量少、采购频次低的物料建立这种关系，采购的管理成本就会很大。所以要按照采购难度与采购量把物料分为四个象限，分别制定不同的采购策略与审计控制方法。

物料四象限具体，见图 3-1。

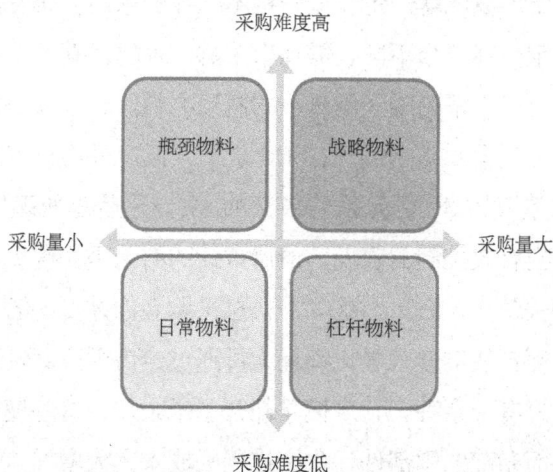

图 3-1　物料四象限

采购量大、采购量难度高的物料被称为战略物料。这类物料是企业在技术、性能上区别于其他企业的重要核心竞争力之一，具有专有性、保密性、定制化的特点。战略物料采购需要供应商承担研制开发、保密甚至同业禁止合作的责任，是一定需要形成战略合作关系的。

采购量大、采购难度低的物料被称为杠杆物料。这类物料具有通用性好、供应商多、产品比较成熟、产品与供应商的可替代性都很强的特点。前面案例讲的纸箱就是典型的杠杆物料。对于用量大，且对供应商产能有重大影响的物料，其采购宜建立合作伙伴或战略合作关系。若采购方自身规模与供应商相比较小，对供应商产能影响较小，其物料采购建立紧密合作关系的必要性和可能性都较弱。这类物料可以通过招标等方式实现产品优化与降本，但也应注意频率。过于频繁地招标会加剧合作关系的不稳定性，过于强调价格会影响质量、服务、交付，从而破坏供应关系，一般招标频率以两到三年一次为宜。

采购量小、采购难度高的物料被称为瓶颈物料，一般是设计失败的物料。研发部门设计了含专有或技术实现难度大的零部件，但这些零部件的性能又没能得到市场的认可，其需求量就很小。这类物料用量不大，但其对采购的负面影响大。很多研发人员创新的出发点未必来自市场需求，要在其研发领域做出成就就一定要做一些不一样的东西。研发人员为了个人利益，也会指定一些与众不同、需独家采购的物料。基于这些原因采购的物料，基本都要成为采购难、用量小的瓶颈物料。例如某公司在审计中发现，公司一共在用物料编码有 12 000 余个，但瓶颈物料就达到了 7 000 余个，而采购量只占 30 亿元采购金额的 8%。这就是瓶颈物料从产生到淘汰都没有得到有效控制的表现。最后审计的结论是，这类物料的存在，让公司每年损失达 3.6 亿元。这些物料总采购金额才 2.4 亿元，怎么能导致这么大损失呢？从供方来看，审计人员通过走访供应商发现一些供应商主流供应物料只有十余种，仓库模具却开了千余套，这些模具费得算进材料成本。零星而杂乱的零部件让生产排程的成本大大增加，也要算进材料成本。这些价格的影响未必在瓶颈类物料中体现，大都摊到了主流物料的报价之中。对公司内部成本而言，各种独特的性能、技术、专利要求，会增加采购成本；增加的图纸、新品开发、品质与检验标准等，又会增加管理难度与管理费用。这些林林总总的影响因素，造成这家公司与竞品单台产品成本相差 12%。而这些还不包括增加的质量事故与交付事故所造成的损失。瓶颈物料是影响企业核心竞争力，但又特别容易忽视的物料。

对于瓶颈物料，审计部门要在产品平台化的基础上，督促研发或产品线明确新增物料的权限、流程、考核，提高零部件通用性；通过内控检查保障相关措施执行到位，尽量减少瓶颈物料的产生。对于已产生的瓶颈物料，要督促业务部门尽快淘汰。

最后一类是采购量小、采购难度低的日常物料，比如纸、笔、工装夹具等。这类物料单个采购量小、频次低，但种类特别多，就形成了管理关注少、内控松懈、采购管理成本大的特点。从经验来看，如果杠杆类物料有腐败，一般有较高层级参与，价格偏离一般在 10% 左右。日常物料采购则往往是基层采购人员腐败的"乐土"，价格偏离往往达到30% 至 50%。某公司在审计中发现，产品封边的泡棉价格异常，材料年采购量约为 960 万元，但价格偏离达 56%，每年产生的损失达到 500余万元。这一类的物料往往多达千余种，材料量少、影响大，不仅影响公司成本，也非常容易造成坏的组织风气。这类物料采购可采用打包采购方式，比如纸、笔、文件夹等文具，装饰用小五金等，可以向专业公司对相关种类打包采购，价格稳定且有条件的，也尽可能签订年度合同。把零散的采购集中化，有利于实施有效的管理与控制，提升管理的层级。这样做虽未必能避免腐败的产生，但至少不会让采购处于失控状态。审计部门应加大对这类物料价格的随机审核，对超出容忍范围的责任人要及时追究其责任，起到应有的震慑作用。

各类物料特征与采购、审计常用策略，见表 3-1。

表 3-1 采购物料分类模型

物料分类	采购量	采购难度	常见供应关系	常用采购策略
战略物料	大	高	封闭	建立战略合作关系
杠杆物料	大	低	开放	合作伙伴关系或稳定买卖关系
瓶颈物料	小	高	封闭	研发优化，逐步淘汰
日常物料	小	低	开放	简化采购过程，降低采购费用

3.2
让权力来自标准——供应商管理关键控制

采购活动中当权力来自个人，就会产生权力寻租空间。而当实现供应商引入、淘汰、订单分配、价格、品质与验收等关键控制节点流程与评价方式标准化之后，个人的影响力就小，权力寻租空间也小。这比天天查价格、查回扣的效果好，效率高。

不同的企业采购策略有很大区别，内部控制也要随采购策略的不同而有所变化，才能起到应有的作用。从策略维度来看，供应商管理方式可以分为封闭式与开放式两种。

为了确保竞争优势，企业往往拒绝共享技术与工艺，与某些供应商形成长期合作关系，较少在体系外再进行供应商寻源。因体系封闭，内生循环，这种供应方式被称为"封闭式企业供应链体系"，大型、强势的企业往往采用这种供应方式。战略物料与瓶颈物料因采购难度大，也往往采用封闭式企业供应链体系。规模较小的企业，以及大型企业中日常物料与杠杆物料，大多采用开放式供应体系。因供应体系开放，外生循环，这种供应方式被称为"开放式产业平台供应链体系"。无论哪种供应链体系，实现供应商的优胜劣汰、竞争有序都是内部控制的主要目标。但如何实现这些目标，则有很大的区别。

目前的内部控制理论大多建立在开放式供应商管理的基础上，但实践中大多数企业，特别是大型企业，会选择封闭式供应商管理。受传统观念的影响，很多审计部门认为封闭式企业供应链体系中的供应商都是"关系户"，无法对其进行有效管理和控制。这些想法是错误的，随着管理技术的进步与发展，对封闭式企业供应链体系中的供应商的管理与控制会变得越来越主流与重要。

封闭式企业供应链体系中的供应商所承接的大多是战略物料、瓶颈物料，这类供应商具有合作关系紧密、合作时间长、配合度高的特点。若相关关系处理得好，因为长期合作，双方具有共赢甚至共生的关系，供应商能有很好的意愿去改进质量、降低成本，有力地支持公司产品技术研发、生产计划，形成公司独有的竞争优势。但若相关关系处理不好，这类供应商竞争压力不足的缺点就会放大，其可能丧失改进管理与技术的意愿，竞争力逐渐下降。但这类供应商通常又依仗与公司的特殊关系阻止引入新的竞争者，保护自身的既得利益，逐渐侵蚀公司的核心竞争能力。所以引入、淘汰、竞争关系维护是三个主要的控制环节。

封闭式企业供应链体系中的供应商（以下简称"封闭式供应商"）风险控制，见表3-2。

表3-2　封闭式供应商风险控制

控制环节	风险描述	风险说明	关键控制点
引入	供应商开发准入条件与标准不明确	新供应商引入的不恰当或遭到不公正待遇	1.供应商开发条件的分析与监控，对准入评审维度进行分析，应包含战略组织与文化、企业社会责任、质量、技术、新品小批量试生产环节的控制 2.集体决策机制，通常采购、品质、生产需共同参与决策，并承担相应责任
竞争关系维护	1.二元化与订单分配	单一供应无竞争基础、订单分配无权力约束、订单分配原则未得到执行	1.二元化及多元化供应推进 2.定期审计与审查 3.考核数据真实性
	2.品质风险应对	让步接收无序、品质检验失真、品质定责不清	1.依图依规检验 2.让步接收流程 3.品质定责流程
	3.交付风险应对	无法及时交付	1.生产计划流程 2.考核流程

控制环节	风险描述	风险说明	关键控制点
淘汰	淘汰机制缺失、不明确、未执行	徇私与无法执行风险	1. 标准制定 2. 触发机制 3. 集体决策机制 4. 二元化

封闭式供应商引入环节风险控制

新的封闭式供应商引入代表着重大利益的重新分配，往往伴随着激烈的冲突与矛盾。这个过程中审计部门要以制度、标准为依托：

（1）避免冲突的扩大化与无序化；

（2）保障优胜劣汰的基本法则得以一定程度地推行；

（3）坚决防范引入不胜任的供应商，威胁成本、交付、质量等核心风险的控制。

避免冲突扩大化与无序化是审计部门在这一环节的重点防范对象。封闭式供应商引入决策层级往往较高，虽避免了基层采购的无序寻租，但也易滋生高层舞弊。高层往往统辖着采购、品质、研发等关键部门，若其舞弊，会让相关部门的内控功能无法正常发挥，形成一言堂，而其下属和周边部门的意见无法通过正常渠道表达和实现，就可能演变成流言、投诉或直接冲突。这种冲突很常见，一旦扩大与失控，既不利于风险的管控，也会打击审计部门的权威与形象。

审计部门不宜局限于投诉受理。因为相关方往往存在上下级关系，出于安全考虑，这些意见通常都是通过流言散播或直接到最高层，很大概率不会通过正常投诉渠道。审计部门固守投诉渠道只会显得迟钝。审计部门宜预见性地促进相关流程，明确采购、品质、生产、研发部门的权责，特别是审厂、品质评价、价格评估等关键环节的权责。在此基础上，审计部门应建立相应的审计监督与内控机制、沟通机制、责任机制。

在审计监督方面，要保证供应商开发条件清晰合理并实施审计监控。

供应商的准入评审维度应综合全面，一般应包括组织与文化、企业社会责任（Corporate Social Responsibility，CSR）、质量、技术、财务与成本、交付等方面。而且这些内容应让采购、品质、生产等部门共同参与审查并各自出具意见，保障相关职能部门集体决策机制有效实施，保障供应商引入标准清晰、执行规范，做到有法可依、有据可查。审计部门应根据状况制定例行与有针对性的审计方案，检查内控执行部门的履职情况。这种检查不应局限于形式合法合规，而要评价相关环节的内控是否真实有效。比如在检查采购、品质部门对引入供应商的审批时，就不能看见"同意"二字就放过，还应检查采购部门是否对价格是否合理发表明确意见，品质部门是否对品质管理体系是否合格、是否有风险发表明确意见，否则起不到业务部门充分履职的效果。

以某公司为例，审计部门协同业务部门共同设计了供应商调查表（见表 3-3）、供应商准入评审结果审批表（见表 3-4）、供应商现场评审打分表——质量（见表 3-5）、供应商现场评审打分表——技术（见表 3-6）、供应商现场评审打分表——交付（见表 3-7）、合格供应商审批表（见表 3-8）、特殊供应商准入申请表（见表 3-9）等一系列控制表实施审计监控。

表 3-3　某公司供应商调查表

调查说明	我方需购品为：_____，拟与贵单位建立长期稳定的供应关系，为取得可靠证据，特发此表作为初步调查。请贵单位按表内容填写后于___年__月__日前反馈我方，请务必按实填写，因为这将作为选定合格分供应商的证据之一。 　　　　　　　　　　　　　　　表格发放人签字：____ 注：在此过程中的行为贵方应是自愿投资，我司不作任何承诺。		
企业全称			
法人代表		电话 / 传真	
技术联系人 / 电话		业 务 联 系人 / 电话	
经营范围			

续表

E-mail			网址			
地址				邮编		

贵司的主要客户

序号	客户	联系人	联系电话	所供产品	年供量
1					
2					
3					

贵司的主要合作供应商

序号	合作供应商	联系人	联系电话	所供产品	年供量
1					
2					
3					

贵司的现有产品类别（按业务量大小排列）		
现年产值	万元	产品制造工艺流程图（注明关键控制点） 请附件

人员概况	员工总人数 _____ 人。其中：管理人员 _____ 人；技术人员 _____ 人；检验员 _____ 人；进货检验 _____ 人；最终检验 _____ 人；计量员 _____ 人；大专以上学历人数 _____ 人；本科以上学历人数 _____ 人；硕士以上学历人数 _____ 人。
资料附后获证情况	1.是否通过第三方质量、环境、职业健康安全体系认证：无□ 有□。 认证名称 ，认证机构 ，该认证有效期限 。 认证名称 ，认证机构 ，该认证有效期限 。 认证名称 ，认证机构 ，该认证有效期限 。
	2.是否通过第三方产品质量认证（CQC 或 3C）：无□ 有□。 认证名称 ，认证机构 ，该认证有效期限 。 认证名称 ，认证机构 ，该认证有效期限 。 认证名称 ，认证机构 ，该认证有效期限 。
	3.是否通过 UL、JS、TUV 等认证：无□ 有□。 认证名称 ，认证机构 ，该认证有效期限 。 认证名称 ，认证机构 ，该认证有效期限 。 认证名称 ，认证机构 ，该认证有效期限 。

续表

	4.其他第三方质量证明（如检验报告等）：			（请附件）	
知识产权情况	发明专利量			实用新型	
	外观设计			著作权	
	商标			其他	
	是否有侵权记录				
	侵权分析评估				

典型设备和检测仪器情况						
序号	设备和检测仪器	品牌（产地）	年限	产能	计量状况	备注
1						
2						
3						
4						
5						

关键原材料	贵司使用的主要原材料名称、型号、产地及供应商，请详加说明如下：
可进行的各类试验	
供应品技术标准	产品技术标准名称、编号： （详细资料附后） 产品检验和试验标准（或检测标准）名称、编号： （详细资料附后）

实际控股方与 ×× 是否存在直接竞争关系	
是否认同 ×× 基本理念与核心价值观	
供应商是否已经获得所有合法的环保许可证、批复、执照以及注册文件，并处于有效期内	
是否有独立的质量管理部门	
我方需购品平均订单交付周期	
我方需购品月生产能力	
我方需购品交付运输方式	

包装方式		产品合格证明	

供应商企业法人代表签字和盖章：

　　年　月　日

表 3-4　某公司供应商准入评审结果审批表

供应商全称		供应商法人	
供应商地址		主营物料品类	
某公司评审人员		评审物料品类	
某公司评审时间		评审物料等级	
供应商陪审人员			

续表

评审结果								
评审维度	说明	评审结果汇总	战略与文化	CSR	质量	技术	财务与成本	交付
一票否决项	评审要素个数							
	评审合格个数							
重要项	评审要素个数							
	评审合格个数							
	适用总分							
	评审得分							
一般项	评审要素个数							
	评审合格个数							
	适用总分							
	评审得分							
汇总	得分比例							
评审结论								
评审人员签字：			供应商代表签字：					
供应商质量中心负责人签字：			采购共享部部门负责人签字：					

表 3-5 供应商现场评审打分表——质量

重要度	评审要素数量	评审要素合格数量	总分
一票否决项			
重要项			
一般项			

续表

项目	子项目	评审要点	重要度	得分
质量管理总体要求	质量管理组织	是否有独立的质量管理部门	一票否决	
		质量管理部门是否直接对总经理汇报	重要	
	是否通过了质量管理体系认证	是否通过了 ISO9000／TS16949 等质量管理体系认证	一般	
	是否定期开展质量管理体系内部审核	是否有年度内部审核计划？是否有审核记录	一般	
		审核不符合项是否按计划整改并关闭	一般	
	是否设定了质量目标要求	是否有质量目标要求与记录	重要	
		质量目标要求与记录是否包括关键项目（来料／制程／成品合格率、上线直通率、客户满意度等）	重要	
		记录与要求是否保持一致性	一般	
		是否结合质量目标要求，对收集的质量和过程数据开展月度分析与评价	重要	
	是否有质量激励政策及质量文化建设	是否有鼓励各级员工持续改善质量的激励政策	一般	
		是否开展了质量主题的企业文化建设（理念、宣传、活动）	一般	
供方管理	是否只和获得批准／放行且具备质量能力的供应商开展合作	是否有合格供方准入机制与管理流程	重要	
		实际供货单位是否符合目录	一般	
	在供应链中是否考虑到了客户要求	是否对客户的要求进行分析与梳理并传递给供方	一般	
		是否定期核查供方涉及 3C 和 CQC 认证的有效性，且核查周期不低于客户的标准	重要	
	是否与供方就供货绩效约定了目标，并且加以落实	是否有供方绩效目标	重要	
		是否有供方绩效结果统计	一般	
		是否与供方开展了绩效沟通，并跟踪闭环	一般	

续表

项目	子项目	评审要点	重要度	得分
供方管理	针对采购的产品和服务，是否获得了必要的批准／放行	是否建立了供方评审管理制度	重要	
		是否对供方开展准入评审	一般	
		是否对供方开展例行体系评审	一般	
来料质量管理	物料仓储管理	是否能确保先进先出	一般	
		原料保管区域的温／湿度及其管理状况是否良好	重要	
		是否有料架与工位的布局定义？实物与布局是否一致	一般	
		是否采用等级、颜色区分保管	一般	
	是否对来料进行了必要的检验、记录、标示和存放	现场是否有合适版本的检验规范或者作业指导书	一般	
		来料检验记录的项目是否与检验规范一致	一般	
		来料不合格处理记录、分析报告、整改是否有效	重要	
		来料检验内容是否包括对 RoHS 的要求	一般	
		来料检验是否会针对 3C 和 CQC 的部件核对与认证报备的一致性	重要	
		物料状态是否清晰（待检／已检、合格／不合格等）	重要	
		物料信息是否清晰（编码、名称、数量、批次号／生产日期）	一般	
	是否对来料进行了必要的型式试验	是否对采购物料，尤其是关键物料制订型式试验计划	重要	
		是否配置相关型式试验设备，并按计划实施，保留试验记录	重要	
生产过程管控	是否按照控制计划执行	是否有明确的控制计划／QC 工程图来确保品质	重要	
		作业指导书是否悬挂在作业现场	一般	
		操作人员是否按照作业指导书的规定作业	一般	
		控制计划／QC 工程图与检验文件、现场记录，是否一致	重要	

续表

项目	子项目	评审要点	重要度	得分
生产过程管控	是否有首检、自互检、巡检	是否进行了首检	重要	
		首检内容是否包含了涉及 3C 和 CQC 认证部件的一致性核对	重要	
		操作员在操作过程中是否会进行自检、互检的操作	一般	
		是否有生产记录文件（班次、时间、人物）（注：应交叉验证，防止造假）	一般	
		是否有合理频次的巡检，并保留记录	重要	
	关键特性在生产中是否进行了控制管理	是否识别了关键特性	重要	
		关键特性是否得到有效传递，落实到作业指导书、检验文件及记录	重要	
		是否有保障关键特性的举措（如防错、过程能力等）	重要	
		是否定期监测过程能力（Cp，Cpk），设定目标并持续改进	重要	
	不合格品的管理是否健全	是否规定了不合格的处理方法	重要	
		是否设置了单独放置区域（隔离区，防止误用）？是否有单独标志（如颜色区分）	重要	
		不合格品发生日期、发生场所、不良内容、处置方法、处置人是否有记录（不良履历）	一般	
		对于返修或返工后的产品是否按质量计划或形成文件的程序进行重新检验	一般	
		是否开展了质量纠正改善活动，问题发生后尽快做出改善并记录	重要	
		改善活动是否持续开展；是否能防止再发，并有改善效果评价	重要	
	在量产过程中，是否对产品或者过程变更开展了跟踪和记录	是否建立了相关程序文件（版次、时间、变更履历表）	重要	
		是否有为变更的跟踪和记录	一般	
	生产现场是否保持良好的环境状态	生产现场的是否实施了 5S 管理	一般	
		厂房布局是否合理，生产设备、物流路线是否清晰	一般	
		是否对生产的环境进行相应的监控（如温湿度、洁净度）以确保生产符合要求的产品	一般	

项目	子项目	评审要点	重要度	得分
生产过程管控	产品跟踪卡	是否有跟踪卡？确保半成吕在流转的过程中不发生混料	一般	
	生产操作类人员是否按照规范进行管理	是否有岗位责任书	重要	
		是否有上岗培训与考核记录	重要	
		上岗证与实际从事岗位是否相符	一般	
		关键岗位的人员是否经过严格的上岗认证，对国家要求的工种是否取得相应资格证书	重要	
		相关资质是否保证有效性	一般	
		新进的操作员是否有标示	一般	
		是否有岗位矩阵表？岗位矩阵表是否体现能级、高能力员工比例要求、可顶岗人员数量	一般	
		是否有年度员工配置表（以应对淡旺季人员流动）	一般	
出货质量管理	是否对出货产品进行了必要的检验	现场是否有合适版本的检验作业指导书	一般	
		检查项目的设定是否包括了客户要求事项？检验标准是否不低于客户标准	重要	
		是否对出货产品进行检验？是否进行了性能测试	重要	
		是否有产品待检、合格、不合格的状态区分	一般	
		产品外包装标志是否可以明显区分数量、生产日期、经过出货检验	一般	
	检验不合格的管理	对于首次检验不合格的产品，返工是否重新检验	一般	
		是否有成品不合格处理报告及纠正整改措施	一般	
	仓储及运输包装管理	对发货时间、数量、批次是否有记录？是否先进先出	重要	
		是否有成品仓储的实时记录？账实是否相符	一般	
		是否有料架与工位的布局定义？实施与布局是否一致	一般	
		是否有对运输工具／包装的定义	一般	
	是否对成品进行了必要的型式试验	是否针对成品制定型式试验计划	重要	
		成品试验是否配置相关设备，并按计划实施型式试验	重要	

项目	子项目	评审要点	重要度	得分
客户满意度	是否对客诉问题进行分析改善和持续改进	是否明确客户投诉的处理流程？回复时间是否得到明确规定	一般	
		是否有针对客户投诉与客退件的失效分析与记录	一般	
		是否采取有效的纠正预防措施，并确认改善效果	一般	
		是否对客诉问题（进料不良和上线不良）开展趋势分析	一般	
		是否针对趋势异常，策划并实施了持续改进活动	重要	
设备资源	生产设备/工具的维修及保养是否受控	是否有生产设备台账	一般	
		是否按照保养类型（TPM1/2/3）分别制定了设备维护保养计划和具体保养内容	重要	
		是否按照计划保留设备维修保养记录	一般	
		生产设备上的流量表、温度表等是否计量有效	一般	
		生产设备精度等是否定期点检	一般	
	测量和检验装置，是否有效	测量设备使用人员是否经培训并能正确使用	一般	
		是否制定测量设备的作业指导书	一般	
		是否有测量检验设备台账？并有定期标准监控	重要	
		是否在检验区域环境（如温湿度、洁净度）进行监控并且对控制情况进行了跟踪记录	一般	
		检测设备是否有计量标识？是否在有效期内	重要	
	模具管理是否有效	模具是否在指定地址统一管理，是否单层放置，有无两层堆积现象	重要	
		模具是否定期点检，有无使用、维修保养履历卡	重要	
	实验设备	是否有必备的实验设备资源，能满足FT的产品标准/检验标准	重要	
		是否获得国家级实验室认证	一般	

表 3-6 供应商现场评审打分表——技术

重要度	评审要素数量	评审要素合格数量	总分	总分占比	备注
一票否决项					有研发要求
重要项					
一般项					

项目	子项目	评审要点	重要度	得分	现场发现
研发技术能力（仅针对有研发要求的供应商）	技术发展规划	是否开展技术发展规划，并形成报告	重要		
		是否对本行业技术发展趋势做出分析判断	一般		
		是否设定了技术发展目标	一般		
		是否对达成规划所需资源做出分析	一般		
	厨电行业研发经验	是否在厨电行业有产品开发经验	重要		
		是否是其系统或构件所处领域领头企业，并向多个行业的优质客户提供产品	一般		
		研发团队中是否有本行业国家级技术带头人	一般		
		是否有独立的研发技术部门	重要		
	专利	近五年是否获得实用新型专利	一般		
		近五年是否获得发明专利	一般		
	研发信息化建设	是否使用了研发项目管理信息系统	一般		
		是否使用了 PLM 系统	一般		
制造技术能力	制造技术能力	是否可达到本行业国内先进水平	一般		
	工艺技术人员	是否有模具或工装开发工程师	一般		
		是否有产品工艺工程师（如注塑工艺参数、五金模具等）	重要		
		是否有设备工程师	重要		
	工艺规划	是否有工艺发展规划	重要		
		是否有短期工艺能力提升计划	一般		
	样品交付表现	样品交付表现统计数据（一次交样合格率、样品交付及时率等）是否符合客户要求	一般		

续表

项目	子项目	评审要点	重要度	得分	现场发现
项目／流程管理	是否有成熟的新品开发流程	是否有端到端的新产品开发流程体系	重要		
	是否建立了项目组织机构（项目管理）	是否建立了项目组织结构	重要		
		是否有项目各角色分工表	一般		
		是否有项目可行性报告，对重要资源是否开展分析（设备、人员、资金、时间进度等）	一般		
		是否有项目计划表	重要		
		是否有项目推进会	一般		
	项目变更管理是否可靠	是否建立了相关程序文件	重要		
		是否有变更记录、变更履历	重要		
		变更流程是否覆盖了各类情况（新品开发项目和技术变更、已批量生产产品的技术变更等）	重要		
产品设计输入评审阶段	针对产品设计的具体要求是否已明确	是否有产品开发策划文件（包括如项目分供方清单、产品保证计划等）	重要		
	是否对制造可行性进行跨部门评估	是否有可制造性评估（包括材料、模具开发、生产设施设备、检测设备、开发进度等）	一般		
产品计划阶段	是否实施了 D-FMEA/P-FMEA	是否编制了 D-FMEA（仅针对有设计要求的供应商）/P-FMEA	一般		
		是否有整改措施	一般		
	是否具有产品开发计划	是否有模具开发进度计划	重要		
		是否有产品进度计划（从手板到量产）	重要		
		是否有量产进度计划（产能爬坡）	重要		
产品开发阶段	是否按开发计划表执行	是否有模具验收单，包装标准，分供方清单，过程流程图 P-FMEA、作业和检验指导书、MSA SPC 等计划	重要		
样品生产及测试验证	是否对样机测试，并制订生产控制计划	是否达到策划要求（尺寸、性能、效率）	重要		
		是否有生产控制计划（设备参数固化，SOP 作业指导书、检验文件）	重要		
		是否经过了充分的测试验证	重要		

续表

项目	子项目	评审要点	重要度	得分	现场发现
产品批量验证	是否在量产条件下开展了试生产，以便获得批量生产批准／放行	是否有试生产记录	一般		
		是否有改善方案	一般		

表 3-7　供应商现场评审打分表——交付

重要度	评审要素数量	评审要素合格数量	总分	实际得分	实际总得分
一票否决项					
重要项					实际总得分占比
一般项					

项目	子项目	评审要点	重要度	得分	实际得分
地理位置		供应商主要工厂／仓库是否毗邻 FT 工厂（车程 <2 小时）	一般		
交付周期		供应商为其他客户供应同类产品交付周期是否匹配 FT 要求	一般		
		是否有设定缩短交付周期的目标	重要		
		是否有缩短交付周期的项目与行动方案	一般		
		是否有年度产能规划机制	一般		
		是否有对相关行动方案做定期回顾与总结	一般		
客户接口与快速反应能力		是否指定可 24 小时响应的联络人	重要		
		是否设置在客户现场服务的人员	一般		
订单评审		是否有订单评审流程	重要		
		订单评审是否覆盖整个产品生命周期中的能力（包含原材料、产能、包装、场地等）	一般		
		订单评审是否有时限要求	一般		

续表

项目	子项目	评审要点	重要度	得分	实际得分	
订单评审		如果需求不能满足，是否可及时通知客户	重要			
安全库存		是否有符合客户要求的安全库存	一般			
售后政策		是否有能力满足 FT 产品的售后政策（如 5 年质保要求）	重要			
物流能力		是否有运输应急预案（包括车辆、人员及行车路线）及相关记录	一般			
		是否有专门的物流仓储和操作区域	一般			
		所有物流是否按照先进先出原则（FIFO）设计及运作	一般			
		出货工厂或仓库的物料装卸道口是否满足全天候（满足客户生产安排）的收、发装卸要求	一般			
		是否能够满足 FT 未米 JIT、VMI 交付模式	重要			
		是否支持分批次送货（精确到两小时）	一般			
		是否有机制保障当可能对客户的运行造成不良影响的任何情况发生时，及时通知客户并立即作出反应，不管该情况是由供应商、客户、分包商还是物流服务商引起	一般			

表 3-8　合格供应商审批表

供应商名称		物料品类	
物料编码		是否有同类物料在交易	
物料名称		□是 交易物料编码是＿＿＿＿＿＿ □否	
型号规格	□吸油烟机 □消毒柜 □燃气灶 □热水器 □微波炉 □蒸箱 □烤箱 □电磁灶 □电热灶 □洗碗机 □其他		
采购产品 质量情况	样品测试试用情况		
	小批量测试试用情况		
	如在供货，过去供货质量情况（平均合格率）		

续表

供应商名称		物料品类	
各部门意见	技术中心		
	品质（工厂品质中心，品质共享部）		
	采购（工厂采购中心，采购共享部）		
	其他部门		
附件	□样品、小批量试用单 □工艺流程图 □各类认证证书（复印件）		
结论			
申请人 / 日期		采购共享部部门负责人审核	
供应链副总裁批准		产品 & 研发副总裁批准	

表 3-9　特殊供应商准入申请表

供应商全称		公司法定代表人	
供应商地址		供应物料品类	
供应商联络人		联系电话	
申请人		申请时间	
供应商优势及能力说明	设备能力	（可附页）	
	核心技术人员履历	（可附页）	
	主要客户	（可附页）	
	其他说明	（可附页）	
审核意见	采购共享部	签字：	
	技术中心	签字：	
	品质共享部	签字：	
审批意见	供应链副总裁	签字：	
	产品 & 研发副总裁	签字：	

在健全供应商引入机制、责任机制的前提下，加强责任机制建设对审计部门也有重要的作用。责任机制可以为相关部门提供坚持原则的理由与

立场。没有责任机制，当事人与领导意见不一时，容易变成立场问题；有责任机制，当事人不作为就有可能会被问责，履职的理由就会充分很多。当然当事人自身失职渎职，监守自盗同样也可依法处置。

有了相应的监督与责任机制，但审计部门不大可能审计跟踪每一个供应商的引入，高效地辨识与应对风险，还需要建立相应的沟通机制。沟通机制有正式与非正式两种。对于正式的沟通，审计部门可以与业务部门形成定期信息上报和风险提报机制，保证审计部门及时了解供应商引入、退出的计划，便于合理安排审计计划。非正式沟通则需保持和相关方的联系，当大家有不同意见时，审计部门应作为这些意见的第一批接收者，并合理判断是否要介入和介入的方式。

案例：审计平息的风波

某公司审计部听到关于引入新流水线采购商的流言：某高管非要引入一家流水线供应商，其可能还有该供应商的股份。但这家供应商与公司的引入标准相差实在太大，品质、生产相关部门都不愿意引入，引入之后既影响业绩，还可能会被问责，于是审厂三次均不通过。面对事态可能扩大的状况，审计部迅速响应，第一时间制定预案，马上对该设备供应商引入进行专项审计。审计部收集了三次审厂的资料，对前后评价差异大、不同部门评价审查差异大的事项进行独立稽核，一是为坚持原则者正名，二是警告附和者当心。审计部审计后据实向涉事高管发送了风险提示单，如其坚持引入不合格供应商，就要考虑对引入过程进行全面审计，如有问题则要坚决问责到副总裁一级。在接到审计部风险提示单后第二天，供应链系统重新评估该供应商，并做出了审厂不合格不予引入的决定。

这一案例说明了以下三点。

（1）对于有明显偏向性、群众意见大的事件，审计部门应当及时站出来组织专项调查。审计部门如果不站出来，那么这些问题往往无法解决，最后审计部门也难辞其咎。

（2）审计部门制定预案时要料敌从严，要对最坏的情况有所考虑，这样在整个事件中就不容易处于被动。

（3）公司和审计部门的核心利益一定要坚持。坚持优胜劣汰的基本法则是审计部门开展工作维护公司利益的基础。上述案例中，审计部门选择强力介入不是因为其可能存在利益关系，而是当不胜任的供应商进来后，价格、质量、交付的风险底线就可能守不住，公司会受到现实的损害，审计部门会因此承担失职的责任。审计部门监控管理这些风险是为了保障公司的核心利益。

案例：新供应商合法权益的保障

审计人员经常会遇到一种尴尬的情况，即发现某物料价格高，要求相关部门整改，采购部门也同意引入新供应商解决价格问题；但往往引入新供应商后，导致产品不合格，交付不及时。一切又回到原来的状态，既没解决风险，也影响审计公信力。例如某公司审计部在例行审计中发现，公司使用的砂轮质次价高，于是会同采购部门引入了新的供应商。但在工厂试用环节中，所有的工人都反映新引入的砂轮质量差、不好用，这与审计、采购部门的认知有很大的出入。审计部经过研究，会同采购部将新老供应商的砂轮混编后发给工厂再行试用，试用结果却是新供应商产品评价好于原产品。

封闭式企业供应链体系里，老供应商往往会利用其与公司合作久、在公司里人际关系广的优势，通过排他行为来保障自身利益。这种排他行为不局限在采购领域，品质、生产、研发等领域均可能存在。品质部门可以通过制订不合理的形式实验、小批量的时间计划，出具不真实、双重标准的检验报告来实现排他。生产部门可以通过出具不真实的使用报告来排他。研发部门可以通过选择性的技术要求或指定新品开发来实现排他。审计部门对相关异常情况和投诉要保持足够的警觉，及时发现并排除这些排他行为。

封闭式供应商竞争关系维护

1. 二元化

在保有一定量的合格供应商库以后,有效地管理这些供应商,并形成良好的竞争与合作关系具有重要意义。良好的供应商日常管理的一个重要前提是竞争。虽然封闭式企业供应链体系讲求长期合作,但材料独家供应情况下会缺乏竞争环境,极易造成供应商怠于改进管理、工艺、成本、品质,逐渐落后并拖累公司的发展。而且独家供应商一旦因出现火灾、疫情等不可控状况陷入生产危机时,也会对供应链产生灾难性后果。所以,封闭式供应商的二元化或多元化是非常必要的。

二元化或多元化供应在封闭式的供应商关系中是保供和竞争的基础,但对于供应商而言,这个过程往往意味着订单量和利润减少。由于封闭式供应商较为独特的合作关系,无论是采购部门还是审计部门,在二元化或多元化供应推动以及推进的过程中都会遇到利益关系人、研发、供应链内部等相关方的推诿、阻碍、懈怠等。这些问题可以考虑从四个方面进行解决。

(1)明确物料二元化范围与计划。

例如,某公司审计部在审计物料二元化绩效达成结果时发现,物料二元化虽达到了公司要求的数量,但大多数都是边缘物料,真正需要二元化的战略物料却没有改善。采购部为完成指标就易避难、存在利益关系都有可能产生这种情况。审计部可以基于采购风险、价格风险、品质风险等维度提出审计建议,由采购、研发、工厂、审计等部门共同确认物料二化元的范围,半年度进行滚动更新,作为绩效考核的标准。

(2)绩效指标设计及拆解。

在大多数公司中,物料二元化指标往往由供应链或采购部门负责,但是多元供应推进过程中涉及品质审厂、研发技术对接、实验室测试等诸多相关环节。品质、研发、实验室等部门在没有绩效挂钩的情况下,就往往将物料二元化工作排在末端,会导致采购部门推进乏力。所以,物料二元化需要由品质、研发、实验室、采购等相关部门共同承接绩效指标并拆解。

（3）二元化推进组织与流程。

由于需要二元化的物料品类多，相关流程节点复杂，为了避免刚实现物料二元化物料就下市，二元化卡在测试、验证环节，验证不充分就投入市场等问题发生，相关部门需要设立矩阵式组织。例如，采用项目组和标准化流程等方式，明确推进相关品类二元化的采购、研发、市场、测试、品质等部门的负责人，责任落实到个人，梳理信息、小批量验证、实验室验证等流程，保障二元化推进效率和降低风险。

（4）审计部门对二元化工作的监督。

①监控：对于单一供应情况进行整体及重点品类监控。

②绩效审计：二元化计划制订、达成情况审计。

③流程审计：二元化流程、架构、绩效合规性正向测试。

④逆向测试：对于二元化推进过程中逆向事项和问题反向追溯。

⑤有效性评估：重点品类二元化供应有效性评估。

案例：有效性评估

某公司根据审计部的风险建议对钣金件、电源板等物料进行二元化，并将相关要求纳入对采购部的考核。审计人员在后续审计中发现，这些物料的二元化指标都完成得很好，但原供应商仍占有绝大多数订单份额，新供应商的存活率也低。审计部经过进一步审计发现，钣金件年采购金额为1亿元，二元化供应商年产值为1 500万元，新供应商生产能力、设备、管理能力都远不如原供应商，且新供应商和原供应商还存在关联关系。这样的供应商就没有任何二元化的意义：一是新供应商无法与原供应商形成竞争关系；二是一旦原供应商供应出现了问题，新供应商也无法解决供应风险。审计部及时与采购部及公司高层沟通，对新供应商做出相应要求：新供应商的综合能力不能低于现有供应商。不符合要求的新开发供应商，要从采购部业绩当中剔除，从而避免采购部为达成目标或基于其他目的怠于引入合格的新供应商。

2. 订单分配

公司实现供应商二元化后，订单分配就成为重要的供应商管理手段。订单分配处理得当，新、旧供应商则会形成良性的竞争关系；处理不当，新、旧供应商则形不成竞争关系，或形成恶性竞争关系，严重的还会影响经营的安全性。订单分配的原则是：

①综合评价，反对唯价格论；

②订单调整有度，避免大幅波动；

③标准先行，体现公平。

（1）多维度评价供应商。

订单分配中最容易犯的错误是竞争中的唯价格论。过于强调价格竞争，可能会形成无序竞争，使产品品质下降，动摇供应商正常关系。公司在评价供应商优劣时，可以参考平衡积分卡模式，对价格、品质、交付、配合、内部管理体系等内容分权重考核，在防范品质、交付等核心风险前提下，考虑价格问题。

某公司基于平衡计分卡形式对供应商的系统进行评价的模型，见表 3-10 ，供参考。

表3-10　平衡积分卡模型

质量（50%）			交付能力（25%）								成本控制（15%）			技术能力（10%）				奖惩处罚		
进料质量	过程质量	质量改善配合度	订单及时性	批质量事故	型式试验不合格	3C/CQC停证	缺货	新品交付	紧急配送替代件的交付方案	维修配件的交付	零部件价格	COST DOWN积极响应	抗市场代料价格项目推动	自主研发	自主改善	技改投入	协改投发	让步接收	来料处罚	诚信恶性行为
60	40	扣分项目（在总分中扣除）	60	扣分项目（在总分中扣除）			缺货	扣分项（在模块中扣除）	加分项（在模块中加分）		60	40	加分项（在模块中加分）	25	25	25	25	扣分项（在总分中扣除）		来料剔除（在总分中扣除）
工厂品质中心	工厂品质中心	工厂品质中心	工厂采购中心	市场质量中心 工厂品质中心	供应商品质管理中心		工厂采购中心	战略采购中心	工厂采购中心	工厂采购中心	战略采购中心	战略采购中心	战略采购中心	战略采购中心	战略采购中心	战略采购中心	战略采购中心	供应商采购管理中心	供应商管理中心	供应商管理中心

当月超额完成目标的计算公式：目标/实际×60计算（最高分90）；实际×40计算；与进料目标值相等的得40分；达到基准值未达到目标值的得进料不良总分的60%；低于基准值的得0分

当月超额完成目标的计算公式：目标/实际×60计算（最高分90）；实际×40计算；与进料目标值相等的得60分；达到基准值未达到目标值的得进料不良总分的60%；低于基准值的得0分

（进料不良 最终得分、来料基准值（PPM）、来年基准值（PPM）、来料季度目标、来年目标）

（进料不良率（PPM）、上线不良率（PPM）、基准值（PPM）、不良数量、不良批次 最终得分）

（2）订单分配标准的制定与执行审计。

在制定二元化标准时，审计部门既要反对唯价格论，也要反对忽视价格的倾向。要坚持订单调整标准事先明确，坚持按标准行事，避免个人干预与影响。在执行过程中，往往存在规则设计不合理、计算错误、数据造假、不按规定执行的风险，就需要审计人员进行定期审计和审查，对于考核数据和结果应用的真实性进行评估，保障竞争过程的公平、有序。

订单分配审计风险及应对策略，见表 3-11，供参考。

表 3-11　订单分配审计风险及应对策略

风险点	主要审计策略
规则设计不合理	1.对规则设计进行整体评估，了解是否存在明显缺陷或不合理倾向性 2.广泛听取供应商意见
计算错误	1.重新计算 2.对 IT 控制进行穿行测试及控制测试
数据造假	1.要求计算人对过程数据及资料留档 2.复核检验、交付等数据 3.询问、观察、检验交付过程 4.投诉的受理与闭环管理
不按规定执行	1.公开订单分配数据 2.抽样复核月度采购结果 3.受理投诉

在评价结果的基础上，相关部门应恰当地应用考核结果，以订单分配作为管理的有效手段。对优势的供应商增加其订单比例，鼓励其技术创新、管理进步、品质提升与配合服务。而对弱势的供应商，一方面可以输出管理方法，帮助其提升，争取达成合作共赢，共同进步；另一方面也要坚决减少一定量的订单，鞭策其不断进步，无法满足要求的，可以淘汰。在实际操作过程中应注意对订单分配的调整比例与周期做出限制。这是因为，采用封闭式

供应商管理的企业规模一般较大，其订单对供应商影响往往很大，若订单变化过于剧烈、频繁，会造成增加订单的供应商无法快速形成产能，导致交付困难或质量事故；大幅减少订单的供应商会形成产能大量闲置，陷入亏损。所以建议订单每年调整一次为宜，每次调整原则上不超过20%。

二元化订单分配评价维度，见表3-12。

表3-12 二元化订单分配评价维度

评价维度		说明	权重	备注
物料维度	质量	绩效达标，且质量绝对值较优	60	1.质量数据：进料质量（50%）、上线质量（50%） 2.质量绩效扣分：年度累计平均，在质量总权重得分中扣除，扣完为止
		绩效达标，但质量绝对值较差	40	
		绩效未达标，但质量绝对值较优	20	
		绩效未达标，且质量绝对值较差	0	
	交付	绩效达标，且交付绝对值较优	20	交付数据：供应商交付准时率
		绩效达标，但交付绝对值较差	10	
		绩效未达标，但交付绝对值较优	5	
		绩效未达标，且交付绝对值较差	0	
供应商资质维度	战略供应商	是战略供应商	60	
		非战略供应商	0	
	供应商体系评审等级	A	60	
		B	30	
		C	0	
成本维度	价格	以低价为基础，调整比例不低于价格偏离度×3，调整上限不超过10%，价格偏离度：（高价-低价）/低价	—	以SAP系统价格数据为准

补充说明：

1.供应商单个物料的订单比例原则上不超过70%。

2.针对二元化和多元化的情况，分别按战略供应商不低于60%、50%，核心供应商不低于40%、30%执行。

3.年订单比例调整，调整幅度不超过±10%。

（3）订单分配环节的其他风险应对。

在封闭式的供应商体系中，新引入供应商在品质方面往往会受到不公平的待遇，这对于构建竞争关系有较大的不利。新引入供应商由于品质排他导致不盈利甚至亏损，只能维持少量供应或逐渐退出。为了防范这类风险，可采取以下措施。

①依图依规检验：在图纸中写明关键尺寸、检验方法、抽样方法，审计对于图纸的完整性、检验过程的有效性、检验结果闭环等内控节点进行审计和测试。

②让步接收流程：明确让步接收条件，即明确哪些可以让步接收，以及相应权限范围；明确流程和责任人，对于让步接收的记录进行台账留档。

③品质定责流程：对于品质责任盘点，要求供应商进行书面确认，保留供应商申诉及投诉的权利，打通审计与供应商的沟通渠道。

除了品质风险，订单分配环节还存在交付风险。这种风险表现为：通过提出时间紧的交付要求、少量多次要货、紧急要货、低可靠性的需求预测，对相关供应商形成交付排他。对于这类风险，需要给予必要的控制与关注，具体如下。

①生产计划流程：建立季度、月度、周需求预测流程，将相关信息以邮件、IT 系统等形式公示给供应商，在流程中明确规定要货时间，以及最小起订量和紧急要货要求等。

②考核流程：将紧急插单、平均订货时间、需求预测准确率等指标纳入下单人员的考核指标中，由审计对二元或多元供应商的数据进行分析，对交付排他风险进行监测。

在构建公平、公开、公正的竞争关系中，必须保障供应商在供应过程、产品开发、供应商评价阶段得到公平对待，否则势必导致新供应商进不来，上不起来量，无法构建有效的竞争格局。审计部门通过关键内控节点的设计、投诉受理及闭环管理，可以在一定程度上降低相应风险，但根本上还是在于构建良好的控制环境。

封闭式供应商淘汰环节风险控制

淘汰意味着两家公司合作关系的破裂。淘汰结果如果是领导决策的，就是个人的决定，带有主观性和一定的随意性，往往存在徇私与无法执行的风险。要做到"好聚好散"，就需要明确制定淘汰的标准、触发条件、决策机制。明确淘汰条件，避免发起主观和随意的淘汰，造成供应商淘汰无序；明确触发条件和流程，凡触发条件，即进入决策评审，保障应进入决策流程供应商均进入；明确决策机制，实行多方集体决策，各方发表自身明确意见，避免淘汰环节出现"一言堂""看心情"的情形。

在审计过程中对淘汰过程进行测试，即测试淘汰是否经集体评议、流程是否合规；另外也可以通过对淘汰供应商进行回访，降低无序淘汰、随意淘汰的风险。

在封闭式供应商管理体系风险控制与审计中，通过建立供应商引入机制、构建竞争关系（二元化与订单分配）、进行淘汰管理，让权力来自标准，有利于构建稳定、公平、长期有效的封闭式供应商竞争关系。

综上所述，封闭式供应商管理是大型企业主要的供应商管理方式，其审计难度较大。审计部门应紧扣新供应商引入与淘汰、供应商评价、订单公平分配、技术与质量、新品与定期定价等关键内控节点，促进业务部门标准的制定与完善，抓好责任机制的形成与落实，这是审计部门在该环节审计的重要手段。

开放式供应商管理体系的主要特征是"轻管理，重淘汰"，即主要依赖市场竞争，通过招标等手段采买性价比更高的产品。对这类供应商管理体系的审计，只要相关部门做到招标规范有效、日常管理执行规范，一般问题不大。这里不再展开叙述。

3.3
采购价格控制与审计

采购定价方式通常包括招标、价格评估、议价等。由于四类不同物料的特征与采购方式不同，其所适用的价格控制方法也不尽相同。四类物料具体适用的采购价格控制方式，见表 3-13。

表 3-13　采购价格控制方式

物料分类	价格控制方式
战略物料	采购量大但同时存在产品技术壁垒等设计特殊性，无法通过询比价（非定价方式，而是控制价格风险的手段）获取准确的市场价格，因此适用于价格评估的方法进行价格控制
杠杆物料	可通过成本牵引的方式，进行强势议价与招标
瓶颈物料	采购风险主要集中于品质与交付方面，难以对价格进行管控，以设计优化为主
日常物料	需要简化采购过程，集中采购可节约管理成本，可进行常规的询比价或招标

招标关键内控与审计

1. 杠杆物料、日常物料招标审计

杠杆物料、日常物料以及设备等多采用招标方式进行采购。

杠杆物料、日常物料的招标通常较简单，一是因为这类产品大多比较成熟，竞争充分，二是因为这类产品价格相对透明。审计部门做好以下四

方面工作即可。

（1）定期审计是否存在长期未做价格调整、未定期招标的物料。如发现不符合制度规定的，审计部门就要及时提出整改，督促采购部门进行招标。如公司制度没有强制性规定，审计部门也可以抽取部分物料进行询价或价格评估，如有价格风险，也要对采购部门提出及时应对的要求。

（2）定期对进行中的招标项目实施合规性审计，保障招标规范性与严肃性。

（3）定期抽取部分已有招标结果的项目，进行独立询价与价格评估。

（4）受理投标单位的投诉，保证投诉闭环。

<hr>

案例：关联关系与材料指定的排除

某公司审计部接到来自 A 投标单位投诉，投诉称公司指定的板材用面纸供应商 Z 与另一投标单位有关联关系，面纸供应商所提供的价格明显高于市场价，同时可能存在不能按时交付的风险。

审计部经调查发现：供应商关联关系属实，且指定材料确实对招标公平性造成影响。在设计阶段，该公司业务部出于设计整体效果需求敲定了几款花纸型号，其中有两款为 Z 公司专利产品，虽未直接指定花纸供应商，但事实造成 A 投标单位必须从 Z 公司采购。

审计部马上就该风险组织招标小组讨论，决定对花纸与板材加工分开进行招标，花纸由建设单位甲供。

<hr>

2. 设备及特殊物料招标审计

设备招标比较特殊，存在标准化程度低、供应商数量相对少、价格不透明等特征，其风险与难度相较于杠杆物料与日常物料显著增加。审计部门应关注以下内容。

（1）充足的时间保障。

设备招标需求和技术要求、招标文件、评标办法复杂程度高，需要较长的时间。实际操作中，要破坏招标，一个简单有效的方式就是不给招标组预留足够的时间，这会导致各方对技术要求吃不透、价格报不出、评标办法特别是技术标评标方法无法出具的情况。招标审计中，审计人员要特别关注时效的合理性，清晰界定责任。招标制度应约定合理的招标时限，如是业务部门提报过晚，生产延误的责任就应当由业务部门承担，而非采购部门，从而促使业务部门及时提报采购需求。

（2）完善的招标组织与决策机制。

招标小组通常由采购部门、技术部门、使用部门共同参与，各司其职。采购部门负责商务部分，技术部门主抓技术整合，使用部门则对需求负责。多部门参与有利于相互牵制，降低寻租的可能性。为避免过程中扯皮，宜提前确定分歧决策机制。比如最易造成分歧的评价办法、供应商资质要求等，招标小组内能达成一致则好，无法达成一致也要有上交决策的机制。既要避免一言堂，也要避免扯皮和延宕的情况。

（3）清晰的需求。

清晰的需求在招标，特别是设备招标中尤为重要。如果需求部门都说不清楚自己想要什么东西，招标又怎么进行得下去呢？所以审计部门应要求相关部门招标前必须有清晰合理的性能需求，这些需求应涵盖招标设备的基本性能要求，如流水线的节拍、故障率、能耗等。

（4）合格的供应商。

在需求明确的前提下，就需要引入合格的供应商。所谓合格，应符合以下条件。

①资格符合。供应商应有相应设备的合法资质及符合本次招标的特定资质条件。设定资质时审计部门应关注资质是否恰当、是否存在资质排他情况，关注投标单位是否存在关联关系、是否明显意愿不足。

②同一档次。供应商应尽量处于同一档次，不同档次的供应商在一起招标，无法保证招标公平性和竞争性。

③多元开发。供应商应尽可能多部门多元开发，减少串标、围标的风险。

（5）合理的技术标准。

技术标准要特别注意排除技术排他情况。业务部门受供应商误导或有意为特定供应商创造有利的条件都可能导致技术排他。

案例：技术排他排除

某公司审计部在 IT 设备采购中收到投诉，投诉称在硬盘技术指标中存在技术排他。技术要求硬盘转速为 15 000 转 / 分，这个要求只有某单位才能满足，其他参标单位无法提供相应参数的设备。审计人员通过多方了解，发现全球其他品牌都不具备这样的参数，该参数是某单位独有的。在判断存在重大技术排他风险后，审计部马上组织招标小组进行风险研判与排除，最终明确这一性能参数对设备性能保障并无必要性。审计部在得出技术排他成立的结论后，责令技术部门修订技术要求，把参数调整为 10 000—20 000 转 / 分，有效地应对了技术排他风险。

同类设备，不同生产厂家提供的技术实现方案可能是不同的。面对这一情况，如何招标，审计部门和采购部门都容易困惑。如果我方对设备较熟悉或供应商调整技术比较困难，可以采用一步招标法，通过分析把技术差异折算成分数或商务金额差异，再按正常招标流程进行。

另一种方法就是两步招标法，即通过充分消化各供应商技术方案，由我方技术部门提出统一的技术方案，所有供应商均按统一技术方案报价和实施。

（6）澄清与答疑。

澄清与答疑是审计部门要重点控制的招标环节。设备招标所涉及的技术、需求、图纸都特别多，需要技术部门、使用部门与供应商进行技术交底。常见的情况是，这些部门与部分供应商意见交换清晰、频繁，对另一些供应商三缄其口，甚至散布一些虚假信息。

审计部门应要求招标小组必须组织公开的技术交底与答疑会议，鼓励投标单位对各种疑问进行书面询标，对招标中不公正、不规范的事件进行投诉，审计部门须跟进所有询标和投诉，确保都得到答疑与闭环。

（7）招标文件与评标办法。

招标文件应包括商务标、技术标、评标标准及办法。评分项应涵盖关键性能及商务指标，尽可能增加招标的透明性。从多年招标经验来看，招标中没有什么秘密可言，与其让信息单向不透明、不公平、不公开，不如把评价办法等都公布出去，大家各自充分准备反而公平。审计部门虽不参与评价，但应对各代表评价结果进行分析，评分差异超过一定限度，就要求评分人进行澄清与解释，保障评价的公正性。

（8）商务与析标。

对标的物的要求，企业应与投标单位达成一致意见，若存在主材指定情况，应包含两个及以上品牌供选择。审计人员可以检查报价模板是否统一，检查供应商报价模板的内容是否与技术方案相匹配，是否存在疑问需要澄清，单项成本是否可对比和评估等。

在标的物相关要求明确、报价模板统一的基础上，审计人员可检查招标项目组的成本核算资料，了解是否设置拦标价，避免价格过高风险、低价中标造成招标失败或品质事故等问题。审计人员可以将成本核算资料与供应商报价明细资料进行对比，检查是否存在差异，若有差异，分析差异原因。

案例：围标排除

某公司提升机招标结果为 268 万元，审计部通过析标认为，与历史数据相比，该价格整体偏高，从招标过程判断可能存在围标风险。审计部马上组织人员进行独立询价，发现同类设备正常价格应在 160 万元至 180 万元。审计人员马上向采购部发送风险提示单，要求其自行排查风险，否则风险自负。采购部废除招标结果，进行重新招标，最终中标价仅为 167 万元，避免了公司重大损失的产生。

案例：低价风险管理

某公司审计部发现年采购金额为 1.5 亿元的干线物流价格偏高 20%，风险资金额度较大，提请公司引入新供应商。经过多轮招标，三个供应商分别中了三个标段，总体价格下降了 25%。审计部对中标结果进行析标发现，东南片区价格明显偏低，比审计部估价低 10% 以上，已接近其成本价。审计人员马上对业务部门发出风险提示单，要求业务部门约谈中标单位由其做出解释和承诺，同时做出风险预案。一个月后该标段果然出了问题，供应商声称报价错误，宁可支付违约金也拒绝接受订单。幸而公司已做相应风险预案，提前找好备选物流公司做了资源储备，未产生实质性的风险损失。

3. 审计部门对招标的跟踪与组织

在供应链中，生产物料、生产设备及技改项目、劳保物料、物流等均可能通过招标进行采购，因此招标项目繁多，涉及金额庞大，是内部审计应管控的重点。在实际审计工作中，既要实现招标风险的全面覆盖监控，又要充分利用资源，提高审计效率。审计人员可以对招标项目进行全面监控，分级管理，提高审计效率的同时降低审计范围不全面的风险。具体应对方案如下。

实时跟进招标项目进度，建立监控台账。

全面监控招标项目。首先要保证信息源的实时更新，避免信息获取不及时造成的漏项。审计部门可以按年为周期获取供应链招标计划清单，以月或双周为单位定期与管理部门沟通项目变化情况，核查是否有新增或取消项目、项目预算金额变动等。理想状态下，如果可以实现管理部门招标项目变动报备至审计部门，那么时效性和效率会更高。

另外，审计部门应建立招标项目进度监控表，实时监控各项目的进展情况，以匹配当前阶段的审计工作；积极进行事中审计，进行风险识别和风险提示，发挥审计在招标过程中的增值作用。

价格评估审计

战略物料具有技术特有性、技术保密性等特征，因此很难通过招标等公开方式进行价格管理。二元化的竞争有助于公司形成价格优势，但也存在恶性竞争或串通哄抬价格的风险。所以采购部门和审计部门也需要具备对原材料进行价格评估的能力。

价格评估指的是通过一系列料工费的核算和计算，最终确定合理成本价和采购价的方法。实践中形成成熟的价格评估体系一般需要四个阶段，不同阶段其控制方法也有所不同，见表 3-14。

表 3-14　价格评估分阶段控制

阶段	控制目标	主要控制方法
个人评估阶段	成本核算与评估作为招投标／市场询价辅助	市场询价
通用化成本评估标准	构建基本评估标准与通用化模型	1. 建立 EXCEL 核算模板 2. 对报废、水费单价、材料回收、管理费用税点等构建通用化标准 3. 对需要保留的资料进行明确，提升评估过程控制 4. 审计进行稽核和独立评估
类别评估标准构建	确认各品类评估标准建立评估结果应用流程	1. 对主要类别报废率、关键工序单价、效率进行明确 2. 对类别管理费用、利润进行明确 3. 建立评估结果应用流程，对于无法达到评估标准进行议价／招投标
建立定价标准	与供应商达成标准定价标准	1. 与供应商就各类别定价标准达成共识 2. 对无法达到评估价物料有明确处理意见

价格风险的内部控制与审计

审计部门需要系统地应对采购中最敏感的价格风险。价格风险控制，见表 3-15，其中，瓶颈物料价格风险由于是不可控的，故未列在表中。

表 3-15　价格风险控制

风险类型			风险描述	涉及环节	关键控制点
一级风险	主要适用范围	二级风险			
价格风险	四类物料	价格控制触发机制不明	1.价格控制范围一定期间内无法有效覆盖所有物料类别 2.高风险/占比高的物料价格监控频率不合理，造成价格风险或采购资源浪费	开发	1.价格控制的周期与频率确认 2.价格控制触发机制的明确
		价格控制执行缺失	1.未按照制度规定有效开展询比价或价格评估等价格控制活动 2.未设计价格控制监督组织，或者监督组织未履职，导致价格控制失效	开发	1.逆向事件与抽查复核 2.价格控制监督的设计、复核
	战略物料	价格评估结果不合理	1.价格评估方法过程不专业，结果不准确，供应商不认可价格评估的结果 2.采购人员进行价格评估，无法保证评估结果独立性，存在与供应商串通的风险	开发	1.价格评估方法与数据积累沉淀 2.审计独立或联合采购进行价格评估
	杠杆物料	招标控制失效	1.招标物料范围覆盖与选择不合理 2.招投标内部控制不健全 3.招标供应商竞争失效 4.招投标价格不合理	供应商管理	1.分级管理，实时跟进招投标项目进度 2.供应商是否在同一档次的确认复核与回访 3.查验报价模板是否统一、是否与技术方案相匹配、是否需要对比和评估

续表

风险类型			风险描述	涉及环节	关键控制点
一级风险	主要适用范围	二级风险			
价格风险	常规物料	比价、询价对象固化	1. 比价、询价供应商为体系内供应商，未了解市场价格 2. 向固定的外部供应商进行询比价可能存在串通风险，造成询比价效果无法有效保证	供应商管理	1. 市场价格对标 2. 比价、询价对象的收集分析

3.4

新品开发审计

从理论到实践，业内越来越认同一个观点，即"成本是设计出来的，而不是采购出来的"。相关产品成本 70% 取决于研发阶段，30% 源于采购和生产环节。审计部门应适当关注研发环节的风险。

新品开发环节风险

新品开发主要发生在采购非标件产品时，因此该环节是战略物料与瓶颈物料的主要风险控制环节，对于非标类杠杆物料，也存在类似风险控制。开发环节处理不当，可能会造成成本与舞弊风险、不能及时供货的风险、货物质量不达标的风险，非常容易影响公司的生产经营活动。新品开发环节风险控制，见表 3-16。

表 3-16　新品开发环节风险控制

风险类型		风险描述	涉及环节	关键控制点
一级风险	二级风险			
成本风险	需求不清	1. 工艺、图纸要求不明确，供应商无法精准报价 2. 后期反复变更或新增需求，造成开发成本与时间浪费	开发、交付	1. 技术交底 2. 答疑与澄清

风险类型		风险描述	涉及环节	关键控制点
一级风险	二级风险			
成本风险	供应商定点定价	1.前期研发或采购人员指定供应商独家进行开发，后期议价困难 2.研发/采购人员与供应商串通抬高价格	开发、供应商管理	1.独家开发审批 2.供应商选择规则与原则
	目标价设计不合理	目标价主要考虑整体目标达成情况，设计人员未结合物料成本评估分析结果	开发	成本评估与监控
品质风险	需求不清	1.无法将功能定性描述转换为可测量的品质规范 2.多次进行技术变更，影响后期品质质量	开发、交付	1.技术交底 2.答疑与澄清
	供应商定点定价	研发/采购人员与供应商串通进行供应商选择，未考虑品质达成情况	开发、供应商管理	1.独家开发审批 2.供应商选择规则与原则
交付风险		反复明确或新增技术需求，造成开发时间的浪费	开发、交付	1.技术交底 2.答疑与澄清

新品定点定价风险的审计应对

研发的技术需求和选型，新品开发阶段的定点定价，决定了某个/某类物料全生命周期中的供应商和采购成本。研发部门在组织中的地位通常较高，也相对独立，为有效开展审计工作，需梳理研发活动的风险评估及审计策略。新品定点定价风险控制，见表 3-17。

表 3-17　新品定点定价风险控制

风险点	风险详解	内控设计/审计策略
材料/供应商指定风险	通过指定材料/供应商，导致新品开发供应商无竞争，产品/材料价格虚高	1.材料/供应商指定、确认必须由提出人发表明确意见，项目组各自发表明确意见 2.要求指定物料/材料由成本组进行市场询价并记录 3.审计对指定原因进行复核，对该类物料/材料的价格进行重点稽核

风险点	风险详解	内控设计 / 审计策略
研发需求排他风险	通过需求排他，设置门槛，进行选择性排他，从而达到不合理的采购溢价和供应商指定的诉求	1. 采购在开发早期介入，对于可采购性进行评估 2. 对于特殊需求，由开发项目组和技术专家组进行评审 3. 受理并闭环或接受供应商投诉
新品价格风险	由于新品开发阶段时间紧，存在产品不确定性无法进行有效竞价及成本评估导致的新品价格风险	1. 定点评估 / 竞价：产品上市一定时间 / 数量后重新评估及实行二元化后竞价 2. 定期按年降低 3. 建立定价模型 4. 重点物料审计评估
开发流程设计与执行风险	1. 开发流程设计不完善导致产品习惯性上市延期、质量超标、品质事故频发 2. 未执行开发流程，导致产品习惯性上市延期、质量超标、品质事故频发	1. 正向测试：按照制度和流程抽取部分项目进行合规性测试，对执行过程发布评价 2. 逆向测试：对于已出现品质事故、上市延期等事故项目，反向追溯开发过程执行与设计

新品定点定价中经常会出现一些特殊而常见的风险，审计部门应特别关注。

1. 研发指定物料的审计应对

研发人员往往喜好指定供应商和物料，保障研发产品性能和与供应商串通都有可能是研发人员指定供应商的动因。一旦供应商或物料被指定，采购部门就丧失了议价能力，对价格管理极为不利。审计部门应从流程和监督上有效管控指定供应的情况。从流程上来说，独家指定通常会要求研发人员进行书面申请，说明指定独家采购的原因和必要性，并由较高层级的管理人员审批，这通常可以规避大多数不当的独家指定。同时审计部门应对独家指定的情况进行备案和定期专项审计。

这些方法通常可以解决独家指定的价格风险，但也有例外。

案例：甲指乙供风险

某公司审计部在例行审计中发现，某物料采购价格和市场价偏离30%，年度风险资金达 500 万元。审计部在对现行供应商成本结构进行拆解后发现，其利润在合理水平，进一步研究发现，主材的价格高于市场价50%。审计部经过研究发现，出现这一现象是因为研发人员指定主材且在原厂报备，只要是相关公司项目，采购价就高于市场价 50%，且只能在指定代理商处购买。虽然研发人员没有指定供应商，无须做申请与备案，但无论哪家供应商与公司合作，都需承担高价的主材，并将成本转移至公司。

2. 技术冗余的审计应对

传统的舞弊表现为相关人员抬高价格，并从中获取回扣。但随着审计力度的加强，这种简单粗暴的舞弊方式越来越少见了。现在较为常见的舞弊方式是技术冗余，表现为：研发人员先制定远超实际需求的技术要求，审计询价时价格也一定是高的，但供应商实际供货时，却以较低的标准验收。这样，相关技术虽不符合原定要求，但符合市场质量要求，也不会产生质量问题，所以研发人员可以较隐蔽地获取不当利益。

案例：技术冗余风险排除

某公司审计部在例行审计中发现，五金拉篮价格明显高于其他同类产品。但经审计询价，审计人员却发现其价格并不高。询价的供应商反映，公司技术要求极高，通常来说五金件盐雾测试等级 7 级即可，但公司要求为 9级。审计人员判断可能存在设计冗余风险，经过第三方 SGS 送检，五金拉篮盐雾测试只有 48 小时 6 级—7 级，证实供应过程中存在以次充好，谋取大量不正当利益的情况。

　　采购是腐败风险多发领域，也是关系企业持续经营的重要环节。随着管理技术的进步，腐败方式不断升级变化，审计部门应以变化、系统的思维看待采购领域的风险，做出审计工作的增值贡献。本章只陈述了部分采购风险与应对，不能包含所有情况。比如采购文化，在特定环境下也可能是很关键的因素。笔者曾发现一家企业采购人员薪酬水平极低，就和这家企业的领导讨论。但该企业领导认为这是合理的，因为采购人员可能会获取不当利益。如果领导连基本的信任都不给予采购人员，内部控制手段就没有用。除此之外，采购部门的不相容职责也需关注，供应商开发、价格评估、订单管理等职责应尽量分离。

　　总之，每个公司情况不同，审计人员需要针对所处组织的具体情况制定相应的审计方案。

第 4 章 —

增值型内部审计在制造环节的应用

大数据夯实内部审计，彰显治理体系之基石效用。

——陈宋生

制造是随着原材料和各种辅助材料的消耗，逐步改变生产对象的物理性质和化学性质，将其最终变为合格的可销售产品的过程。制造环节的管理就是对制造过程进行计划、组织、指挥、协调、控制等一系列管理活动的总称。

随着市场经济的发展，市场竞争越发激烈，高质量、快交付、低成本的制造能力已成为企业的核心竞争力。当前大部分企业制造环节管理薄弱，交付、成本控制、质量管控能力弱，造成企业大量的资源浪费、资金浪费和机会浪费。因此，在管控制造环节管理风险的同时，有效促进企业制造环节能力提升，实现制造成本可持续降低是增值型审计工作的重要部分。

传统的制造审计，主要围绕制造费用合规性、资产安全、库存管理等活动展开。但实际上，这样的工作方式只能一定程度上控制当前框架下的管理风险，无法对企业可持续经营、市场竞争力提升提供帮助。因此，必须建立更为有效的增值型审计模式来提高企业制造环节能力，实现企业的可持续经营目标。

制造环节的增值目标主要表现在质量、交付、成本方面，即以最快的时间、最优的成本提供最好的产品。这些目标须在非常熟悉该领域当前以及未来趋势的前提下才能实现。内部审计人员要做好制造环节增值型内部审计工作，除应具备扎实的审计、财务知识外，还应当具备生产计划管理、现场管理、产品工艺管理、精益生产及六西格玛工具运用等方面的能力。

增值型审计工作的开展，主要围绕高质量、快交付、低成本的目标，对管理现状合规性、合理性等进行风险评估和应对，更侧重合理性的评估。本章将以这三大目标为主线进行阐述。

4.1
产品质量管理的风险评估和应对

2016 年三星 Note7 手机电池设计质量导致几起爆炸事故等案例导致的企业重大危机，充分说明丢了质量、丢了诚信，也就丢了口碑、丢了品牌。制造企业的失败，不是因为没有资金，而是因为没有质量。企业的竞争，最终体现在规模上，高质量的规模才能拥有竞争优势。企业想在自己所属的行业获得先机，要布局质量的超越，获得客户的认可和口碑，积累更多的客户，从而实现在规模上超越竞争对手。

制造环节中的关键控制

产品质量是一个受到设计、制造、安装、使用、维护等因素影响的复杂系统，很多时候还包括企业绩效度量方法。发生质量问题会产生质量成本，问题越是拖到后面的工序处理，质量成本就越高。如果质量问题直到用户使用环节才发现，质量成本是非常高的，会严重拖累企业经营，甚至变成企业危机事件。而传统审计的事后调查模式，无法有效地提前识别质量风险，会造成成本的大量浪费。因此增值型审计在对产品质量管理的相关风险管控中，要针对系统的主要控制环节进行评价，保证质量控制系统有效运行并实现其成果，其核心逻辑为对源头、厂内、经济性控制情况进行审计。制造环节中的关键控制包括以下方面。

1. 产品设计环节的质量控制

产品设计是质量控制的源头，好的设计思路、理念、方式能促进产品质量可靠性的大幅提升。但实际上，在产品设计中，往往存在功能过剩／不足、产品结构、性能需求的合理性（过高或过低）、合规性（国家标准、客户标准）却经常出现问题。比如，受开发周期的影响，在产品设计阶段，没有通过 FIMA（Failure Mode and Effects Analysis，失效模式与影响分析）的充分识别，没有解决产品功能性、可靠性、安全性方面的风险便仓促试产，寄希望于运气（试产不出现意外）或制造端的控制方式来通过试产，在试产中仍出现问题时，还按照原计划的产品上市时间上市且对一些预估后果不大的"带病设计"予以放行，进入制造端进行批量生产，往往会出现产品被全部召回或产品需大面积维修等情况，造成巨大的经济和声誉损失。为了短期内少的投入，最终带来的是后期巨大的质量问题解决成本，甚至影响口碑。有时，为了确保相关测试数据的达标和优越，以远高于国家标准、客户需求的开发方式，在产品本身设计上增加大量的冗余部件或提高加工复杂度（加工过剩），为制造带来更复杂的工艺路线、更多的设备和人力投入，而带给客户的是享受优质产品的额外成本增加。此类案例比比皆是。产品设计环节风险控制，见表 4-1。

表 4-1　产品设计环节风险控制

风险类型		风险描述	涉及环节	关键控制点
一级风险	二级风险			
产品设计	可靠性不足	1.因潜在失效模式和后果研判不充分，形成质量隐患 2.因实验室检测标准不合理形成质量隐患等	通用化管理／产品开发管理	1.设计标准规范 2.设计评审规范 3.产品测试标准

风险类型		风险描述	涉及环节	关键控制点
一级风险	二级风险			
产品设计	功能过剩	1. 过度追求创新，导致产品功能过剩，零部件多，质量管理风险大 2. 过于追求相关测试数据（如手机续航、油烟机大风量）的领先，导致工艺复杂度急剧增加，造成制造环节的质量控制风险等	通用化管理／产品开发管理	1. 设计标准规范 2. 设计评审规范 3. 产品测试标准
	设计标准	设计标准的精细化不足导致零部件种类增多，造成供应链物料通用性差、制造现场易误用物料种类（如螺钉、卡扣、电机等）增加带来的质量风险等		

案例：研发出的成本

2015 年某公司上市一款柜机空调，其外观设计上颠覆传统的方体形钣金结构，使用全塑料外壳的圆筒形设计，从审美、性能、现场安装空间上，都实现了更优。但是，为了达到上述效果，工艺复杂度较原产品增加很多，零部件数量增加 36%、制造工序数量增加 27%，且批产 3 个月以来，一次下线合格率仅 78%（质量指标），制造现场需返工产品堆积如山，生产效率较同类产品下降 44%。但由于市场反馈好且该产品在同类产品中毛利高，该公司即使在这样的环境下仍然在不断生产，而没有对产品进行暂停生产去做设计整改，仅在生产过程中对质量问题在生产线边进行分析整改，制造现场的质量管理基本处于失控状态。

由于上述原因，该产品自批产来，销售端业绩很高，售后端业绩同样"惊人"——漏水、外观间隙、噪声、制冷效果等问题层出不穷。该公司历时两年，先后经过 3 轮系统性整改，研发端从结构、零部件、包辅料三个方面，实现售后维修率下降 89%、材料成本下降 23%。以包辅材料来说，单台包装成本下降 43%，以当时预估年销量测算，仅此一项，该产品年降本近 1 000 万元。在制造环节，通过优化工艺路线、改进工装夹具，一次上线合格率达到 98.8%，班产由 500PC/ 班次提升为 13 000PC/ 班次，人均效率提高 89%。

可以为该公司粗略地算一笔账：先不说市场端巨大的口碑影响，假使整改后的产品质量、成本，在产品首次获得批产前就能做到，在这两年里，公司该产品的盈利至少可以提升一半。从制造环节来讲，两年时间里，围绕被缩减的工序投入的大量人力、物力，至少占管理成本的 1/3，这些成本都是产品设计环节的质量控制失控所带来的。

常规审计人员不会关注上述案例中的问题，或者说，对此类问题的关注，只存在于复盘改进的报告中。对于产品设计本身，由于审计人员专业能力限制，企业开发管理制度、高层领导对该产品的关注度等诸多因素，或许并没有太多的错，但是口碑损失、成本损失是实实在在发生的，企业竞争力也会因此丧失。因此，作为增值型审计人员，应将这些问题通过审计手段在其刚出现时遏制住，为制造环节的质量管理减负，规避或降低企业成本风险、口碑风险。

下面重点讲述制造环节审计中，如何将设计类质量问题拒之于前端，从而从源头上减少质量问题的发生，降低后续生产、物流、安装中的质量管理风险。在实际操作上，由于产品设计专业性、创造性强，如果仅依赖于审计手段，即使耗费时间与精力去做全开发流程跟踪性风险审计措施，依然很难做到将质量问题在前端妥善解决。因为很多时候组织能力、研发能力本身瓶颈会造成质量问题后移，所以此类审计的主旨就是提高组织能力、研发能力。一般情况下，审计思路是从逆向事件的调研处理和组织建设保障两方面着手，来提高审计质量。比如上述案例中的应对方式有以下几种。

（1）对制造环节工艺、品质人员在新品设计阶段、小批试制阶段介入情况（会议邀约、会议记录等）进行确认，对介入时间、介入后的质量进行评价。

（2）搜集批产前的试产质量问题记录、分析、解决等信息。

（3）组织专家研讨会对整个产品开发过程进行分析、解剖，在解剖中，着重挖掘组织保障方面的问题，次要解剖个人失职渎职行为。

（4）制造单位应参与到研发过程，在研发端就要充分考虑零部件的可制造性、工艺技术等对制造质量有较大影响的要素。制造系统的前置应予以制度化，并融入到研发 IPD（Integrated Product Development，集成产品开发）流程中去。

（5）建立完善开发质量问题责任机制，理清制造环节在产品设计评审阶段的意见提供、问题前置、未达要求的拒绝权等相关职责、权限、责任岗位，固化在相关制度中。

这样，当制度能够很好地应用于产品开发过程中时，过往发生过的质量问题在未来的产品开发中就可以得到很好的规避，从而实现降低质量风险的目标。

2. 生产环节的质量控制

在生产环节的质量管理中，仅着重关注数据真实性、准确性是远远不够的。生产环节的产品质量是企业研发、采购、供方管理、进料检验、制造现场管理能力的反映，一切不合规、不合理、腐败、舞弊等的发生，均会在产品质量上有所反映。因此，用好生产环节的质量数据，是发现诸多质量风险、管理风险很好的渠道，也是有效解决产品现有质量问题、提升企业制造环节质量管理能力的前提。

一般来说，生产环节的质量控制围绕规范化生产、产品质量可靠性 / 一致性呈现（过程质量数据）、质量改进三方面开展。在生产环节，按照既定的工艺路线、生产标准等开展安全生产是首要前提。生产过程中所呈现的质量情况，应有完备的数据反馈，尊重客观事实，用数据说话。真实的数据既可以定性反映客观事实，又可以定量描述客观事实，其是质量改进的"指南针"。持续改进是质量管理的原则和基础，现场问题的发生一定伴随着很多潜在的质量问题，因此已暴露的质量问题，哪怕很微小，也会有很大的质量风险。因此生产阶段关键控制环节主要有生产现场合规化、零部件质量 / 零部件装配过程质量控制、质量改进控制三部分。生产现场合规化审计比较简单，不做详细阐述，下面重点讲述后两部分。

零部件质量／零部件装配过程质量控制

零部件质量／零部件装配过程质量控制是整个制造环节质量控制的关键点和难点，是产品面向消费者的最后一道关卡。但实际上，由于供应商管理问题、现场管理问题、进料检验标准不足、内部基层人员腐败等因素，该环节的质量问题层出不穷。尤其是在一些受气候、区域、政策等因素影响生产需求波动大（会导致大量的新员工、外派工的进入和撤离）的行业，在需求大时，质量控制风险更是难以想象。零部件质量／零部件装配过程质量风险控制，见表4-2。

表 4-2 零部件质量／零部件装配过程质量风险控制

风险类型		风险描述	涉及环节	关键控制点
一级风险	二级风险			
零部件质量	外购件	1. 因入厂检验标准失效问题，不合格零部件流入装配环节 2. 因流程制度不全或内部部门职责不清，对合格率低的零部件供应商未能有效关注整改 3. 因内部人员的失职、腐败问题，在进料检验上开绿灯	供应商管理、入厂检验、生产装配、售后	1. 供应商管理制度 2. 检验标准研判 3. 质量控制点潜在失效分析 4. 现场品质禁令 5. 售后投诉反馈 6. 绩效管理 7. 廉洁教育
	自制件	1. 内部未建立完善的质量管理标准，零部件合格率低 2. 内部自制件未建立完整的检验标准制度，或有制度但未有效执行等问题导致不合格零部件流入装配环节	自制零部件生产管理、内部检验标准、生产装配、售后	
装配过程质量		1. 因上线零部件不合格但未识别到，产品合格率低或存在质量隐患流入市场 2. 因生产、品质人员的指标捆绑及私下经理利益等因素，产品应检未检，触碰红线 3. 因质量控制点布局不完善、检验方法、检验标准不足等因素，质量检验失效，不合格产品流入市场	现场管理、工艺管理、设备管理、检验标准、售后等	

案例：研发冗余生腐败

某公司第三方仓库包装纸箱变形、破损问题一直无法杜绝，且有愈演愈烈之势，但是在内部进料检验中，纸箱的质量问题并未凸显。审计人员在一次对纸箱、泡沫等辅料的例行中发现了以下问题。

（1）2015 年至 2018 年，供应商 SSZH 厂提供的包装纸箱克重平均低于约定 / 计价克重 8.92%，涉及风险资金合计约 2 700 万元；经第三方检验，该厂 2015 年—2018 年提供的包装纸箱长期处于低于标准克重的状态，其中占比 80% 的双瓦加强和双瓦普通包装纸箱平均低于标准 / 计价克重 8.92%，仅 2018 年涉及风险资金约 900 万元，累计风险资金约 2 700 万元。包装纸箱纸张克重数据呈现极度不稳定的状态，部分纸张克重偏离超过 30%，以占采购金额 60% 的双瓦加强纸箱为例，检验结果见表 4-3。

表 4-3　双瓦加强第三方检验结果

生产日期	面纸	B 瓦	芯纸	C 瓦	里纸张
2015 年 12 月	-3%	-11%	-14%	-11%	-4%
2016 年 1 月	-3%	-11%	-1%	-13%	-3%
2017 年 9 月	-3%	-11%	-11%	-1%	-34%
2018 年 5 月	-4%	-11%	-32%	-3%	-4%
2018 年 11 月	-2%	-12%	-38%	-11%	-3%
样品平均偏离	-3%	-12%	-19%	-8%	-10%

（2）电器厂型式试验不良的闭环处理职责界面未明确，2018 年型式测试未能形成有效闭环，不良品流入市场。按照《不合格品控制程序》规定，IQC（进料检验部门）需进行型式试验送检、不良结果通报、组织不合格品评审等。SSZH 厂所提供的包装纸箱长期存在物料品质风险，在 2018 年该公司实验室型式试验测试结果显示，电器一厂 50% 样本批次存在抗压 / 耐破检验结果不合格的情况，但是 IQC 对于此类品质问题未能进行有效关注和闭

环处理。

（3）SSZH 厂占该公司包装纸箱总采购金额超过 65%，供应商走访情况显示，目前 SSZH 厂在制程管理、设备自动化程度、公司规模等方面明显低于行业竞争对手 L 公司的供应商 BX 信和 AKS 供应商 FS 纸业。

（4）该公司包装纸箱配方克重高于行业竞争对手 L 公司 4.26%，成本高于 L 公司 8.36%，未见质量明显优于 L 公司；2018 年该公司的油烟机和灶具包装纸箱主要配方设计克重高于 L 公司配方 14.26%，同期采购成本高于 L 公司配方 8.36%（L 公司里纸和面纸使用进口美卡，单价较高），实地走访仓库结果显示，未见质量明显优于 L 公司。

对于上述问题，审计人员按照公司相关制度对相关人员、供应商进行了问责，要求相关部门严格按照检测标准检测产品，对于不良批次进行及时处理，并建立防止再发机制。为从根源解决质量隐患，审计人员要求研发部门加强包装纸箱配置调整和包装结构改善。

在零部件质量 / 零部件装配过程质量风险中，质量风险的发生位置、种类多种多样，并且常常发生在很多低附加值且质量关注度不够的物料上，且一定程度上伴随着基层人员的腐败问题。针对该风险，审计部门正向的全流程审计，频次过低难以得到很好的效果，频次过高会极大地增加工作量。因此，在质量问题的审计中，采用指标风险控制和逆向事件追踪的方式，可以低成本且有效地规避或减少该环节的风险。指标风险控制，指审计部门通过与业务部门共同建立上述风险的指标合理区间以及风险等级表，明确当超出可接受风险等级时，业务部门的立专项解决以及审计介入的对应风险层级，从流程上建立业务部门的自查自纠制度，并提升审计关注所带来的业务部门解决问题的主动性。这种方式可以解决突出的质量风险问题。对于非突出质量风险，审计人员可以通过便捷有效的手段对一些逆向事件进行审计，并对低级错误、廉政事件用强有力的手段进行震慑，给基层人员建立"高压线"。

质量改进控制

优秀的企业对质量问题的态度几乎都是零容忍。自工业革命以来，质量改进方法研究层出不穷，在成熟领域中做好质量改进的难度并不大。然而，伴随着市场竞争和企业自身的发展现状的变化，很多时候，质量改进的效果是比较差的。这里因为质量改进是有成本的，追求短期收益的企业，更关注当前获利情况。但是，无论是从企业道德出发还是从质量改进的利益出发，质量改进对企业经营盈利、风险规避都是助力极大的（受困于当前的财务核算模式，很多收益无法计算在内）。因此，质量改进控制的有效性是审计关注的重点范畴。

质量改进控制，从本质上来讲，就是对现有质量改进情况的分析确认，识别现有质量改进程序的有效性和合理性。从实践上来看，质量改进控制审计宜采用定期跟踪和质量问题改进情况的抽样审计相结合的形式。定期跟踪旨在对当前多样性的质量问题改进情况进度进行风险控制，分析质量改进工作程序是否处于良好的运作状态以及现有的工作程序能否很好地为质量改进工作提供强有力的支撑。抽样审计的目的更多在于对质量改进的过程、结果进行系统性的穿行测试和专家研判，确保质量改进思路、方法在当前的质量管理中是低成本且有效的。从这两方面出发，基本上可以很好地应对质量改进的风险。

4.2 产品交付管理的风险评估和应对

　　交付管理的核心，一是明确规定计划期及不同阶段应完成的产品品种、数量和质量指标；二是综合平衡生产所必需的人、财、物等各种资源，进而设计合理的调配与使用这些资源的方案，建立基于交付的核心竞争优势。

　　通常审计部门很少关注交付管理环节，但实际上，这一环节的管理水平，是制造能力的重要体现。可以说没有良好的交付管理能力，交期缩短、成本优化等目标基本不可实现。交付管理的主要控制环节为需求预测、生产计划、仓储。

需求预测管理

　　需求预测是生产资源安排的源头，需求预测的准确性极大地影响后续资源投入方向的合理性。尤其是在企业快速发展的过程中，规模扩张所带来的基建、设备、技术人员前置性储备等投入金额是巨大的，盲目高估未来需求对企业来讲是一场灾难，势必会造成经营成本突增、市场竞争力下降。反之，过于保守地预估未来需求，会造成前置资源投入不足，导致可接单能力弱，失去大量的发展机会。需求预测管理中的风险，见表4-4。

表 4-4 需求预测管理中的风险

中短期预测环节	易产生问题	受影响相关环节	对应风险	审计应对
需求提出	生产能力不足、过剩	投资规划、人力储备、材料储备	成本风险、交付风险、企业信誉风险	监督与监测、责任机制
需求变更		人力、物料		

案例：某公司制造成本异常增加的审计

2018 年某空调公司审计部在审计制造中心时发现，上半年人工成本增加 44%，整个制造成本增加 31%，存在很大问题。该公司在近几年处于快速发展时期，而且随着精益生产的推进，制造成本逐年下降，不应发生此类内部控制失控的状态。审计人员带着疑问对该问题进行调查，最终发现在制定 2018 年战略规划时，销售盲目乐观，错误预估市场形势，上半年计划销售 600 万台，实际仅销售 378 万台，偏差达 37%。

制造成本增加如此多，主要原因为近几年公司快速发展，原有产线在本已超负荷的情况下，已无法满足 2018 年规划产能（而上半年的实际产能是可以满足的），因此大量增加设备投入近 1 亿元。这是造成制造总体成本增加的首要原因。随着调查的深入，审计人员发现，销售部门仅凭过往经验和自身业绩指标需求，在预测需求时，未严格按照公司需求预测要求执行，对预测参数进行修改；未全面考虑市场风险，在对竞争对手研判时错误地预估其在关键市场的布局，导致整体需求不切合实际，盲目乐观。

而在实际生产阶段，制造中心又急进急退，在 2 月、3 月大量生产备货的同时，出货量仅为生产量的 30%。4 月、5 月、6 月因库存问题，制造中心产能利用率仅 37%，整个上半年月度计划峰谷差 2.7 倍，生产班组半个月班组数增加 1 倍，1 个月班组数又减少 60%，造成大量新员工的涌入和退出。最终制造成本失控，整个公司经营目标难以实现。

由于市场的不确定性，长期需求预测的准确性更多依托于公司战略管理来实现一定程度的控制。而中短期需求预测准确性更多的时候是可控的，带来的风险是可规避的。但是，需求预测专业性极强、涉及因素多，审计部门对该控制环节全过程参与的可实现性低，且成本很高。因此，考虑成本，审计部门对需求预测管理主要做好以下三件事情。

一是推动企业建立完善需求预测模型和责任机制。结合企业实际产品需求情况建立良好的需求预测模型（如根据产品需求差异化，通过定性与定量结合预测策略确定预测模型等），可以在一定程度上很好地控制需求预测准确性，从而形成需求预测模型调整的波动边界和控制点。在此基础上，明确责任机制，修订相关管理制度，明确相应岗位的职责、权限与责任，保障需求预测模型的良好应用和实施，促进需求预测准确性提升。

二是建立科学的安全库存机制，缓解市场变化与生产突发状况对交付风险的影响，另外也要通过销售预测、生产排程和供应计划，有效整合产、供、销关系，有效降低库存积压的风险。

三是做好定期复盘，针对需求预测偏差大的事件，借助内部、外部咨询机构的力量，进行符合性测试来确认问题。落实复盘机制，倒逼需求预测模型的优化和执行环节的可靠性，实现需求预测准确性不断提升。

生产计划管理

生产计划是在整个企业销售需求明确的前提下的二次分解计划，是制造中心相关资源具体配置方式的指导书。良好的生产计划管理是生产环节成本控制的有效手段。目前大部分企业多以销售需求为生产计划，未对销售需求进行二次分解，或者虽有分解但未形成良好的管理方式，导致销售需求的满足延时或超前、资源投入过多或不足、成品库存积压等大量问题。尤其是在孤岛型作业的生产布局中，为了满足销售需求，成品、半成品库存问题严重，最终会演变成生产交付周期长、制造成本居高不下、企业竞争力逐渐下降等恶性循环。因此就增值型审计而言，在制造环节的审计过程中，生产计划管理审计必不可少。生产计划阶段风险控制，见表4-5。

表 4-5　生产计划阶段风险控制

风险类型		风险描述	涉及环节	关键控制点
一级风险	二级风险			
成本风险	原材料、半成品库存资金大	计划排产导致的原材料库存资金、半成品库存资金大的风险	生产计划排产	生产计划、供应链管理、交期管理
	生产低效	排产合理性不足，导致现场等待、转产、重复作业的问题，造成设备能耗、人力成本的风险		
	交付周期长	计划排产管理不足，交付周期长或未见持续缩短，导致资金周转率低的风险		

　　相对于需求管理的结果验证，生产计划管理的优劣可以通过过程指标来动态监控。在有生产计划管理的企业中，其相关指标主要有：交付达成率、交付周期、成品库存、半成品库存、呆滞库存。通常，审计人员需要对上述指标建立长期跟踪管理机制，关注数据趋势、制定风险预警线。若各指标在合理波动范围内，无须过多关注；但超出预警线时，通常都是制造环节发生了重大管理失控，审计人员需及时介入，运用审计部门的职责权限，加快生产计划管理整改和改善的过程。同时，为了防止为了达成指标而在数据上弄虚作假的问题，建议定期结合其他审计风险做管理数据可靠性审计。通过上述两步，基本可以将生产计划管理风险控制在一定范围内。

　　而在没有生产计划管理的企业，或者虽有生产计划管理，但是生产计划的实际管理人是凭经验管控的车间班组长而非专业人员，那么在审计过程中，更需要的是推动企业建立生产计划管理制度和流程，实现制度和流程在现场得到落地。

仓储管理

所谓仓储管理，是指对仓库和仓库中储存的物资进行管理。现代企业的仓库已成为企业的物流中心。过去，仓库被看成一个无附加价值的成本中心；而现在，仓库不仅被看成形成附加价值过程中的一部分，而且被看成企业成功经营中的一个关键因素。仓库被企业作为连接供应方和需求方的桥梁。从供应方的角度来看，作为流通中心的仓库从事有效率的流通加工、库存管理、运输和配送等活动。从需求方的角度来看，作为流通中心的仓库必须以最大的灵活性和及时性满足各种类别顾客的需要。因此，对于企业来说，仓储管理的意义重大。在新经济新竞争形势下，企业在注重效益，不断挖掘与开发自己的竞争能力的同时，已经越来越注意到仓储合理管理的重要性。精准的仓储管理能够有效控制和降低流通和库存成本，是企业保持优势的关键助力与保证。

由于现代仓储的作用不仅是保管，更多是物资流转中心，所以仓储管理的重点也不再仅仅是物资保管的安全性，更多的是如何运用现代技术（如信息技术、自动化技术）来提高仓储运作的速度和效益，这也是自动化立体仓库逐渐流行起来的原因。

仓储业务核心内容可分为入库作业、仓储管理、出库作业、财务结算和查询报表五个主要部分。相关利益可分为经济利益（堆存、拼装、分类和交叉、加工等）、服务利益（现场存储、配送分类、组合、生产支持以及市场形象等）。仓储管理中的风险控制，见表 4-6。

表 4-6 仓储管理中的风险控制

风险类型		风险描述	涉及环节	关键控制点
一级风险	二级风险			
成本风险	原材料呆滞	物料接收周期长，导致已入库物料因计划变更、物料堆放混乱等，在仓库形成呆滞物料	入库	入库周期、货架管理

风险类型		风险描述	涉及环节	关键控制点
一级风险	二级风险			
成本风险	账实不一致	物料入库登记或出库领用不规范、仓库保管、账务结算等因素，导致账实不一致	入库、出库、财务结算	入库检验、盘点记录
	仓库面积利用率低	因现场管理水平差，仓库立体面积利用率低，造成资源浪费		仓库设计
	人力成本	仓储管理水平低，导致寻找时间长、配送距离远等，造成人力浪费	现场管理	仓储人效、行业对标
服务风险	生产停产	物料短缺、配送不及时等，导致停产		安全库存
安全风险	丢失、倒卖	贵重物资管理不当，导致内部以及内外部勾结，对贵重物资偷盗倒卖		视频监控

案例：某公司外租仓库费用审计

2017 年开始，NC 工厂产量快速提升，仓储能力严重不足，紧急引入南昌 JZ 物流公司承接仓租外包业务（月峰值面积超 20 万平方米）。审计人员考虑总体金额大，而仓储利用率数据不断下降，因此对此类费用开展专项审计。在审计过程中，审计人员通过全流程穿行测试（供方准入—现场管理—费用结算）、访谈等，发现问题如下。

（1）管理人员渎职。外租仓库年租金超 3 000 万元，在巨大利益面前，管理人员先是"吃拿卡要"，继而以公司利益为由大肆受贿索贿，涉案金额巨大，累计虚报金额达 674 万元。

（2）面积测量不规范。现场确定仓库具体面积时，未自带测量工具，前期 2 次测量均使用外协单位提供的工具，且现场测量人员未检查、校对外协皮尺的准确性，给外协弄虚作假提供机会。

（3）仓储管理混乱。出入库管理、日常盘点流于形式，物品就地堆放，未使用栈板、货架等，仓库整体利用率低。

最终，审计部根据调查结果对相关设计人员失职渎职行为进行问责的同时，对制造体系提出建议：优化仓储管理，引入立体仓，提升内部仓储利用率，从源头上减少外租仓库费用。

审计部门在大部分时候对仓储业务进行审计时，仅关注物资安全、财务结算以及廉政的问题。而在增值型审计中，审计部门在关注这些方面的同时，需重点关注仓储管理水平的评价和改善，仓储管理水平直接影响生产环节的顺畅性和仓储管理成本。

评价仓储管理水平需要一定的知识储备和管理见解，这对审计人员的能力多元化提出要求，审计专业能力及仓储业务能力结合，可促进仓储管理水平提升。

当然，在审计资源紧缺时，企业也可以建立一些仓储管理指标（如入库周期、账实符合率、仓储利用率等）进行定期复盘追踪，在指标出现大幅波动时，审计部门介入，调查缘由，同时借用外部资源（如咨询公司等），快速解决问题。

4.3
成本管理的风险评估和应对

　　成本管理在制造环节覆盖面广、涉及环节多。在企业质量、交付风险控制得当后，制造环节表面上的成本风险已经得到了有效的管控，大部分时候，制造环节的管理人员甚至企业家本身已经很满足。但是，低成本是面向市场竞争的利器，只有持续不断地改善成本，企业才能在市场竞争中屹立不倒。丰田公司保持持续发展，支撑其成功的丰田生产方式已经引起全球的关注，世界各大公司都在不遗余力地对其进行研究和分析。丰田生产方式是对福特式生产方式的重大突破，对全世界产生了深远的影响。并不是倡导各个制造企业都要学习丰田生产方式，而是企业需要明白，成本无改善本身就是最大的风险，在成本管理中不能故步自封，应当思考如何去改善成本。成本改善永无止境，而制造现场是成本改善的源泉。

　　因此，审计部门在企业质量、交付风险得到控制后，也应该关注制造现场，持续推动企业制造成本下降。这也是本章开始提到的，内部审计人员要做好制造环节增值型内部审计工作，除应具备扎实的审计、财务知识外，还应当具备生产计划管理、现场管理、产品工艺管理、精益生产及六西格玛工具运用等方面的能力。只有这样，才能通过审计手段极好地促业务改善、成本改善，提升企业竞争力。

　　目前，绝大部分企业的制造环节成本管理粗放，在现场到处是成本浪费，在账务上甚至也存在不少问题（各产品线成本只算总账和均值，没有一定程度的细分）。成本改善的首要目的是推动制造环节建立良好的、可持续改善的成本管理方式，通过精准的成本数据分析来识别成本改善方向和改善空间，同时促进企业能够更精准地测算各产品的成本，为企业经营决策提供养分。成本的基本管控逻辑为科目清晰、数据准确、趋势向好，主要控制环节为固定资产成本风险控制、产品制造成本风险控制、变动费用风险控制三个方面。

固定资产成本风险控制

固定资产的概念在此不做赘述，各个公司因资产管理方式不同，固定资产包括的范围也不尽相同。在固定资产成本风险控制上，一般来讲，常规审计主要以资产安全性为主。在增值型审计当中，投资合理性、资产闲置风险审计非常重要，尤其是在企业快速发展和企业变革、转型升级过程中，一定会涉及一系列的厂房与设备投资、新技术引进等。前文案例中提到的某空调公司盲目投资导致企业经营受损严重，这样的案例在行业中屡见不鲜。

俗话说，好钢用在刀刃上。企业的每一笔投资、引入每一台新设备，均应慎重，企业的竞争力就是这样一点一滴汇聚起来的。因此，审计人员在固定资产成本风险控制上，一定要加强投资合理性和资产闲置风险的审计。但是，一方面投资属于公司级决策，另一方面资产闲置问题也会受到市场的影响，因此一刀切形式的审计不可取。并且，引入固定资产是否合理、固定资产是否闲置，只有相关投资实现后才能确认。

那么针对上述问题的审计，审计人员为了实现前置管控，减少固定资产投资失败问题的发生，就要把控制方式尽可能前置，推动企业内部建立良好的投资决策模型以及分层分级的决策审批授权机制，这是前置控制很好的一种方式。但是由于市场的不确定性，为了把握发展时机，企业很多时候会因为制造能力受限，需要决策是否购入新厂房、设备等。因此，真正减少和规避制造环节投资带来的风险的方法是提升制造能力，通过推行精益生产，提高现有资产情况下的单位面积产出、设备利用率，提升组织内部创新改善以及应变能力，从而减轻投资的紧迫性。

上述做法只是正向引导，在企业中，很多时候因为利益关系、内外部勾结等诸多因素，即使有良好的决策依据，也会产生不合理投资、不成熟技术引入等一系列问题。针对此类问题，审计人员要做到能发现、能查清，查实问题的同时，还必须探索更加完善的责任机制来杜绝问题的重复发生。

产品制造成本风险控制

产品制造成本是制造环节的"仪表盘"，是制造能力水平最直接的数据体现。但产品制造成本的定义比较宽泛，由于各企业的定义不同，因此下面主要围绕材料成本（制造环节关注单台产品的材料用量，不考虑单价）风险控制和人工费用风险控制来介绍。通常来说，这两部分的风险控制，主要以费用发生的合规性、真实性为主要审计方向，但是仅仅对费用发生的合规性、真实性开展审计，几乎难以应对成本风险。第一，费用的发生合规性问题，有一定经验的专业人员，在这类费用往来发生上，一般可以做到让审计人员难以识别出问题。真实性也一样。第二，即使所有费用发生均是真实的，但实际的成本消耗不会随着审计工作的开展有任何变化。因此，增值型审计工作的开展，主线是价值，以审计促能力提升、成本改善，不仅仅只关注费用发生真实性问题。产品制造成本风险控制，见表4-7。

表 4-7　产品制造成本风险控制

风险类型		风险描述	涉及环节	关键控制点
一级风险	二级风险			
材料成本（用量）	生产损耗	因设备、工艺、人员等因素影响，良品率低，原材料报废过多	生产过程	入库周期、货架管理

续表

风险类型		风险描述	涉及环节	关键控制点
一级风险	二级风险			
人工费用	加工过剩	因严重超客户需求提供产品或服务的方式，材料用料过多，如过度包装	设计、生产、检验	设计标准、工艺要求、检验标准
	工序管理	生产工序安排不合理，导致工序浪费或人员过多，造成人工费用增加	生产过程	工艺路线／节拍、现场布局
	行政／辅助员工配置	非直接参与生产人员配置过多，造成不增值岗位费用占比高	组织架构	辅助人员费用比率
	人工工资核算（含加班）	人工工资核算过程中工作时间或计算过程存在人为主观、客观计算错误	核算	工资核算流程IT化
	员工流失	收入、环境、个人等因素导致员工流失，造成新员工招聘、培训、培养费用增加	招聘、生产、培训	员工关怀、环境改善

案例：加班费增加之谜

某公司供应链人工加班费用 2018 年合计金额为 4 500 万元，占供应链总工资的 21.1%，而加班工资金额较 2017 年上涨 13.2%，主要由于生产员工加班工资增长 14%。在生产规模未见明显增长的情况下，加班工资的突出增长引起了审计人员的疑问。带着这些疑问，审计人员实施了包括抽样、审阅、询问、穿行测试、分析程序等审计程序，发现以下问题。

（1）加班工资计量及结算存在真实性风险，人力资源部缺乏对考勤工作的监督、管理，抽样中 SJK 等员工存在旷工、虚报加班工时等情况。

（2）加班结算与实际打卡存在不合规风险，96% 的员工平均每天上班提前打卡 19 分钟，18% 的非直接生产员工和行政员工一个月 4 次以上未打加班卡，同时存在加班工时申请与制度要求不一致的情况。

（3）非直接生产及行政员工工作内容与效率未能有效评估、评价，存在加班效率合理性与人员冗余风险。

　　根据上述调查情况，审计人员根据公司制度，从严对相关当事人进行问责处理，并追究了对应的管理人员的责任，通过增加犯错成本的方式降低此类管理问题的重复发生率。审计人员还以管理建议的形式，建议人力资源部对加班管理制度进行全流程复盘，完善内控制度。

　　制造成本审计是以价值为主线、以成本改善为目的的风险审计，在这过程中，对制造成本数据现状、趋势的了解是重中之重。从数据中可以有效地识别到成本风险点，对于低级错误应加大惩处力度，降低再犯率。但对于客观性的问题，以及成本改善不足的风险问题，审计人员首先要有不断改善成本的意识，基于这种意识开展审计工作。其次，审计人员可以寻找痛点问题解决得当的标杆企业，通过调研、建模、测试等方式来厘清自身与标杆企业的差距，盯牢关键的差异模块。这些是推动本企业制造环节模块改善、成本风险管理的重要方向。

　　但是，在实际操作上，由于受限于人力、物力、环境等诸多客观或主观因素，即使审计人员识别出关键风险，在推动风险改善的过程中，依然很难奏效，甚至企业内部是否认可该风险、是否认为其亟待解决都存在争议。制造环节成本改善的痛点在于生产方式是企业在一步步发展过程中累积起来的，而生产方式没有标准答案，适合标杆企业的在现阶段不一定适合本企业。因此，在改善的过程中，点上的改善非审计关注重心，而系统上的改善又阻力重重。那么在应对这类风险时，审计人员可以通过行使审计职权的方式，也可以通过精益咨询（国内优秀的咨询公司已有不少）的方式，从规划、改善、评价、监控等方面入手，帮助制造环节搭建完善精益生产体系，内外部力量相结合，在制造环节形成自主意识的持续改善。

变动费用风险控制

　　变动费用的管理，在大部分企业的制造环节管理中，属于管理重灾区。主要原因有：一是整体费用占比不高导致关注度低，比如劳保用品费用；二是责任归属难以明确，比如同一车间水电气的计量表没有细分到具体班组/设备；三是对当前生产影响不大且并不集中问题，存在哪里有问题解决哪里的情况，没有从根源上、系统上去杜绝这类问题的发生，比如制造现场的跑、冒、滴、漏问题很少有企业能够很好地杜绝。因此，很多时候，在变动费用的管理上，很多企业对于这些费用的发生已经习以为常，不认为是风险。而常规审计几乎只会在例行合规性审计中涉及。

虽然变动费用整体占比不高，看似不会对企业经营治理造成很大影响，但是优秀的企业已经在变动费用管理上想了很多办法、下了很多功夫。一方面因为这是管理的"毛细血管"，另一方面因为变动费用的管控有助于发现、识别很多制造现场的其他问题，从而使问题得到提早解决，控制成本。比如说，某设备近期单台零部件平均用气量明显增多，这个信息就会被很快识别，从而触发问题改善小组进行现场确认。该小组发现零部件不良增多，分析不良原因后发现，设备中某一轴承磨损严重导致行程不稳定。在更换轴承并建立此类设备中该型号轴承更换周期后，零部件不良率得到很好的控制，同时设备用气量也趋于正常。

此类案例在制造环节中比比皆是，在变动费用的风险控制中，审计人员的应对方式主要有：费用指标监控、费用管理合理性审计、逆向事件的处理。费用指标监控方面比较简单，以管理均值费用趋势为主（如万元产值费率、万台产品费用）的方式来以审促改善。在费用管理合理性审计中，主要通过追踪制造环节变动费用变化并进行深度分析，让问题能够精准定位到具体的人、事、物，以此来提高解决效率。逆向事件的处理方面，在此不做赘述。总之，变动费用的风险控制，难点不在于解决办法，而在于认识到此类风险控制的价值和意义。

制造环节的增值型审计内容繁多，涉及面广，限于篇幅和笔者能力，未全部阐述。制造环节的增值型审计的核心思想是打破固有思维、追求精益求精，通过指标关注、标杆学习找风险，借平台、用审计手段提升企业制造环节风险预警、识别、解决的能力，促进制造环节高质量、快交付、低成本三大主线的能力提升，为企业在瞬息万变的市场竞争中提供更有力的保障。

第 5 章

增值型内部审计在营销环节的应用

审计就是还原真相，评价真相。

——袁小勇

营销环节是所有企业最重要的经营环节之一，但营销环节也是腐败的多发环节。其原因有三个。一是营销机构散落在各地，远离管理中心，本身有一定的管理难度。二是营销人员密切接触的商业环境相对更可能存在违反商业道德事例，对营销人员易产生腐蚀作用。三是市场环境多变，营销行为日趋复杂，为应对挑战，大多数企业选择给予营销人员更多的权限，让与客户紧密接触的人来做决策符合现代企业的管理理念。如果事事审批、请示，效率难以适应业务的挑战。但绝对的权力又会产生绝对的腐败，企业时常面临授权与监管两难境地。

传统的营销环节内部审计主要集中在资产安全与营销费用等方面，主要审查销售费用真实性、合规性，资金、库存是否存在、是否安全，客户信用管理制度及执行等方面内容。如果营销针对的是 B 端产品，传统的内部审计大致是可以满足企业风控需求的。但随着营销方式与管理环境不断演化，特别是以应对 C 端产品销售为主和更为复杂的营销组织，传统的内部审计远远不能满足企业对营销风险的有效管控需求。

B 端产品也叫 2B（to Business）产品，是面向组织或企业的产品。比如电线、零部件、包装物等。由于 2B 产品顾客集中，双方高层也大都有较密切的沟通，所以企业高层对于营销的管控难度相对较小，合同、价格、政策都可以集中谈判与审核，或制定统一标准，不易出现较广范围的腐败与风险。C 端产品也叫 2C（to Customer）产品，是面向终端用户或消费者的产品，如彩电、衣帽、酒水等。

2C 产品的营销环节内部控制难度与风险远大于 2B 产品。2C 产品一般有以下特点。

（1）分支机构多，客户分散，企业对分支机构和客户管理距离远、管控弱与信息不对称，都更易产生腐败风险。

（2）渠道多而复杂，有 KA（连锁超市）、经销商、自营店、传统百货商场、电子商务等异业联盟。这些渠道运作方式和内控重点各有不同，增加了风险管控难度。

（3）营销费用多。2C 产品因终端网点多、人均产出低、促销活动多的原因，营销费用多，通常占产品销售价格的 40%~60%；而 B 端产品营销费用通常不超过产品销售价格的 10%。保障营销费用的真实性、有效性是重要的风控点。

（4）市场多变，营销方式多变，风险多变，难以用流程制度完全规范。

（5）风险呈现较突出的偶然性、随机性与非系统性。采购、基建环节风险更具有系统性。比如基建，要产生腐败，往往需要设计、招标、施工、结算环环相扣，要控制住风险更要成体系地构建内控体系。而营销环节风险呈现明显的非系统性，一个小细节控制不好就可能独立产生风险。

基于 2C 产品的复杂程度与风险大小，营销环节增值型审计主要针对 2C 产品。营销环节风险可分为四类：分销腐败风险、营销供应风险、渠道关系风险。

5.1
分销腐败风险增值型审计

　　营销环节中，营销分支机构虽也会有差旅费、招待费、房租等日常运营费用，但相较而言，促销费、待让利的销售折扣等渠道分销费用要更多也更重要。而且这些分销渠道的分销费用大多游离在财务管理范围之外，所以通常也容易被审计人员所忽视。为了更好地提供增值型服务，增值型审计中，除了传统审计的虚报费用等风险，骗取工程政策、骗取促销政策、侵占资产、挪用货款等风险也可纳入审计范围。

骗取工程政策增值型审计

　　大多数公司对于集中性采购，都会给予很大的优惠政策，使其在大型的单位集中采购或房地产开发商采购竞标中处于有利地位。但工程物资与零售渠道物资有极大的价格差异，在内控不是足够严谨的情况下，营销管理人员通过虚构工程项目骗取工程政策牟取利益的概率较大。

案例：重利轻管出腐败

　　某公司审计部发现某市有人在 A、B 等 KA 渠道销售大量来路不明的本品牌机器。通过风险研判，审计部认为这批机器很可能是工程机流到了零售市场。前不久该市分公司与中石油该市分公司签订了工程集中采购合同，以低于市价 50% 的价格采购 6 000 套厨电产品，很可能是这批货出了问题。审计部检查了相关合同、发票与发货记录都没有发现疑点。鉴于相关产品都需要安装到户，审计部决定实地检查安装清单、查看安装情况。在销售分公司无法提供安装清单情况下，审计部抽查了工程销售合同相关小区，均未发现安装公司品牌相关产品。通过进一步调查，审计部发现其申请的 6 000 套工程机器，只有 800 套是中石油该市公司集中采购的，其余 5 200 套在 KA、经销商渠道销售和窜货到其他销售区域，赚取差价共计 500 余万元。审计部将情况汇报公司后，相关责任人均被移交至司法部门依法追究其责任。

不同渠道之间巨大的利益差异向来都是腐败的重要动机，公司对这些存在巨大利差的渠道需要强化管理与内控。案例中的公司对于需安装的产品没有要求保留安装清单以供核查就是严重的内控缺陷。在审计部门的建议之下，该公司制定了工程项目必须提供安装清单，无安装清单的一律视为虚假工程进行处罚的政策，从而有效杜绝了后续虚假工程的产生。

虚假工程多发于应用 ToB(面向企业端的渠道) 与 ToC(面向零售端的渠道) 通用产品的企业，如购买洁具、电器、灯饰等用于精装项目的房地产企业。这些企业的审计部门若发现市场上有大量来路不明的本企业货物，或某些区域工程量激增，就应查明是否产生了工程政策被骗取的风险。对于需要安装的产品，如灯饰、洁具、电视、空调等，审计部门应要求业务部门留存安装清单，明确产品的安装点位，并且定期或不定期对享受工程政策的合同和项目进行专项审计。

冰箱、小家电等无须安装，且易于移动的产品，应尽可能实现渠道产品区隔，即以专供机形式供应工程渠道。这样，当零售市场出现工程专供机时，即可判断出现了虚假工程，可通过产品条码确定出问题的工程项目，并追究相关责任人责任。

骗取促销政策（KA 经销商、电商）增值型审计

C 端销售通常会采用折扣、抵券、积分、赠品、秒杀等促销方式促进销售、刺激成交，但大量的资源投入也会伴生营销腐败。

案例：哄抢式腐败——骗取 KA 促销政策

某公司审计部在例行审计中发现，上海分公司在十一大促期间在 A、B 等 KA 渠道投放促销费达 2 000 万元，但全年销售并未达成预期。审计部对该促销费进行了专项审计，发现 2 000 万元促销费仅 500 余万元真正用于了促销活动，其余全部被侵占。

经审计，各 KA 门店共计 200 余名促销人员都存在利用促销折扣、用券政策，以极低的价格在大促期间大量购买产品，等大促过后再以正常价格卖给顾客的情况。

促销政策通常存在总体金额大、使用分散、管理难度大的特点。上述案例中，上海分公司一个促销活动的被侵占金额就达约 1 500 万元，但参与人员多，人均涉案约 5 万元。因此要防止腐败的群体化，小贪群体化很容易导致事态失控，损失巨大。另外，也要对销售管理人员加以必要的约束。在上述案例中，销售管理人员为达成销售业绩与市场占有率，默许业务人员刷单也是造成风险的重要原因。

对于需要送货安装的产品，审计人员可以审查销售与送货信息是否一致，如果存在大量销售客户联系方式和送货信息不一致的情况，就有可能存在骗取政策的风险。审计人员之后可以回访收货客户的购买时间、金额等信息落实证据。

案例：内外勾结出巨贪

某公司审计部发现重庆分公司 KA 费用长期金额巨大，对其进行了专项

审计。审计部要求分公司提供所有费用明细，经与销售小票上记录的费用进行一一核对，发现存在大量无明细、无依据的费用，约 500 万元销售费用为虚构。审计部协调财务部与 KA 上级单位共同调查，证实该分公司总经理与 KA 内部人员内外勾结，盗卖大量冰箱、电视、小家电等产品后虚构促销费用平账。

内外勾结这种腐败方式，通常金额巨大，查处也比较困难。为解决这一问题，审计部门除了需加大监察力度外，更应通过内控审计提高财务部门与 KA 对账有效性，保障每一笔促销费都落实到具体订单。具体来说，要依据与 KA 的合同，对无依据、无合同支持的费用开支，坚决与对方协商返还，通过高频度、低烈度的监督方式，增加舞弊的难度，减少舞弊发生的概率。

案例：一年以后的"秒杀"

电商平台为了引流会推出"秒杀"活动，比如 1 元购电视机，这些特殊促销活动价差巨大，极易形成腐败。某公司审计部针对电商事业部"秒杀"活动进行专项审计，发现在购买油烟机、灶具两件套后，可一元购买热水器活动中，大量油烟机、灶具与同一活动中热水器的送货地址不一致，甚至部分油烟机、灶具购买时间与热水器"秒杀"时间差异达 1 年之久。审计人员判断该"秒杀"活动很有可能存在虚假套购行为。审计人员进一步对货物物流进行跟踪，发现大部分货物系内部人员与一些批发倒卖人员勾结，先利用公司"秒杀"政策获取低价产品，再由非正规销售渠道按正常价格出售获利。

电商销售费用的审计困难在于相关销售模式变化快、模式新，需要审计人员不断地深入了解业务；而有利的方面是电商销售记录清晰、可追溯性强，且所有电商产品都有清晰的物流轨迹，对核查销售政策是否真实与销售行为是否恰当是比较有利的。

案例：失踪的销售折扣

某公司审计部在与经销商对账中发现，分公司给予经销商约 30 万元的合同外销售折扣用于活动促销，但经销商表示并不知情。审计部检查了对账单，发现余额没有差异。审计人员经过进一步与该经销商对全年所有订单逐一核对，发现其中有约 30 万元的订单发货记录是伪造的。审计人员对这些订单的物流、安装记录进行跟踪，确认系内部人员虚构折扣政策给该经销商，使其预付款账户增加 30 万元，再假冒经销商提取相应的货物销赃获利。

经销商是目前大多数企业销售的主流渠道，企业销售分支机构往往也有较大制定政策的权利，所以利用经销商政策腐败是销售领域多发的腐败类型。利用经销商政策腐败在更早时期多表现为内部人员与经销商勾结，通过虚构销售活动等方式对骗取的资金进行私分。但由于经销商与销售人员天然的利益冲突比较多，很容易产生经销商掌握证据并胁持销售人员的行为。所以现在的销售人员更倾向于在经销商不知情的情况下骗取政策，比较常见的方式就是通过销售折扣，增加预付账户余额或减少应收账款余额，再马上以经销商名义骗取货物，这样即便每月对账，经销商也不会察觉。

针对这一腐败方式，审计人员通过数据分析，能发现政策有明显倾向性的经销商，并独立与相关经销商进行对账。对账不仅要核对余额，更要核对审计期间的所有费用，特别是合同外费用，如有差异，应马上组织核对收发货与物流信息，查证是否有不是该经销商收货的发货记录，如有，要追查其流向。

侵占资产增值型审计

大多数企业的销售面向全国乃至全球，为快速交付往往会在各地设置仓储。企业的存货在企业资产中占有重要比例，同时分散各地也易产生损失。传统的腐败方式往往简单粗暴，如盗卖货物或侵占货币资金，审计人员只要通过严格盘点与对账即可发现；但针对一些日益发展的新腐败手段，审计人员就需要运用增值型审计的思维，通过更全面系统的风险意识与方法识别与应对。

案例：真假坏账

某公司审计部在上海例行审计中发现，一个往来账户存在异常。2019年上海分公司与一家橱柜公司签订销售合同，销售了价值 100 万元电器，但截至 2020 年审计时，该客户既未支付货款，也未再次购买。针对这一明显异常，审计部进行了专项调查，进一步发现对方联系方式、营业执照等信息缺少或虚假。审计部一方面停止涉案业务人员的一切工作，要求其到审计部说明情况；另一方面通过第三方软件查找相关的企业。最后核实清楚，系分公司业务人员盗取价值百余万元产品变卖用于炒房，虚构销售合同逃避财务与审计部门的定期盘点。

在审计中，逾期较长的往来款往往存在风险。对于此类款项，应有法务部门介入及时催收，催收过程中对账不符甚至找不到对方的，可能存在侵占货物或货款的风险。在内控审计方面，审计部门要督促财务部门按期清理往来账，建立逾期账款催收与责任机制。

案例：失控的价格

某公司审计部通过数据分析发现，上海某传统百货产品售价仅为其他渠道的 60%。审计人员经研判认为，同一区域价格差异不可能有如此大，可能存在腐败风险。审计部经过专项审计发现，大量订单出现同一顾客购买同款产品的情况。审计部通过与百货商场对账发现，该商场促销员利用商场产品编码不够，存在套码销售的漏洞，在顾客订单中虚增产品数量，以低价套餐的名义要求公司将货发往门店，在交付客户正常订单机器后，将多出的机器出售获利。审计部最后核定，该促销员一年期间就骗取相关款项达两百余万元。

KA 或传统卖场大多是代销模式，卖场价格管理极为重要。促销员为多销售获得提成，骗取政策或产品获利，都会产生低价销售行为。低于企业要求价格销售肯定会造成企业损失，因侵占产生的低价销售会滋生腐败。审计部门应利用内控审计，促使业务部门对销售价格进行监控与管理，做到价格有底线、突破能发现、发现能处分。

挪用货款增值型审计

传统审计中，财务人员挪用货款的案例与控制手段比较多，针对相关风险的审计应对方法也较多；但在资金流进入财务环节前，业务环节挪用货款的风险具有隐蔽性、孤立性、偶然性、突发性的特点，难以系统防范。即便对一些看似微小的风险征兆，审计人员也应时刻注意观察与判断，避免放过与之关联的重大风险。这既在于严谨的工作习惯，也在于对业务的理解与洞悉。

案例：突增的承兑

某公司审计部发现，河南分公司回收货款中承兑汇票比例大幅上升。通过走访相关经销商，审计人员发现这些经销商对承兑汇票并不熟悉，与其上游背书单位也没有业务关系。审计人员经进一步查证，发现河南分公司销售经理在收取经销商货款后，并未上交公司收款账户，而是在外购买承兑汇票上交公司，从而获得贴现利息，一年共获利 120 余万元。

挪用货款是销售系统常见问题，但随着企业管理水平的提高与腐败手段的不断进化，简单粗暴的挪用越来越少。对于冰箱、彩电、快消等流水较大的行业，大量的资金对于资本市场有较大的吸引力，且资金存在需求大、利率高、融资期限短的特点，相关财务或销售管理人员一旦串通就容易产生挪用货款行为，对企业资金流动与财务费用会产生不利影响。

在内控方面，企业应严禁货款进入个人账户，保障所有货款进入企业专门收款账户；限制来自经销商的承兑汇票，对工程和 KA 的承兑汇票也应有相对严格的审批手续。

案例：长期挂账的预收款

某公司审计部在审计河北分公司时，发现该分公司允许促销人员采用现金预收客户货款，且已出现客户要求送货时，促销人员仍未录单缴款的情况。审计人员判断分公司人员挪用货款的风险较大，组织进行专项检查。检查过程中两名促销人员携近 60 万元货款潜逃，公司只能向公安机关报案。

基层业务人员挪用、侵占货款往往带有不计后果的特征，赌博、高利贷、信用卡透支等各种原因都可能诱发其产生侵占行为，一旦有风吹草动，其则一跑了之。通过内控流程完全杜绝这种行为是比较困难的，但在内控设计上，应尽可能避免业务人员个人收取货款或服务收入，对于确实需要收取现金的交易，也应高频次地盘点与催缴。

案例：没有返点的保险业务

某公司审计部在对下属 4S 店审计时看到有车险公司在 4S 店驻点办公，审计人员从经验上判断该 4S 店应有保险返点收入，但审计中并未看到相应的收入。审计人员通过访谈，确定该车险均有 8% 的投保返利。审计人员约谈相关人员后，确定该项收入约 40 余万元进入该 4S 店小金库；进一步审计发现，还有 200 余万元的车辆装饰收入、汽车维修收入也进入小金库，最后以奖金形式，由管理人员与业务人员私分。

截留收入易发生在非主营业务当中，审计人员对货款回收控制与关注通常较多，但对非主营业务往往容易忽视。审计人员在审计时应厘清主营业务与派生业务，防止非主营业务收入成为内控真空地带。

案例：违规的收费

某公司审计部做经销商访谈时听到关于其进货需加收 1% 送货费的抱怨，而据审计人员了解，公司并无这些收费政策。审计小组评估存在重大腐败风险，立即开展专项审计。审计小组以合同与资金流为线索，通过进一步调查，落实系分公司财务经理伪造印章以相关物流公司名义，组织公司服务技师向公司提供高价送货服务，同时又重复要求经销商向虚构的服务商支付近 120 万元的费用，这些费用都进入分公司小金库，然后被私分。

在内控上管理好主营业务收入与非主营业务收入后，还要防止销售人员向相对弱势的渠道违规收取费用。这些违规的杂费虽未造成企业直接经济损失，但往往会激化渠道矛盾，影响渠道活力与经营，要严厉打击。这类腐败在内部没有管理轨迹可循，除了与相关方的沟通与交流外，很难发现。审计部门一方面要加强与渠道方的沟通；另一方面，在内控上对于难以完全把控的环节，宜从严要求，增加违纪成本。例如，某公司在审计部建议下就把公司账户外收取现金与转账作为红线，一旦触发，不论是否有腐败实质，相关人员一律开除。

5.2 营销供应风险增值型审计

营销系统虽以销售为主，但因机构分散、效率要求高、专业性强，往往仍有较多采购行为，比如广告、终端装修、电商流量、电商展示等采购。这类采购具有金额大、管理难度大的特点，具有较高的固有风险，通常应列为审计重点。随着广告投放形式的不断创新，审计方法也应从传统询价转变为供应关系、价格、真实性、投放效果审计，切实为企业增值贡献力量。

供应关系增值型审计

良好的供应关系是保证质量、效果、交付、价格等的关键，也是防范腐败风险的重要内控支点。

案例：在校大学生法人代表

某公司审计部在成都分公司广告费用专项审计中通过独立询价发现，LED 与大牌广告的价格偏离率达 100%。审计部在进行相关情况调查时发现，合作的广告公司成立时间仅一年，其法人代表竟是在校大学生，连营业执照上的办公地址都是虚假的；该广告公司所有的广告项目都是与公司签订合同后，再去找其他广告公司发布与制作的，其是个不折不扣的皮包公司。审计部进一步调查核实，成都分公司总经理到任后马上取消与原来的广告公司的合作，以远房亲戚的身份证开设皮包公司，强迫市场经理违规引入后，用于获取高额的广告利差。

审计中，对于一些销售人员走一个地方，换一批广告商、终端制作商的状况要引起警觉。审计部门在内控审计中也不应忽视对供应关系的关注，应在内控上要求业务部门明确相应的资质要求，比如成立时间、人员、设备和一手资源等；对于非一手资源等；需转包的业务要做必要限制，需由分支机制说明原因与提交证明材料，并经过必要审批。

案例：问不到的广告价格

某公司审计部做市场广告审计时，在价格风险评估方面遇到了不少困难。第一批询价中，价格比实际成交价普遍要高，这明显存在问题。审计部经进一步了解，发现市场广告初次询价通常不准，一般以挂牌价的 50% 左右报价，在进一步当面沟通投放要求、是否有回扣等问题后，再给出真实报价，真实报价通常仅为挂牌价的 10%~20%。

审计部与广告平台公司沟通获取询价方式后，审计工作得到快速推进，很快确定了武汉、长沙、西安等城市价格高于市场水平 30%~50%，但在询价到第五个城市后，公司投放点位相近的广告位均已备案无法询价。

一地的广告圈子比较小，价格透明度比较低，审计部通过询价方式测试与控制价格风险往往效果比较差。为有效控制风险，审计部向公司高层提出广告集中采购建议：对于电梯、影院等有全国性公司或集中性比较好的广告业务，可以由集团层面定期招标签订框架协议；对于大牌广告、小区广告等地域性比较强的广告，可与第三方广告平台合作实行集中采购。通过集中采购，公司第二年的广告费单价平均下降了 30% 以上，每年为公司节约营销费用约 6 000 万元。

企业的广告类采购权限最好不要下放到分支机构。通过改变供应关系，把分散的采购方式改变为集中采购，可降低采购管理成本，防范腐败风险。相对于数以百计的分支机构与数以千计的广告合同，审计部门和管理部门只需抓好几个关键的控制点，就可获得针对腐败的控制效果与成本优势。除此之外，将广告业务化零为整，与相关大型广告公司达成战略合作关系，也可获得相较于各分支机构零星采购的价格优势。

广告与终端真实性增值型审计

广告与终端（门店）通常在营销费用中占比最大，同时也具有分散性、时限性、多源性的特点。这类业务审计困难主要在于：一是广告、门店展台的装修真实性难以检查；二是广告过了投放期限广告、门店展台的装修真实性再也难以核查；三是分支机构、总部、经销商都在同时投放广告，容易混淆视听。

案例：谁投的广告

某公司审计部在青岛分公司审前准备分析中发现，该分公司自身投放广告金额明显上升，并且还有不少给予经销商的专项补贴，于是将广告费作为审计重点。在清理广告费合同与照片资料时，审计人员发现部分公司投放广告与经销商投放广告点位、照片都极为相似。审计人员通过对经销商与广告商的进一步调查发现，青岛分公司每年对经销商提供 120 余万元的广告专项补贴，经销商投放广告后依据合同、照片等资料向分公司申报补贴，分公司挑选其中 60 万元经销商自行投放的广告费资料，与由分公司总经理自己开设的皮包广告公司签订虚假合同，再次向公司申报分公司自投广告费。

案例：奇怪的广告投放点位

某公司审计部在对某省份分公司进行审计时，注意到了一笔给经销商的高速公路大牌广告专项补贴。因为经销商投放的广告通常在自己的经营区域之内，不大可能以高价在高速公路上投广告。所以审计人员本着不放过疑点的精神，与该经销商进行核实，得到的信息令审计人员震惊。经销商告知，公司业务员希望经销商帮助其过账一笔 20 万元的广告费，经销商可以留存 2 万元的手续费，剩余 18 万元以现金返还给业务员。因为担心违法违规，该经销商予以拒绝。但现在这笔补贴仍以销售折扣名义违规增加其预付款余额给该经销商，该经销商也弄不清楚情况，表示没有收到这笔补贴，每月对账都没有发现异常。审计人员对这种情况有着较多的经验，通过对这一期间订单的物流、安装记录进行跟踪，确认系内部人员虚构折扣给该经销商，使其预付款账户增加 20 万元，再假冒经销商提取相应的货物。审计人员进一步扩大调查范围，逐一核实期间所有经销商有疑点的广告补贴，最终查证该分公司管理人员会同财务人员，在外地拍摄高速公路大牌广告照片，利用广告政策骗取 80 余万元。

对于大额的广告费用，审计部门要关注广告点位的投放是否合理，强化广告真实性内控，利用定位技术，加强广告真实性的查检，由业务部门定期定位拍照证明，由品牌部门、审计部门不定期抽查。

案例：急速下降的转化率

某公司审计部在电商审计中发现，某平台引流端口转化率远低于预期值与历史数据。审计人员将引流 IP 地址与电话明细进行了抽样审查，发现 70% 的电话与 IP 地址系虚假或冒用。审计部马上与 IT、电商部门组成调查小组进行深入调查，发现系我方相关业务员与流量供应商勾结，在我方 IT 设备上安装软件刷取虚假流量，骗取流量费。

随着营销的发展，购买流量日渐成为一种业务方式，除了传统的异业联盟、设计师带单等获取流量方式，利用网站、抖音、微信等新流量平台获取流量也越来越普遍与重要。但流量采购具有单笔金额小、交易量巨大的特点，在内控上具有较大的难度，所以也是腐败的多发领域。比如在传统流量采购中，把自然客流也算成带单交易骗取佣金、在电商领域通过技术手段虚构流量也是常见的腐败方式。审计部门应及时掌握业务动态，设立相应风险控制指标。比如电商流量成本通常占销售价格 8%~10%，可以设定 15% 为风险阈值，一旦超过阈值，审计人员就应该启动风险应对程序，进一步追踪到单价与转化率，核查信息真实性与转化手段，层层追查直到查明原因。

对于传统获取流量的费用，公司应尽量引流至经销商渠道处理，避免在直营渠道处理以此来减少腐败与法律风险。

案例：奇怪的动车广告合同

某公司在品牌广告审计中，发现共计 3 000 余万元的高铁广告投放合同比较奇怪。高铁广告的投放大多与车辆挂钩，上下刊和核查时都可以对应车底号，以核查投放的真实性。但这些合同却只与线路挂钩，约定一定期间内在京沪、京广等线路每天投放 80 个车组。市场部人员称，这是他们的重大业务创新，可以让广告更精准地投放到目标客户群。但这一创新让审计人员很是困扰：特殊投放方式无法询价，真实性也难以核实，只能要求广告公司提供下一周的车底号、车组号进行核查。审计人员虽对这种提前通知的检查不抱希望，但检查结果仍让人惊讶：抽查的 20 个车组中有近一半是其他公司的广告。

保持足够的好奇心是审计人员必备的特质，审计人员对于新业态、新策略要保持足够的敏感度，对其目的、流程、派生的风险应有所了解。对于这些新业务、新策略，审计部门应抱着开放的态度鼓励创新、包容错误，既要辨识新变化带来的新风险，做好防范措施，也要反对打着创新的旗号，行违反制度、徇私舞弊之举。

案例：陈旧的"新"终端

某公司审计部在新疆分公司审前准备中发现，该分公司销售终端装修费明显高于平均水平。在调查过程中分公司对审计工作极为配合，分公司总经理带领审计人员参观了乌鲁木齐的形象店，良好的终端形象让审计人员相信其每年超标重新装修是促进业务的有益方式。

但审计人员到阿克苏与经销商核实其他问题时却意外发现，当地的门店与展柜极其陈旧，经销商报怨终端六年没有更新，严重影响销售，向分公司多次申请重装却石沉大海。审计人员马上调阅了阿克苏终端装修资料，发现五年内，分公司两次申报了阿克苏门店重装费用。审计人员通过对新疆终端费用的全面排查，又发现了大量问题：有的根本没有重装却伪造资料报销，有的只做五组展台却申报十组。

审计组在处理完违规人员后，对项目进行复盘总结时发现，审计组在调查抽样中存在严重的缺陷。①审计抽样时应独立抽样，但为照顾分公司感情，只抽取分公司推荐的门店。②对中心城市各级部门关注多，但这类门店出问题概率小；对外围市场关注少，但这类门店管理薄弱，出问题概率要高得多。

供应质量增值型审计

质次价高是采购类审计的主要风险，大多数情况下，质次的危害性、隐蔽性往往较价高的大。在营销环节中，采购劣质的赠品、终端、广告，企业损失的不仅仅是采购费用，公司品牌形象、顾客感受、团队风气的伤害可能远远大于有形的金钱损失。

5.3

渠道关系风险增值型审计

对于 2C 类公司，营销系统是其战略核心之一，营销失败通常会对公司整体经营产生重大影响。营销策略失败、营销腐败、供应关系失败都可能导致营销失败。通常营销策略主要由业务部门主导制定，如果没有突出风险，审计部门一般较少介入，所以一般来讲，审计部门大部分精力都在应对营销腐败。在实践中，纯粹因营销腐败而倒下的企业很少，但因渠道关系失败或自身运营能力丧失而崩溃的企业比比皆是。业绩弄虚作假、破坏渠道关系、人事任人唯亲、扰乱市场秩序等行为，都可能导致企业运营能力丧失。这类行为可以说是广义的腐败，甚至是危害性更大的腐败。审计部门应从风险影响程度出发，通过增值型审计的理念与方法，有效应对相关风险。

渠道关联关系增值型审计

对于具有较知名品牌的厂家与产品，其经销商往往具有较好的盈利性，能较好地获得销售能力培训、销售策略指导，其代理权属于稀缺资源；同时，分支机构管理人员往往决定着经销商政策的数量、销售渠道资源的分配，这就决定经销商面对分支机构管理人员时往往处于被动与弱势地位。另外，经销商从事经营活动，其收益往往大于以工资为主要收益来源的分支机构管理人员，这种不平衡容易扭曲这些分支机构管理人员的心态，使其产生强行入股或侵夺经销权等腐败行为。

案例：优厚的政策背后

某公司审计部在政策平衡风险监测过程中，发现济南经销商政策出现异常变化，大多数经销商政策变得更差，而其中一个经销商政策却极其优厚，除了供价较其他经销商更低外，还有大量额外的人员和房租补贴以及特价机政策。审计部为了在风险环节形成闭环，进行了现场了解。当地分公司总经理解释，这一行为是为了集中力量与资源培育优质经销商，突破重点市场。审计人员虽认为这有其合理一面，从数据上看，这个经销商确实也增长较快。但从审计谨慎性原则出发，审计人员仍然访谈了相关经销商。对于重点扶持的经销商，审计人员未能感觉其在经营能力与思路上有突出之处，也没有特别的营销策略。带着疑问，审计人员又走访了其他经销商。利益受损的经销商愤怒地讲出一个事实："他（当地分公司总经理）入股了这家经销商，不仅政策大幅度倾斜，而且一些好地段的门店，盈利性好的家装、分销渠道，也强行划走。其扶持的经销商还利用特价机等政策优势，以更低的价格争夺市场，其快速增长抢夺的是我们的份额。"

审计人员约谈了济南分公司总经理，要求其对政策明显倾斜做出书面说明，对于不合理又无合理解释之处责令整改。同时，审计人员与分公司上级主管部门沟通，对经销商政策倾斜进行限制与监控，从制度与机制上做出有效保障。

对于销售政策明显的厚此薄彼，审计部门应予以足够的警惕，这些政策倾斜可能在经济领域，也可能在更隐蔽的业务领域，比如以下方面。

（1）产品限定，热销机型限定供给特定经营者。

（2）渠道限定，将优质渠道或分销渠道强行转移。

（3）网点限定，将优质门店强行转移。

（4）业务倾斜，将销售机构培训、业务支持、终端、服务等业务资源明显倾斜。

当然，审计部门要尽量避免将现象等同于结论的情况，出现风险迹象时需要对经营者的动机、结果等做出分析判断。在业务发展中，新业务试点、渠道运营方式不同，也有可能导致出现政策不一致的情况。只有明显不合理的政策倾斜才是审计针对的对象，而相关政策倾斜是否合理的判断，需要审计人员对业务本质深入了解才能得出。

案例：只有一卡的公司

某公司审计部在 2020 年度风险研判工作中发现，公司经销商数量在该年度大量减少，而一些新的大型经销商在全国各地大量出现。这些大型的经销商都有着发展快、政策极为优厚的特征。为了形成风险闭环，审计部与销售部进行沟通，得到"销售部允许各地分支机构把小的经销商转化为分销商，统一归一个大型经销商管理，以减少管理难度与资金风险"的信息，这被称为"归并商"。对于这一新业务策略，审计部抽取四川等分公司进行调研。审计人员通过走访新老经销商，发现了惊人的事实。某个一年销售额从零发展为 5 000 万元的经销商，其总经理从未出面，无经营场所，无经营团队。要货计划由分公司物流人员处理，财务记账由分公司财务人员处理，业务工作由分公司业务人员处理，并且，这个公司只有一张卡。四川分公司每年给予该卡账户 500 余万元的销售额度，没有一分钱能分流到真正的经销网点，所有经销商拿货得由这个经销商加价 20%。正常的经销商销售政策无法执行，拿货价格还大幅上涨，经销商个个苦不堪言，销售积极性与业绩都大受影响。分公司相关人员利用一张卡，每年获取 1 500 余万元的不当利益。

针对这一严重情况，审计部对全国"归并商"进行了专项大检查，发现大部分所谓"归并商"都是这种空壳利益"归并商"。审计部与公司高层汇报与沟通后，公司出台了禁止并清理空壳"归并商"的意见。

审计部门应有效跟踪新业务政策，本着不放过风险的精神，通过细致调研，把重大的系统性风险扼制在萌芽阶段，为企业提供增值型审计服务。

案例：审计部的坚固防线

　　某公司审计部接到一个来自某省份经销商的告别电话，这个经销商与公司有着十余年的合作，能力强、业绩好，现在提出离开很让人意外。审计部通过深入沟通了解到，经销商表示有极大与公司继续合作的意愿，但当地分公司经理自己成立了新公司要替代老的经销商，一方面承诺给予优厚的条件收购其公司，另一方面对于不愿退出的经销商开启打压模式。很多经销商股权已转移，虽然公司名字未变，但实际控制人很多已成为分公司经理。该经销商因为心有不甘，但又不确定审计部能否管理，所以以告别名义打电话试试。

　　审计部负责人听到这一信息，意识到问题的严重性。于是，审计部通过更广泛的调查，发现全国分公司普遍出现类似情况，时间同步、手法一致，绝非偶然，是典型的有组织系统性风险的情形。营销渠道对 2C 类公司具有极重要的战略意义，一旦被破坏或掌控，对公司造成的是灾难性后果。审计部虽没有切实证据，但基于事态严重性，马上向公司高层汇报，却得到了"不应该、不可能、没证据不能乱说"的"三不"回应。

　　审计部必须尽快找到切实的证据，但调查取证时遇到了极大的困难：相关人员不大可能把自己或直系亲属登记进股权关系，一般都有聘请的"操盘手"出任法人代表及负责具体的日常事务。而且这一行为也未触及国家法律，无法动用司法力量追查资金流向。为解决困难，审计部转换思路，排查相关人员的其他违法行为，落实了青岛分公司虚报广告费用的事实。过程中，审计部与法务部达成协议，若其交代侵占渠道事实，公司可以酌情处理。当事人对其排挤驱逐正常经销商、聘请公司原业务员出任新公司法人代表、资金通过其配偶亲戚转入个人账户等事实出具了书面说明。

　　相关证据呈报到公司高层后，公司高层大为震怒，要求全面清查类似情况，最终开除了部分高级干部。

　　因事件发生十个月后审计部才有所察觉，形成了系统性风险，审计部也受到了批评并进行了检讨。审计部虽然就各种费用、收入、资产都构建了健全有效的内控体系，但这次事件中其坚固防线未能起效。但审计部能敏锐地察觉变化，准确地判断风险程度并进行及时有效的处置，最终才能免于实质性的处分。

　　大多数的审计部门将资源与精力放在与资金、资产相关的领域，但当这些领域内控相对健全，难以进行腐败活动时，反而容易促使一些人"另辟蹊径"，审计部看似坚固的内控防线也能被绕过。审计部门应有增值型审计开阔的视野、开放的心态以有效应对日益变化的世界。

　　从以上案例来看，对于渠道关联关系的审计有发现难、取证难、处理难的特点。

　　（1）发现难。审计人员难以对巨大的经销商数量进行人工分析，复杂的渠道、多变的经营模式、客观的地域差异对大数据建模会造成诸多困难。

　　（2）取证难：对于关联关系取证，一方面很难取得直接证据，关联关系人不大可能以自己的名义注册公司，其复杂的社会关系和资金关系达到立案标准后，寻求公安力量的帮助才有可能解决。但想获取证据只能通过立案的方式，而立案得有切实证据才可以，取证的过程往往会陷入这样的死循环。另一方面，由于后续处理比较困难，审计部门对于投入资源进行调查也会考虑其成本，很难不惜一切代价去调查的。

　　（3）处理难：内部人的关联关系，比如管理人员成为经销商，并利用职权给予自己公司不合理费用。或采购人员自己成立公司，供给公司质次价高的产品，造成公司产生严重的损失，但在司法上很难构成职务侵占等刑事罪。这种首发收益高而风险小，公司对于这类腐败难以形成足够震慑。

　　基于内部关联关系调查的难点，可重点关注以下方面开展增值型审计。

　　（1）多元敏捷的信息来源。针对渠道关联关系发现难的问题，增值型审计有必要构建脱离财务与业务数据的更广泛信息来源，即建立良好的公共关系，与员工、经销商等合作伙伴紧密联系，通过高效投诉流程、回访机制与信息推送，形成思想统一、信息互通、合作共赢的联防共治的反腐体系。

　　（2）必要的制约。一般公司应通过制度，规范关联关系审计，避免陷入无法可依的局面。公司可建立管理干部利益申报制度，对于自己、亲属是否在经销商、供应商等相关方有股权、雇佣等关系进行申报，不申报或瞒报者可按公司制度予以辞退。这样公司在处理劳动关系争议时有可靠的制度保障，也能提醒相关管理干部重视关联关系审计。

对于经销权、合同政策等重要的业务权限也应尽可能建立相应标准，通过制度对经销商引入的资金、团队、从业经验等进行约定，合同政策尽可能统一，合同外的费用及补贴应有严格的审批程序。这样可以把权力装到制度的笼子里。

（3）责任机制。针对关联关系处理难的特点，应建立相应的责任机制。形成关联关系完整证据链难度与成本都极大，能有效处理的概率很低。所以应当在内控体系里健全责任机制，当出现明显存在关联关系征兆和违规行为时，就可以追究相关管理责任。比如违规引入经销商、违规清退合格经销商、大额费用使用与申报不符等行为都可以在制度中约定罚则。

压款压货增值型审计

营销往往属于强绩效业务单元，一定的业绩压力有助于激发营销人员潜力与创造力，使其化压力为动力，获得更好的销售业绩。但过于松散的控制与管理、过高的任务压力，往往引发销售业绩作假、追求短期利益、破坏渠道关系和健康市场环境的行为。

由于考核方式不断变化，业绩弄虚作假的方式也在不断演化。一些企业销售人员的业绩以发货开票为依据计算，这种方式容易导致业绩造假，出现舞弊的概率较高。常见舞弊方式为：销售人员做好一些关系较好客户的工作，虚构订单，待考核期一过再以各种理由退回货物。对于企业而言，一方面被骗取销售提成，另一方面因错误信息，可能造成大量的存货积压与货物流转产生的质量损失。很多企业为规避这一行为，又会规定以回款为依据计算销售人员业绩，业绩作假又会转化成压款压货。

简单来说，压款压货指厂家为了提高销量，想方设法迫使下游客户（经销商）下订单，往往造成下游客户库存大量积压的现象。

“压货”有一定的益处，主要有以下 3 点：

（1）旺季时，可以防止商品断货、缺货现象；

（2）可以挤占经销商的资金，打击其他竞争者；

（3）可以在一定条件下提高销量。

“压货”的坏处如下：

（1）造成经销商库存积压，透支未来，恶化经销商与厂家的关系；

（2）严重降低经销商资本收益率，占压流动资金，削弱其经营能力；

（3）降低毛利，直接蚕食厂家利润；

（4）厂家坏账增多；

（5）诱发窜货，破坏市场秩序；

（6）降低销售人员发展渠道、提升销售团队能力、提升营销策略的主观能动性。

“压货”其实就是厂家为了提高销量，让经销商过量进货；厂家销售人员为了完成业绩，也会想方设法迫使经销商购货。但逐利的经销商必然会向厂家提出很多条件，比如返利、折扣、促销等优惠政策。结果是厂家账面销量上去了，但利润会受到很大影响。

正常情况下，特别是在销售旺季，经销商适量的“压货”是有利的。由于“压货”的存在，商品货源充足，经销商为消耗库存，也会主推积压的商品。对于厂家来说，现金流有了保障，销量也上去了。这对双方来说就是个双赢的局面。

但让经销商过度“压货”，必然会造成大量商品积压，严重透支未来的销售，若后期经销商无钱再购买，甚至连门店、促销、工资等基本开支都受影响，就会间接影响厂家的持续经营。可以想像，如果后续还要让经销商“压货”，厂家给出的条件必然要比之前更丰厚才行，比如更多的折扣、礼品赠送、活动支持等。这样造成的结果是，厂家应收款增多、坏账概率加大、现金流萎缩、产品利润下降，经销商因库存积压怨声载道。而且随着我国市场环境的不断变化、电商的兴起，网购成了很多人的首选。随着零售渠道的多元化，营销、服务、物流、配送等服务职能的社会专业化分工，以及市场信息的公开透明化、产业的去中心化，"压货"未来会失去生存的土壤，销售模式转型是未来的趋势。

对于更为强势的品牌，可能要求经销售支付预付款，因销售人员为业绩考核往往会要求经销商支付超出正常经营需要的预付款，帮助其完成考核任务，就构成了压款，压款的产生原因与危害与压货一致。

案例："造反"的经销商

在 2018 年夏天，知名汽车品牌经销商集体"造反"了。其根本原因在于积压库存惊人，店方不堪重负。中汽协的信息显示，2018 年 7 月我国乘用车市场的库存达 120 万辆左右，同比增长 12%，是销量增速的 3~4 倍。可以说，"去库存"是一个全行业的问题。正常的库存比是 1，即一家 4S 店如果一个月能卖 50 台车，那其保有 50 辆库存是正常现象。当库存比超过 1.5 时，就说明该店有库存风险了。

2017 年某品牌国产和进口车的批发数据为 23 万辆，实际的零售数据为 20 万辆，有 3 万辆的账面库存。这样平均一家店有 90 多辆的库存，这对平均月销 40 台的某品牌经销商来说，库存比超过了 2。一些 Jeep 店最高库存比能达到 6，是行业预警线的 4 倍之多。这就意味着，如果一家 Jeep 店月销只有 50 台新车，经销商囤货的数量却是 300 台。这种高库存的态势下，4S 店的融资成本、财务成本、管理成本都会急剧上升，直接后果是资金周转不灵，为完成任务减少库存，不得不忍痛抛售。那么，盈利情况就会进入一个恶性循环。

2018 年某品牌在中国市场约有 350 家 4S 店，其中 80%~90% 的店都在亏损。平均一个店一个月就亏损 100 多万元，到年底只能拿到厂家 200 万元的返利，这样算下来至少每年亏 1 000 万元。一般的品牌 20% 左右的店亏钱是正常的，但如果大多数门店都亏钱，就会引发渠道动荡。

针对上述案例中的情况，审计部门可以与业务部门就压款压货的风险阈值达成共识。经销商相关投诉明显增加、监测的压款压货数据达到阈值、经销商盈利水平大幅下降、经销商流失率过高等风险指标呈现预警时，可能表明是压款压货导致的，审计部门应通过采取内控措施，会同业务、人力资源部门调整业绩，进行风险备案等。

窜货增值型审计

经销商或分公司跨过自身覆盖的销售区域或渠道，进行有意识的销售就是窜货。公司分支机构或中间商受利益驱动，把所经销的产品跨区域、跨渠道销售，造成市场倾轧、价格混乱，会严重影响公司声誉。

1. 窜货的危害

（1）跨区域低价窜货导致被窜货地区价格混乱，影响经销商利益和销售信心。一些区域投入多、门店形象好、服务好、广告品牌效果好，而其他区域销售能力差，产品就有可能低价窜到优势区域。如不能有效控制窜货现象，势必打击优势区域的积极性，不愿继续在广告、团队、终端、服务上投入，最后整个渠道的销售能力都会被破坏，只能拼价格，拼到大家都亏损，渠道也就崩溃了。

（2）以低价为特征的窜货会为假冒伪劣产品和来源不明的产品提供空间，破坏品牌形象，影响消费者的消费信心。被窜货的经销商大多会对外宣称外区域窜入的产品为假货，并拒绝提供安装、售后等服务，消费者怕上当，就有可能不再购买该品牌产品。一些恶性窜货，把部分假货与真货一同窜出，对品牌影响就更加大了。

（3）窜货会引起分销商之间相互报复，引发渠道冲突，殃及整个渠道体系。企业无法及时解决窜货问题，秩序长期无法恢复，可能让竞争对手趁机抢占市场，或干脆导致经销商倒戈，带着团队与渠道投奔竞争对手，对渠道造成严重破坏。

2. 窜货形成的主要原因

（1）区域价差。

我国市场极大，地区差异性也大，欠发达地区的消费水平与发达地区的消费水平就差距很大，往往造成欠发达地区的批发和零售价格都要低于发达地区，这些低价区域的经销商就可以窜货至高价区域，以获得更高的利润。

（2）销售任务过重。

经销商的利润很大程度上与年终返利挂钩，为了拿到返利，销售无法完成任务时，经销商可能会窜货。

（3）压货严重。

一些区域的厂家过度压货给经销商，经销商资金被占压，货物爆仓，当地又无法快速消耗存货时，也可能诱发经销商窜货。

（4）销售政策不平衡。

经销商或渠道之间政策有差异，供价低或费用较多的经销商可能利用政策优势在其他区域或渠道低价销售，以获得更大的市场规模。

这种情况在渠道窜货中更常见。随着电商的发展，电商店效、人效等均高于实体店，使得其在竞争时相较于线下渠道更具优势。电商经销商为扩大规模、获取更多利润，就有可能窜货至线下渠道。这种线上线下政策差异所产生的巨大利润空间也催生出拿货、运输、仓储、销售健全的，成体系的专业窜货团体。

（5）销售人员为达成业绩而窜货。

销售人员往往有巨大的业绩压力，为达成业绩可能默许甚至怂恿经销商窜货。

（6）销售人员为获得不当利益而窜货。

销售人员有可能通过窜货盗卖侵占货物或牟取政策差价。

案例：利用电视购物渠道窜货

某公司审计部在电商审计中发现，近两年新发展的电视购物渠道的政策极为优厚，相关经销商的批发价仅为零售渠道的一半。对于巨大政策差异的原因，电商业务负责人给出了新渠道要做初期投入、电视台扣点高两个解释；其同时出具了电视购物业务每年增长 200% 的业务报表，以佐证提供较好政策支持是成功的业务策略。

审计小组通过讨论，认为这一业务巨大的政策差异，极可能造成窜货风险。审计小组抽查了三个月的送货记录，发现大量货物发送到经销商仓库，这与电视购物消费习惯不符。审计人员进一步根据条码调取了相应安装记录，对消费者就购买场所、购买价格等内容进行电话回访，发现 70% 的消费者并非在电视购物渠道购买，购买价格也比较高。审计人员又与电视台对账，发现仅有约三分之一产品是通过电视台购物频道销售的。获取相关证据后，审计人员约谈了电视购物渠道的经销商，告知其公司会追究其商业欺诈的责任。在面临承担巨额赔偿的压力下，经销商讲出了事实：公司业务人员借用其名义以低价拿到产品，后通过专业窜货团伙批发到外地，每年可获利 100 余万元。

3. 窜货的审计方法

（1）查窜入区域或渠道。

大多数公司会采用条码防伪以防窜货，这样，审计窜货的方法是：在窜入区域购买相应产品，通过条码查出窜出方，再责令其回购和罚款。这种方法的优点是简单实用，但也有一些局限性。现很多产品窜货后条码都被破坏，难以寻源。另外，购买的方式注定只能有极少量样本，有时即便从重处罚也难以有效遏制。

（2）查窜出区域或渠道。

根据窜货形成的原因，对于政策、价格有明显优势的区域或渠道，审计部门应重点关注截止日前异常的销售订单，可以追踪相应订单的发货安装记录，确定是否在规定区域与渠道销售。这种方法的优点是从源头抓起，带动健全销售政策、绩效管理、价格管理内控，能批量处置窜货；缺点是无法应用于不需要送货安装，无法跟踪到终端消费的产品。

4. 窜货的内部控制

（1）选择好的经销商。

企业在制定、调整和执行招商策略时，要避免出现或增加窜货主体。企业合理制定并详细考察经销商的资信和职业操守，除了从经销商的规模、销售体系、发展历史考察外，还要考察经销商的品德和财务状况，防止有窜货记录的经销商混入销售渠道。审计部门可以在内控审计中促成营销部门建立健全经销商引入标准，定期检查分支机构引入是否合规。

（2）创造良好的销售环境。

企业应建立一套市场调查预测系统，通过准确的市场调研，收集尽可能多的市场信息，建立起市场信息数据库，然后通过合理的推算，估算出各个区域市场的未来进货量区间，制定出合理的任务量。审计部门可以建立大数据监测体系，一旦个别区域市场进货情况发生暴涨或暴跌，超出正常范围，就可以初步判定该市场存在问题，审计人员就可以马上对此做出反应。

（3）合理划分销售区域。

合理划分销售区域，保持每一个经销区域的经销商密度合理，防止整体竞争激烈引起窜货；保持经销区域布局合理，避免经销区域重合，部分区域竞争激烈而向其他区域窜货。对于因区域划分重合或过于密集，频繁产生窜货的分支机构，审计部门可以通过风险提示单等手段，提示风险、建议改进。

（4）制定完善的销售政策。

①完善价格政策。企业在制定价格政策时考虑不周，就会产生窜货的隐患。企业的价格政策不仅要考虑出厂价，而且要考虑一批出手价、二批出手价、终端出手价。每一级别的利润设置不可过高，也不可过低，过高容易引发降价竞争，造成窜货。

②提升销售能力。面对销售困难的局面，销售人员往往采用压货或降价促销的手段。而消化存货让经销商有窜货的主观意愿，较低的价格也为

窜货创造了客观条件，从长期来看对渠道健康发展有害而无利。有效执行企业战略，加强终端建设、团队能力建设，优化产品政策、促销策略，提升服务能力，虽然辛苦，但从长远看，对渠道和消费者有真正的意义，是发展的正确道路。审计部门应根据企业营销战略要求，检查营销策略及其制定的落地情况，避免唯业绩论，导致销售人员追求短期利益。

③完善专营权政策。审计部门应检查经销商合同中是否对跨区域销售问题有明确的规定，对窜货行为的惩罚是否量化。企业可选择下列模式：警告、扣除保证金、取消相应业务优惠政策、罚款、货源减量、停止供货、取消当年返利和取消经销权等。同时奖励举报窜货的经销商，调动大家防窜货积极性。

（5）建立监督管理体系。

企业为实现各部门配合防止窜货的发生，要形成售后、销售、财务、审计、法务等部门的信息互通与协作，也可以利用技术手段配合管理。利用技术手段配合管理的效果和目的如同在交通路口安装摄像头：通过销售服务分销管理、客户关系管理等系统，实时收集经销商的出入库、安装服务数据，帮助收集窜货证据。基于这种目的，采用条码技术对企业产品最小单位进行编码管理，把防伪、防窜货结合起来，便于对窜货做出准确判断和迅速反应。也可借助消费者力量，充分运用互联网＋技术，通过消费者在系统上的真伪识别，形成窜货预警平台，在矛盾激化前平息问题，保证整个销售体系的和谐。

飞单与售假增值型审计

飞单，是指业务人员把自己所在公司的客户订单，通过各种手段转移至别的公司或者竞争对手处生产，以谋求利益为目的的行为。业务人员利用本公司的资源和渠道拿到订单，通过飞单，在获取佣金之外，还赚取高额差价，但给公司造成了巨大的资源浪费和损失。飞单在很多行业普遍存在，例如二手房屋、车辆等中介行业，外贸行业、加工制造业、金融行业等。

1. 飞单与售假的危害

2011 年，华夏银行上海分行职员为获得高额佣金，引导前来购买理财产品的客户，购买华夏非银行出售的"北京中鼎投资中心"产品 1.19 亿元。2012 年，该项目管理方人去楼空，大量购买理财产品的客户无法兑付，涌向华夏银行门口，对华夏银行声誉和经营都产生了巨大的负面影响。

飞单往往还伴生售假。厦门某建材公司业务员，在 2013 年通过淘宝网购买 118 套假冒"JOMOO"注册商标的卫浴产品。而后，该业务员以公司的名义，将该批假冒卫浴产品，以 20 万元卖给了厦门市某装修工程有限公司，从中获利 15 万元。2015 年 12 月 24 日，经检察院提起公诉，厦门某建材公司因触犯销售假冒注册商标的商品罪，被罚 18 万元。而业务员因犯销售假冒注册商标的商品罪，被判处有期徒刑。这种伴生售假的飞单对公司的危害性很大，从案例上看，销售该商品虽是业务员的个人行为，但公司仍因触犯销售假冒注册商标的商品罪而受到处罚。

2. 飞单与售假的审计

为有效保障公司利益，降低风险，审计部门应该对飞单与售假风险进行必要关注，查处违规违法行为，协助业务部门建立健全相应的内部控制。

案例：盘盈背后的隐忧

某公司审计部在审计下属汽车 4S 店时，对配件仓库组织了盘点，发现较多零部件盘盈。虽进行了初步的追查，但库管与财务人员也说不出出现盘盈的原因。在组内进行例行沟通时，审计组对盘盈情况进行了讨论。大多数审计人员认为盘盈对公司没有损失，应该是好事，没必要进行追查。但更有经验的审计组长却认为，不可能有无缘无故多出这么多配件的好事，提出坚持进一步调查的意见，并认为公司存在维修工单造假和飞单的风险，需要排查。另一名审计人员提出，如果出现飞单，那维修率应该比较低，但检查来看，这个 4S 店各类车的总体维修率与公司总体数据是近似的，飞单可能性比较低，没必要为盘盈浪费审计资源。审计组长拿出两个同规格又有细小差别的配件，认为风险不应轻易放过。经过激烈的讨论，审计组达成共识，封存了部分高价值的配件送检。经检验，送检的配件中，有较大比例是"副厂件"，即假冒品牌零部件。审计组又根据销售台账和维修明细对部分车主进行回访，发现一些发生了的维修在维修明细里没有；一些维修明细里有的，在回访车主时，车主却反映没有。对这一情况，4S 店解释是原来分管维修与配件账的员工水平差，记账混乱；至于假冒的零部件，可能是维修时换下的，混在了配件里。他们还表示自己也发现了问题，几个月前已经辞退了相关维修管理员，好在维修总量他们是管控住的，不会有大问题；至于明细方面，他们也没有整理清楚，非常感谢审计组帮助发现问题，表示一定认真整改。至此审计组内又发生了分歧：审计人员认为有了一定的审计成果，对方认错态度也比较好，可以下结论了；而审计组长认为，大量维修订单把时间、客户、维修内容全部记错是不符合常理的，业务部门的意见可以参考，但不能作为审计的有效证据。由于维修工单金额小，数量大，取证又麻烦，审计人员中出现不少畏难情绪。审计组长认真分析了案情，认为虽然虚增的单据与未录入的单据总量差不多，但其数量与金额都很大，不能轻易放过。而且习惯长期在 4S 店维修的车主，车上不大可能换下这么多副厂件，封样配件也不像用过甚至报废的状况。

经审计组长布置任务，审计组对有差异的维修订单与回访记录进行了分析，发现：明细账上有记录，客户反映没有的，都是保内维修单；而客户反映有，明细账上没有记录的，都是保外单。审计组长这时恍然大悟：保内单是免费保养与维修的，虚构保内单可以骗取工时费和配件；在保外车主维修时，就用骗取的配件飞单，至于配件库的副厂件，是因为部分维修的零部件不属于保内范围，就只能外购副厂件。

审计组对车主开展上门取证，并对 4S 店总经理、财务人员、维修主管分别面谈，面对维修单与调查表，违纪人员终于交代了犯罪事实：在两年时间里，虚构保内维修单，骗取工费与配件 120 余万元，飞单维修费 460 余万元。

从以上案例可以看出，飞单的审计难度比较大。一般来讲，审计对象具有内源性，比如成本费用。公司花了钱与资源，通常有合同、发票、询价记录、报价单等证明材料和管理痕迹，对这些内源性对象的审计是有迹可循的，可以顺藤摸瓜。对于侵占行为，只要用心查，基本都能查明事实。但飞单、关联关系都属于外源性审计对象，飞单的货与款在企业的管理系统内没有痕迹，其审计具有发现难、取证难的特点。

对于飞单等外源性对象的审计，审计人员要有高度的风险敏感性，这种敏感性来自三个方面：常识、逻辑、责任感。

（1）常识。

常识来自对业务与人性的深刻理解。案例中审计组长如果没有对副厂件、飞单、保内维修与保外维修的政策等业务常识有所了解，如果没有对人不可能毫无根据地记错客户、维修内容等维修记录等违反常理行为的敏感，就很难做出准确的判断。

（2）逻辑。

审计本质上就是逻辑学的延展，而逻辑的本质就是因果规律。审计人员在工作中，要善于归纳与演绎逻辑。

归纳逻辑要以一系列经验判断或知识储备为依据，寻找事物遵循的基本规律，从而将规律作为预测同类其他事物的基本原理的一种认知方法。有了归纳逻辑，审计人员所了解的信息与知识才能真正成为常识。

而演绎逻辑则要能将基本规律放到具体业务场景中，加以变化与变通。比如飞单通常会导致维修率下降，这是常识，但在一些具体业务场景中就可能有变化。审计组长通过进一步扩大信息范围，降低关键信息的颗粒度，并推导出了保内维修、保外维修互冲这样新的逻辑就是演绎逻辑。

（3）责任感。

在没有爆发例如金融飞单违约、制假售假产生重大安全事故时，飞单等外源性腐败呈现的线索往往既小又零星。比如盘盈几个配件、接到几个顾客投诉，看起来对公司没太大伤害，但查实却很麻烦。所以审计人员容易放弃这些线索，而这些小线索背后却可能隐藏着大风险。

是否存在风险，很大程度上取决于逻辑是否自洽。对于逻辑不自洽的事物，审计人员应有严谨的审计习惯。4S 店对于盘盈与副厂件、维修单据异常的解释虽然看似有条理，但细究起来逻辑都不自洽。但对困难的畏惧、对冲突的厌恶可能让审计人员缺乏否定的勇气。

3. 飞单与售假的内部控制

飞单与售假的内部控制可以从加强重点数据监测、健全责任机制、加强员工思想教育这三个方面考虑。

（1）加强重点数据监测。

飞单虽然隐蔽，但不同行业会有一些数据与特征反映存在飞单风险。比如银行理财产品的飞单，非法集资、私售理财产品等异常行为，都需要把不同的资金来源汇集到一处。通过关注是否存在一定时间内大量不同人员的资金转入同一账户的情况，即能有效排查是否存在飞单。

比如零售渠道，单店产出率、人均产出率出现明显下降，可能表明存在飞单；又如维修费用，保内维修率、保外维修率等指标出现异常，也可能是产生了飞单。

另外对于投诉，审计部门也应进行有效管理闭环，对于顾客与经销商反馈的质量问题、飞单问题，要判断是否有系统性飞单及其风险。

（2）健全责任机制。

飞单有可能是经营单位一把手组织的系统性飞单，也有可能是一些员工的个人行为，但不管是默许还是失察，公司都应加大对经营单位管理者的问责力度，促使经营单位管理者切实履行好内控第一道防线的责任。

（3）加强员工思想教育。

审计部门在处理案件中，往往发现员工对飞单是否违法并无概念，甚至认为只要没拿公司的钱，做自己的生意公司管不着。对于这些错误的思想，审计部门应会同业务、人力资源部门做好员工思想教育工作。

①参与飞单的员工违反《劳动合同法》的相关规定，用人单位可以解除劳动合同并追究员工的违约责任。《劳动合同法》第三十九条规定，劳

动者有下列情形之一的，用人单位可以解除劳动合同：严重违反用人单位的规章制度的；严重失职，营私舞弊，给用人单位造成重大损害的。

②接受飞单的第三人可能涉嫌不正当竞争。《反不正当竞争法》第九条规定，第三人明知或者应知商业秘密权利人的员工、前员工或者其他单位、个人实施本条第一款所列违法行为，仍获取、披露、使用或者允许他人使用该商业秘密的，视为侵犯商业秘密。第二十一条规定，经营者以及其他自然人、法人和非法人组织违反本法第九条规定侵犯商业秘密的，由监督检查部门责令停止违法行为，处十万元以上一百万元以下的罚款；情节严重的，处五十万元以上五百万元以下的罚款。

③如果情节严重，可能涉嫌侵犯商业秘密罪。《刑法》第二百一十九条规定，有下列侵犯商业秘密行为之一，情节严重的，处三年以下有期徒刑，并处或单处罚金；情节特别严重的，处三年以上十年以下有期徒刑，并处罚金：a.以盗窃、贿赂、欺诈、胁迫、电子侵入或者其他不正当手段获取权利人的商业秘密的；b.违反保密义务或者违反权利人有关保守商业秘密的要求，披露、使用或者允许他人使用其所掌握的商业秘密的。

企业可以利用以下侵犯商业秘密典型案例对员工进行培训，以纠正一些员工不正确的认识。

案例：飞单之罪 1

嫌疑人许某在甲公司担任外贸业务员期间，利用管理及经手甲公司在阿里巴巴、中国制造网等网络交易平台及相关企业邮箱的便利，非法获取上述网络平台、企业邮箱的外商客户信息，私下做飞单业务，构成侵犯商业秘密罪。

案例：飞单之罪 2

张某某等 5 名嫌疑人先后进入某电子器件有限公司工作，后张某某准备离职，在离职前会同其他几名嫌疑人商议，共同成立一家电子有限公司经营同类业务。其中有 3 名嫌疑人继续在原电子器件有限公司上班，并将该公司的外贸订单提供给新成立的公司经营获利，新成立的公司经营获利人民币约 80 万元，构成侵犯商业秘密罪。

案例：飞单之罪 3

嫌疑人刘某某在某公司担任公司业务员期间，违反公司关于严禁泄露客户信息的保密规定，利用手中掌握的客户信息、产品信息等经营信息，采取向该公司客户谎称该公司产品没有竞争力、其朋友工厂产品价格较低等，致使该公司的客户向其所介绍的其他公司下订单。嫌疑人通过这种方式获利 130 余万元，构成侵犯商业秘密罪。

第 6 章

增值型内部控制方法

内部控制向下延伸，管理标准向上靠拢。

——刘红生

6.1 / 增值型内部控制的特点

　　以互联网、大数据、人工智能为代表的第四次工业革命，改善了人类的生存生活质量的同时，极大地推动了人类社会经济、政治、文化领域的变革，人类生活方式和思维方式也发生了重大的变化。与之对应的管理理论也在发生深刻变化，这种变化不仅存在于腾讯、谷歌、阿里巴巴等互联网企业，也深刻地影响着传统企业。拥抱变化的传统企业扬弃了传统管理理论，正在形成新的管理思维与理念并取得极大成功。比如在家电行业、5G、无人机等领域，国内新兴企业在新理论、新理念的指引下，在国际竞争中处于领先地位。

　　大工业时代管理理论与互联网时代管理理论有着极大的不同，其对比见表 6-1。

表 6-1　大工业时代管理理论与互联网时代管理理论对比

维度	大工业时代管理理论	互联网时代管理理论
目标愿景	以企业／组织为中心	以顾客／员工为中心
生产方式	大规模制造	大规模定制化产品和服务
理论基础	法约尔一般管理理论	混沌理论
组织结构	金字塔式	动态多维网状结构／自组织化
运营绩效	收益率	卓越绩效模型
控制基础	动态平衡（变化慢）	动态不平衡（变化快）
决策	集中度高／转为间接的方式	通过大数据／转为直接的方式

从实践效果来看，互联网时代管理理论优势明显，将替代大工业时代管理理论。然而，我国乃至世界审计与内部控制理念大多仍与大工业时代管理理论配套，在应对新兴经济、新风险时明显力不从心，其控制理念与方式都有进一步向增值型发展的必要。增值型内部控制与传统内部控制在理念和方法上都存在差异。

内部控制理念

传统内部控制与发展的不可兼容性越来越值得商榷。传统内部控制理念中，控制与发展更倾向于对立：控制就一定会制约发展，要控制风险就一定要牺牲发展速度，要发展就要放开控制、承受风险。但随着控制技术的提高，这一认识也在被打破。高铁以每小时 350 千米的速度运行，但总体的安全性很高。那是因为高铁除了强大的动力系统外，还有一套严密高效的控制与安全系统，能让其又快又安全。高铁每 100 千米就有约 3 000 个监测或控制点，乘客并未感知到它们对列车运行的影响。这些控制系统不仅没有限制车组的速度，反而是速度的保障。

增值型内部控制的根本目的是为组织高速健康发展服务，不断提升内部控制水平，做出类似高铁这样不仅不阻碍发展速度，反而有足够的风控能力的内部控制系统。

内部控制方法

传统内部控制多以控制活动为主体，应用审批授权、职责分离、实物控制、财务与信息控制等手段确保管理层的指令得以执行。

以采购为例，其内部控制通常表现为：价格、供应商的授权与审批，订单、开发、价格评估的职责分离，到货质检与验收，财务复核与会计记录。几乎所有规范的企业都是按照这样的内部控制逻辑设计相关内部控制的，但又有多少能真正做到采购物美价廉的商品呢？为应对审批，采购人员可以让决策人员在质高价高、质次价低和他想引进的供应商中做选择，此时决策人员很可能按照采购人员预想的那样做选择。职责分离也可能失效。至于让财务人员监督复核采购工作，又容易出现外行管理内行的情况。

而真正采购管得好的企业，往往是供应商关系良好、采购绩效与薪酬机制合理、责任机制清晰、企业文化健康有效的企业。要实现这样的采购，良好的控制环境是决定性的。比如供应商关系不是买卖关系，而是长期战略合作关系，双方高层信息互通，困难互助，共谋发展，采购就没有寻租空间。清晰准确的绩效要求，会提升采购人员对降本、提质、提效的积极性，压缩舞弊的空间。给采购人员与其贡献相匹配的薪酬与奖金，让其过上有尊严的生活，是减少其腐败欲望的重要前提。有力高效的责任机制，可以让工作突出、廉洁的人能得到肯定与奖励，让工作结果与风险控制效果差的人受到批评与处罚，这样才能让大多数采购人员工作立场一致。

建立起公司级的监督监测系统，可以及时发现异常。比如监测同类产品与竞品的成本差异、核心零部件的社会平均价格水平、大宗物资价格波动、交付及时率、上线不良率等关键数据，将其作为风险的预警指标，有助于及时发现与应对风险，同时也可以将其作为制定采购绩效指标的依据。有效的业务监督可以高效地控制采购风险，而审计可以作为补充监督手段。独立的审计监察可以从风险结果出发，感知风险的变化、发现内部控制系统的缺陷。

增值型内部控制方法更注重系统性、时效性、兼容性。

1. 系统性

传统的内部控制方法强调控制活动的作用，对其他控制要素重视不足，容易产生诸多问题。

（1）有章不循、屡禁不止。

（2）屡审屡犯、自行其是。

（3）头痛医头、忙于救火。

（4）千疮百孔、补东漏西。

有章不循、屡禁不止有可能是控制环境中的价值观问题，屡审屡犯、自行其是则可能是控制环境中的责任机制不健全导致，头痛医头、忙于救火则很可能是内部控制的风险评估、监测体系出了问题，最终的结果就是千疮百孔、补东漏西，而这些都不是局部的控制活动能解决的。

2. 时效性

传统内部控制方法下，信息传递慢、决策慢、风险应对迟钝的问题在新经济环境下愈加突出。传统内部控制方法为控制风险，突出牵制与审批的作用，把分权和决策权上移来控制风险。这在过去变化少、信息量小、对效率容忍度大的情况下有一定的可行性。而在新经济环境下，技术变化快、市场环境变化快、信息量巨大、对效率要求高，就容易出现了解情况的做不了决策，做得了决策的不了解情况的问题，信息失真又低效。这是很多业务部门抵制内部控制的重要原因。

3. 兼容性

不少新兴现代企业曾尝试用传统的方法构建内部控制体系，建立配套的流程、制度，但往往效果很差。这是受制于新经济体制企业大、快、新的特点所致。这些企业无论是规模扩张还是业务发展，都很快，很多管理与业务模式还是前所未有的新局面，内部控制管理部门很难在短时间内完全理解这些变化。体量大、变化快、事物新与内部控制管理能力的矛盾不断突显，往往流程和制度还没建起来就已过时。而且这些流程和制度与业务发展适配性往往比较差，业务部门对来自职能管理部门的流程和制度往往比较排斥，容易钻制度漏洞。制定制度的是一个部门，执行的又是另一个部门，那么执行这些制度出了事故谁来担责，也是个难以解决的问题。可见，寻求适应现代企业的增值型内部控制理论与方法已是当务之急。

随着增值型审计的发展，审计部门的工作日渐深入业务，业务发展与风险管控的矛盾也日益显现。与财经领域是否遵守财经纪律、是否贪污腐败这些非黑即白的问题不同，业务领域的内部控制会有更多的纠结与取舍。

案例：重大风险要管好

某家电公司有着快速发展的零售渠道，至 2020 年已有 100 余家销售分公司，但这一庞大的渠道正在陷入混乱。因为疫情影响与房地产市场的下滑，销售人员的工作不像以前那样轻松，而公司又有严格的考核制度，达不成销售任务收入会大幅减少甚至面临降级的处罚。面对业绩压力，很多销售经理的工作开始"变形"。

审计人员在例行工作中，收到从数据到投诉的各种预警信号。陕西、福建、四川、山西等地的销售人员为达成销售目标，拼命向经销商压货，经销商把房抵押、借高利贷去帮助销售人员完成任务。等这些经销商资金消耗完了，销售人员在考核压力下又断然取消其代理权，再去寻求资金充裕的客户接管市场，并继续为其打款完成任务。而这些新引入的客户没有行业经验，很快陷入经营困境，然后退出。如此循环往复，公司的品牌形象在这些地区大受影响，一些区域甚至出现无人接盘的状况。福建的经销商因压货借了大量的高利贷而无法偿还，下落不明。大量交了预付款又没有拿到货的消费者堵了分公司的门，在消费群体里，公司形象大损。

在多个省份，销售经理为完成销售任务，对窜货、KA 价格放任不管，市场秩序极度混乱。销售经理向经销商大量压货，压到经销商仓库爆满后，又帮忙租仓库继续压，压尽经销商资金还是没能完成任务。这些经销商货压了一仓库，运营资金全被占用，连工资也发不出，想要回笼资金，但如此低的市场价格是卖一台亏一台，很快就陷入了绝境。

审计部的员工天天面临经销商的投诉，乃至哭诉，感觉到了问题的严重性。零售经销渠道贡献了公司 70% 的销量，优质的经销商和终端门店、良好的市场管理能力、良好的品牌形象都是公司营销的核心经营能力，而这些竭泽而渔、杀鸡取卵的做法正对其造成永久性伤害。这样的风险破坏性强、波及范围广，是典型的系统性风险，不及时管控会对公司造成毁灭性打击。面对这样的情况，审计人员有深深的困惑感与无力感，对该不该管有困惑，对别人服不服管没底气，对怎么管没方案。

审计人员在审计过程中曾与一些销售经理就压货、市场秩序管理、引入不胜任经销商等问题进行讨论。一些销售经理争论不过，干脆就用恶劣的语言说："我知道我是乱作为，但我乱作为导致市场混乱，要两三年后才会出问题，到时我调走了，又不用我担责。即便没办法调走，也是两三年后出事，总比我现在就出事好。所以，我会坚持乱作为。"

审计人员与业务部门就相关制度沟通仍然谈不拢，业务部门表示放权是必要的，考核也是必要的，分公司有任务，销售部门也有任务，坚持要把完成任务放到第一位。审计人员在向公司高层反映问题时，高层也提出 3 个问题："该不该干涉业务部门自主权？事情有这么严重吗？你们有什么方案吗？"

随着处理的延宕，情况越来越糟。开始还有一些销售管理人员坚持原则，维护市场，但这样的销售管理人员要么被考核淘汰，要么也开始胡作非为。因为"劣币驱逐良币"，组织氛围进一步恶化，风险的范围极速加大、影响程度极速加重。

面对这一情况，审计部认为通过审计的办法一味地反映风险、规范制度已根本不可能解决问题，必须尽快地通过内部控制有效控制风险。

对于该不该管的问题，审计部通过内部讨论认为，内部控制要控制的就是风险，而影响公司战略达成、公司运营质量与效率的问题，应从内部控制角度解决，不能局限于财务领域。但这只是审计部的想法，如何让业务部门与高层引起重视才是根本。光讲道理不行，审计部选取了青岛、呼和浩特等已经产生严重后果的区域进行专项调研，把销售渠道崩溃、业绩严重下滑的严重后果清晰呈现给业务部门与高层，达成确实已产生重大风险的共识。至于该业务部门管还是审计部管的问题，审计部认为，风险管理与控制方面，业务部门是第一责任人，当然应该业务部门管。但审计部作为监督部门，也有责任监督业务部门做好风险闭环。

对于该怎么管的问题，业务部门有了风险闭环的压力，自然会听取审计部的意见。审计部认为，要把经销商引入、退出标准、价格政策等制度化，通过这些关键控制活动的规范化，把权力装进制度的笼子里，让管理部门与审计部对风险管理的检查有法可依。

但审计认为做好渠道风险内部控制的关键并不在控制活动的设计上。这些控制活动的设计不难，但阻力关、监督关、改善关这三大关才是真正的难点。销售人员有 1 万多人，审计人员只有十几个，销售人员都抵制审计怎么办？公司又怎么办？这些人不服管，法不责众又怎么办？上百个分公司、三千多个经销商、五千个 KA 门店，怎么查、怎么发现问题是真正的考验。

由于内部控制长期失序，乱作为的销售经理占了大多数，这些人抱团反抗或阳奉阴违，很可能导致法不责众。针对这一情况，审计部启用了公共关系平台，开始做资深、有能力的销售经理们的工作，表达以下四个观点。

（1）公司前期没有一个好的绩效机制，为了好的业绩，将大家逼得太紧，导致一些人做出不当行为。现在公司对以前的不当行为不予追究。

（2）这些销售经理长期随公司成长，对公司长期稳定发展对其是有利的。

（3）这些销售经理擅长营销、擅长管理，但不擅长作弊，不应在其不擅长的领域去跟人竞争。

（4）公司这次有决心解决问题。

审计部又把公司新拟定的制度与政策在公共关系平台上推送给经销商。作为受害者，经销商对这些新政策自然拥护支持。这样在销售系统内，审计部的观点逐渐获得认同。

阻力关解决了，还需解决监督关。若发现不了业绩作弊与乱作为，整个内部控制就是稻草人而已。审计部门在执行查检中遇到很大的困难，因为公司在全国有 100 余家销售分公司，根据各地消费水平，各地价格体系都不一样，且每个渠道也有差异，费用化的降价蓝卡、红卡、积分卡不仅多，变化还快。因为是 2C 业务，订单量每年有 600 万笔之多，只能由促销员录入系统，促销员为逃避检查又往往录入不实。种种实际情况表明，在业务规则不做出重大变化的情况下，很难通过信息系统有效监督与管控价格。

审计部为有效监测相关数据，需要每年到分支机构进行数据清洗，并按照各地的价格制度检查执行情况。每年审计部花费中介机构费多达百万元以上，但仍存在时效性不够的问题。审计部一年查一次，往往是今年审去年状况，等到年底汇报时，内容已经是两年前的了，审计结果的应用也很受局限。

为了解决成本与时效的问题，审计部将价格风险监测纳入公共关系平台，因为公司直销的渠道价格出问题，影响最大、最关心的问题是经销商群体。审计部在全国 100 余个分支机构设立了 300 余个风险监测点，每过三个月审计部通过电子调查问卷对价格秩序及其他审计与经销商共同关切的风险进行调查。通过实践检验，这一途径反馈信息的准确性很高，能很快从众多分机构中发现出问题的分公司。开始审计部只查有问题的分公司，到后面大多就直接发风险提示单要求自查自纠，成本、时效性、有效性都得到极大提高。一份调查问卷直接成本 0.1 元，每年发 1 000 份也就 100 元，跟原来 100 万元以上相比，支出大大缩减了。监测周期从过去的一到两年压缩到三个月，一些重点分公司可以做到 1 个月，时效性大大增强。有了监测与及时反映、畅通的沟通机制，分支机构发现自己一乱，很快就会被发现，且产生不利影响，也就有所约束。价格秩序混乱的局面在采用公共关系平台的新方法下，在一年内迅速得到控制，达到了双盈的局面：审计部省了成本，经销商看到了期望的结果。

阻力关、监督关解决了，还需解决改善关。审计部是能发现问题，发现了又怎么办呢？处罚、罚款？如果任务不达标，会影响销售经理的收入，罚多少合适？如果考核不达标，销售经理就会被淘汰，什么样的处罚会比开除他们更有效？如果唯业绩论的用人标准不变，乱作为的人被不断提拔到重要岗位，对组织环境的破坏到底有多大？

在责任机制方面，可以利用严厉的制度起到遏制作用。但审计部在责任机制设计上却反其道而行，运用了轻、软、少三字原则。因为可预见，新制度刚出台时，触犯的人不会在少数，处理时人数多，处理又重，制度就很难执行下去。审计部根据公司现有制度与业务人员心理，与营销、人力资源部门协同，修订了三个制度：《离调任审计制度》《营销分支机构考核制度》《关键岗位风险履历制度》。所有销售经理离调任时都必须接受离调任审计。审计部对销售经理运营风险进行全面评估，对于破坏渠道、压货挖坑等不当行为，一方面记入其风险履历，在其升职评优时作为参考；另一方面，因不当行为产生的业绩，不计入其考核数据。这样虽然看起来责任机制又轻又软，但销售经理不当行为的最大动机被有效遏制了。轻而软的责任机制适合大范围应用，几乎每个销售经理都在这个责任体系之内，抓住责任人重点关切，从长期来看其效果往往比严厉的制度要好。当然对于情节恶劣、不顾后果的行为，可以通过问责、处分等强力阻止手段加以打击。但打击范围通常在 5%~10%，否则起不到团结大多数人，打击一小部分人的目的，会给执法带来过大的阻力。

上述措施在实施 6 个月之后，原来极大的渠道风险基本被控制住了，经销商流失率从 35% 下降到 12%，亏损经销商率从 67% 下降到 17%，压货指数从 2.8 下降到 1.5。

从以上案例中可以看到，如果仍然按照传统内部控制中简单不准这样或那样做法，必然有一些传统痛点：

（1）业务部门不配合；

（2）领导不重视；

（3）违反制度处理不下去；

（4）审计力量薄弱查不过来，查了也没人理。

但应用增值型内部控制的理念与方法，通过文化、机制与更先进的信息技术，不仅能有效控制风险，还能为业务的发展起到保驾护航的作用。有效的增值型内部控制体系绝不是有针对具体风险的控制设计与执行就能建立的，它至少应该包括良好的控制环境、风险评估、针对具体风险的控制活动、风险监测与响应机制四个方面，这样才能系统、高效地帮助组织防范与控制风险。系统有效的增值型内部控制，往往能解决传统内部控制难以驾驭的风险。

6.2

找到并应对风险

内部控制的一个重要前期工作就是风险评估，这里讲的风险评估更多是指风险发生前或正在发生时对损失的数量与概率的估计。

风险与风险识别

有关风险与风险识别主要有两种观点。

传统观点认为，可能给企业造成损失的因素就是风险，可以从企业业务流程入手，以内部控制规范为标准，从下往上评估流程在控制上的不足与缺陷。

增值型内部控制认为，所有阻碍公司战略达成的因素都是风险，必须以战略为出发点，以业务逻辑和风险结果为基准，从上而下地评估战略达成风险。风险分为战略风险、法律风险、运营风险。内部控制通常只涵盖运营风险，战略风险与法律风险需在全面风险管理中加以控制。

这两种观点格局不同，切入点不同，识别风险的路径也不同。

在格局与切入点上，传统观点更偏向于财经领域、经济腐败治理。一些企业初创时期内部控制薄弱，资金管不好、货管不住、费用乱报销，贪污与侵占通过审计与内部控制能很快被遏制。但几年治理下来，基础内部控制健全了，腐败行为也杜绝了，很多审计部就又陷入迷茫之中：一方面找不到事做，另一方面看到一些问题又不知该不该管、该怎么管。而增值型内部控制的格局与切入点是战略，腐败是让人极其厌恶的行为，但平心而论，无论何时，大量失败的企业有几个是纯粹因为经济腐败造成的呢？企业失败大多是因为战略错误、干部滥用职权、失职渎职引起的运营能力丧失、资金链断裂。所以增值型内部控制的应用范围更广，当遇到诸如上一节案例产生的渠道风险时，审计才有介入这类运营风险的理论依据。

在风险识别路径上，若从流程入手，简单易上手，但越到后面，风险的识别与解决越困难。根据流程梳理内部控制风险往往有点无面，很难将风险和公司战略联系起来，推进改善也难以有整体的规划，很难获得高层对风险管理在认识和资源上的支持。而从战略入手，梳理出可能影响战略达成的风险，层次分明、重点突出，容易获得高层的同理心与支持。

运营风险的识别

1. 运营风险识别工具

运营风险的主要识别方法，见图 6-1。

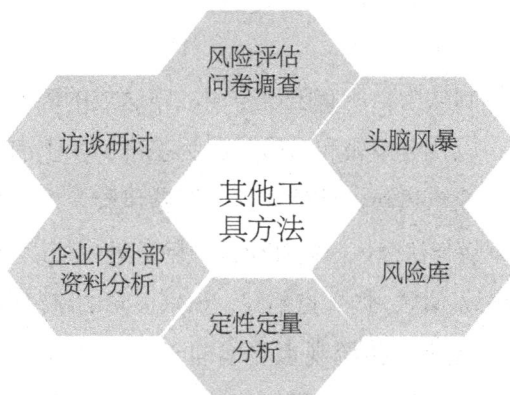

图 6-1　运营风险的主要识别方法

在识别风险时，通常会综合使用多种方法。比如针对第一节案例中的渠道风险，可先在风险访谈调研中感知渠道风险已趋严重，再通过问卷调查判断全国总体情况与分布，然后通过内部头脑风暴讨论其危害大小、发生概率、处理策略等内容；通过风险库汇总记录风险频次、分布、影响大小、风险产生原因与表象、相关数据与信息等内容，通过定性定量分析监测总体变化趋势，识别不同区域风险的严重程度。

2. 运营风险识别三大误区

（1）评估对象错误。

很多公司在识别运营风险、定义风险时往往存在困惑。比如第一节的渠道风险案例中，会派生出很多风险，如经销商经营失败会产生坏账、可能引起消费者群体的负面事件、可能产生诉讼。这些都是最直接、最激烈的风险表现，那为什么不定义为坏账风险、法律风险、品牌风险，而要定义为渠道风险呢？这时需要把握因与果、本质与现象的区别，只有抓住风险本质才能有效应对风险。诉讼、坏账、负面舆情都是渠道风险衍生出来的，处理好这些虽有必要，但"治标不治本"，风险难以彻底消除。定义好风险有利于抓住风险本质，更有效地设立控制活动加以管理。

（2）破窗效应。

在风险领域有两个常用词，"灰犀牛"与"黑天鹅"。

"灰犀牛"比喻大概率且影响巨大的潜在危机，这个危机有发生变化或改变的可能，是可预测的事件。

"黑天鹅"比喻出乎意料的小概率高风险事件，一旦发生，影响足以颠覆以往任何经验，具有不可预测性。

"黑天鹅"可怕，是因为它不可预测、不可控制。而"灰犀牛"的可怕之处在于，本可以避免，却依旧来袭。相对于"黑天鹅"的"非常难以预测且不寻常"，"灰犀牛"恰恰是由于"太过于常见以至于人们司空见惯、习以为常"而往往导致人们掉以轻心。

审计人员在做风险识别时要特别注意灰犀牛式风险的识别。这些风险长期存在企业周围，以至于大家忽视、漠视和不以为然，但最后往往给企业致命一击。比如第一节的案例就是典型的"灰犀牛"。压货、低价促销、压任务、压迫经销商在营销领域是长期存在的风险，大家都习以为常。而当风险不断累积已至渠道濒于崩溃边缘时，管理部门、公司高层仍然没有感觉。

一幢有少许破窗的建筑，如果那些破窗不被修理好，可能会有破坏者破坏更多的窗户；一面墙如果有一处涂鸦没有被清洗掉，很快墙上就布满了乱七八糟、不堪入目的东西；一条人行道有些许纸屑，不久后就会有更多的垃圾。这个现象，就是犯罪心理学中的破窗效应。

在风险识别中要敢于对一些"习惯"说不。

（3）静态心理。

风险是变化的，今天的小风险明天可能变成大风险。现在没有风险，并不代表未来不会有风险。比如消费者个人信息保护，以前没人在意，而"滴滴出行"就引起巨大的负面影响。审计人员在做风险识别时不能以静态心理看待风险，要定期全面梳理企业风险。

风险定级与风险矩阵

企业经营中必然会遇到许多风险，企业不可能对其均加以关注与管理，只能重点应对重要的风险，从众多风险中选取重要风险进行有效管理。从风险的影响程度和发生概率两个维度来考虑风险就形成了风险矩阵。

评估风险的影响程度，考虑因素包括但不限于：

（1）对企业造成的财务错误金额大小；

（2）对企业造成的资产损失大小；

（3）对企业造成的声誉损失大小；

（4）对企业的影响范围大小；

（5）对企业战略实现的影响大小；

（6）对企业经营效率效果影响大小。

评估风险发生的可能性，考虑因素包括但不限于：

（1）涉及流程的复杂程度；

（2）涉及流程的关键人员主观判断程度；

（3）涉及流程出现串通舞弊的可能性。

某公司工程建设部风险矩阵，见图 6-2。

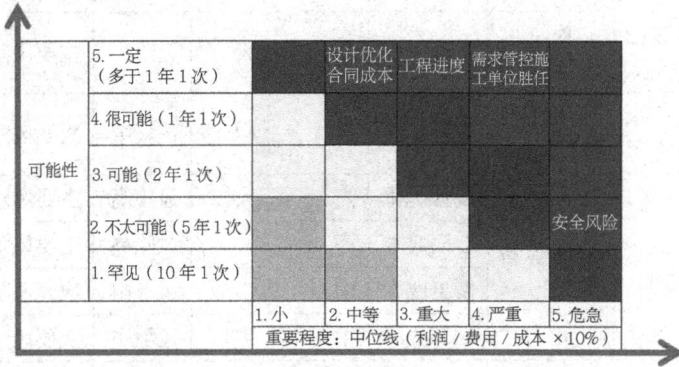

图 6-2　某公司工程建设部风险矩阵

风险地图

企业可以根据战略逐次将风险分解为多个级别，直至无法再行拆分为止，将各级风险、重要程度与风险应对办法填入表格就构成了风险地图。

风险地图是整个内部控制的指导，哪里有风险、什么风险要优先解决，都在风险地图中呈现。

某公司基建业务风险地图，见表 6-2。

表 6-2　某公司基建业务风险地图

一级风险	二级风险	三级风险	四级风险	重要性	影响程度	评估结果	风险等级	风险应对
品质风险	基建品质风险	设计品质风险	需求管控	高	大	风险高	主要风险	降低
			图纸	中	中	风险中	次要风险	降低
			设计变更	中	中	风险中	次要风险	降低
		施工品质风险	按图施工	中	中	风险中	次要风险	降低
			变更品质	中	中	风险中	次要风险	降低

一级风险	二级风险	三级风险	四级风险	重要性	影响程度	评估结果	风险等级	风险应对
品质风险	基建品质风险	单位胜任风险	设计	中	中	风险中	次要风险	降低
			施工	高	大	风险高	主要风险	降低
交付风险	基建交付风险	工程进度风险	工程进度	高	大	风险高	主要风险	降低
持续经营风险	预算执行风险	基建预算执行风险	设计	中	中	风险中	次要风险	降低
	经营效率风险	基建经营效率	设计优化	高	大	风险高	主要风险	降低
			合同成本	高	大	风险高	主要风险	降低
			变更成本	中	中	风险中	次要风险	降低
			结算成本	中	中	风险中	次要风险	降低
资金风险	资金风险	基建资金风险	进度款	中	中	风险中	次要风险	降低

风险应对

一旦评估了风险的影响程度和风险发生的可能性，管理层、审计和各职能部门负责人应当结合风险承受度，权衡风险与收益，决定所负责领域风险的应对措施，将风险降低至企业可接受的水平，并将相关应对措施反映到风险清单中。这涉及对风险假设的判断，以及对降低风险水平所需成本的合理分析。风险的应对措施可以分为以下四种。

（1）风险规避：企业对超过风险承受度的风险，通过放弃或者停止与该风险相关的业务活动以避免或减少损失的策略。

（2）风险降低：企业在权衡成本效益之后，准备采取适当的控制措施降低风险或减少损失，将风险控制在风险承受度之内的策略。

（3）风险分担：企业准备借助他人力量，采取业务分包、购买保险等方式和适当的控制措施，将风险控制在风险承受度之内的策略。

（4）风险承受：企业对风险承受度之内的风险，在权衡成本效益之后，不准备采取控制措施降低风险或减少损失的策略。

审计部应对业务部门申报的风险应对措施进行合理判断，风险应对原则，见图 6-3，供参考。

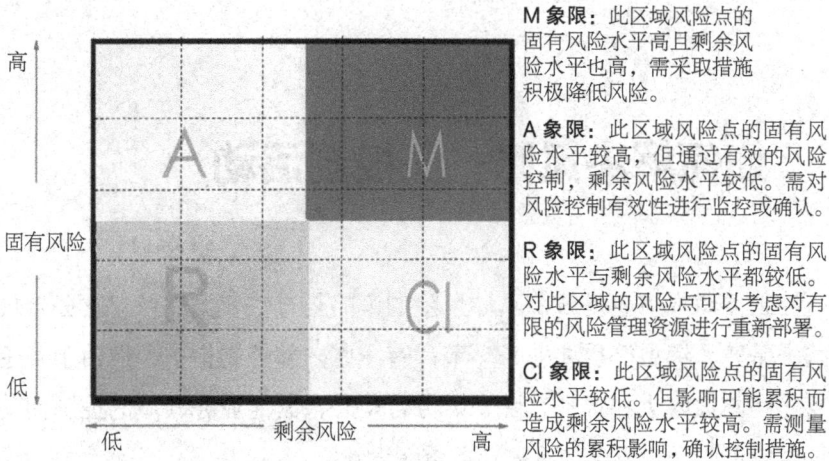

M 象限：此区域风险点的固有风险水平高且剩余风险水平也高，需采取措施积极降低风险。

A 象限：此区域风险点的固有风险水平较高，但通过有效的风险控制，剩余风险水平较低。需对风险控制有效性进行监控或确认。

R 象限：此区域风险点的固有风险水平与剩余风险水平都较低。对此区域的风险点可以考虑对有限的风险管理资源进行重新部署。

CI 象限：此区域风险点的固有风险水平较低。但影响可能累积而造成剩余风险水平较高。需测量风险的累积影响，确认控制措施。

图 6-3　风险应对原则

6.3
如何解决风险——控制活动

　　控制活动本质上是解决具体风险的策略与方法，虽然针对财务合规、采购、基建、销售等重要业务环节都有一些内部控制指引，但由于各企业经营思路与风险大相径庭，除了财务合规外，其他业务领域的控制活动都需要对应企业经营逻辑与具体业务重新设计。

　　审计部门有时需要自行设计一些针对性控制活动，有时也需要评估业务部门相应风险的内部控制是否有效。

　　控制活动有效性的评估维度，见图 6-4，供参考。

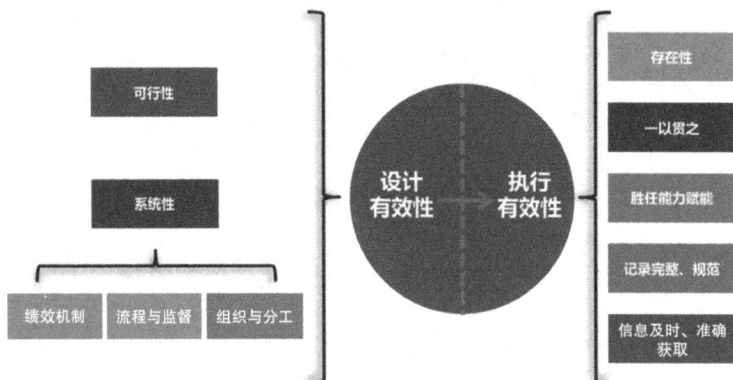

图 6-4　控制活动有效性的评估维度

控制活动设计的系统性

不少企业内部制度和流程很多，有诸多禁止的事项，但往往禁而不止。严禁倾倒垃圾的标语下垃圾成山，工人在严禁吸烟的牌子下吞云吐雾，这些场景绝不少见。这往往是控制活动设计的系统性不足导致的。通常一个完整的控制活动包括流程制度、监督、组织分工、绩效机制等要素。

流程制度是控制活动的重要载体，将控制要求制度化、流程化，其实质就是控制要求合法化。这种合法化有利于减少审计、管理部门与业务部门对控制要求的争论，有利于在分 / 子机构快速地培训与推广，有利于形成强有力的约束力。传统内部控制发源于西方，其以控制程序为主导的内部控制体系中，控制冗余是常见问题。某企业审计负责人曾和该企业一区域销售经理讨论促销费用管理问题。区域销售经理抱怨道："我们没有促销费，申请一笔几万元的促销费比唐僧取真经还难。申请要做可行性报告，预估效费比，通过业务线逐级审批，直到中华区总裁、美国分管总裁。这就结束了吗？并没有，还得法务线审批，审查有没有触犯我国相关法律、美国法律、公司制度，这些都要业务部门研究好写到报告中。此外还有风控线。你怎么保障这些促销费不被侵占呢？发咖啡券，万一被自己喝了呢？请店长吃饭，得与店长们合影，餐费标准还有要求。做个店庆活动，想请锣鼓队，不准！最后，区域销售经理只得作罢，货能卖就卖。"的确，审计人员经过现场调研发现，这个品牌展品都在门店角落，且积了灰。该品牌从以前让人引以为傲，到现在无人问津，确实让人唏嘘。

早期我国许多新经济企业在面对业务细节控制的情况时趋向于通过机制来解决，强授权、强绩效、强责任机制，但过程控制极少。比如有些企业推行事业部机制，先确定一类产品，比如产品 A，定下三年行业占比前三的业务指标，"一年亏、二年平、三年盈"的财务指标，其他的人、财、物权等交到事业部，至于想做促销、怎么做、做到什么程度，都是事业部自己说了算，总公司根本不会管到这么细的地方。到了考核期，强绩效、强责任机制就发挥作用了。达到目标，重奖 1 500 万元；达不到目标，事业部从总经理到基层员工，全开除。

以机制为主导的内部控制能起到相应的控制作用，面对重奖与重罚，腐败会变得不划算，员工自然没有占小便宜的主观意愿。绩效与整个团队挂钩，一旦有人损公肥私，那损的就是共同利益，大家就会共同反对，在内部起到监督与牵制作用。

以机制为主导的内部控制的优点是经营决策权前置，让与客户紧密接触的人做决策，能快速响应变化。这样，责、权、利的关系更顺畅，不会出现一线业务人员无权、无责、无欲的消极状况。

以机制为主导的内部控制仍然有严重的缺陷。有些企业纯事业部制的控制方式在实践中并不多见。绝大多数企业没有强大的后备管理与技术人才储备，本来骨干员工就不多，还要不断开除，很多领导就成光杆司令了。企业舍不得重罚，就舍不得重奖，最后范围过于宽泛的绩效机制很难起到足够抑制腐败的作用。与日本、韩国等的职业环境不同，我国民营企业职业经理人对企业的依附性在世界范围内都算低的，其中不乏投机分子，企业情况好就与企业共同发展，企业形势不好就立马走人。在经营情况良好的情况下，企业尚能通过快速的发展与效益对冲腐败与风险，一旦经营遇到困难，往往内忧外患一起爆发。

案例：无形的控制

某公司在 1998 年为激发销售分 / 子机构活力，下达销售任务达标和预算达标两个重要指标，同时规定每年按排位强制淘汰综合业绩排位于后 10% 的分公司经理，其他经营权全部下放到分公司经理。销售情况好的分公司，预算多，可以自由地进行业务创新，可以加强团队与管理建设。销售情况不好的分公司，预算少，长期不能改进与创新就会被淘汰，所以要精打细算地把有限的预算用好。在创业初期这样的机制起到了很好的促进作用，至 2008 年，公司的销售规模从 2 亿元扩张为 20 亿元，也成为相应行业的龙头企业。但这时企业的发展也遇到了瓶颈，销量长期停滞不前。

公司新任的审计部长通过调研发现，一些资深的分公司经理具有管理、销售、经验的优势，既不担心淘汰，也不想再去发展，节余的费用还多，很多人就把注意力从创新发展转移到了贪污腐败上。处于降级区的分公司经理，面临淘汰也往往破罐子破摔。80% 的营销变动费用被侵占、截留，整个销售渠道面临崩溃的风险。贪腐的主要渠道是经销商的销售折扣。经销商的批发价由分公司定好，并报总公司备案。经营过程中，经销商有大的促销活动、开设门店、上新品、发布广告等都可给予补贴，而这些补贴都是通过销售折扣的形式体现的。总公司对于这一业务行为无要求、无管理、无监督，于是分公司经理大量虚构销售折扣，要么与经销商分赃，要么瞒着经销商从账户套货出来变现获利。

审计部将相关情况跟公司高层进行了汇报，在处置方案上审计部长与公司高层却产生了强烈的冲突。审计部长认为应以内部控制为先，对于系统性、普遍性的腐败，公司是有管理责任的，不能全怪干部，应建立相应的内部控制程序加以约束。而公司高层对内部控制表现出极度的厌恶，说："你们这也要控，那也要控，生意不用做了？你们审计就是查处腐败的，有腐败你就抓，其他的不要管。"

在这次讨论后，审计部开始了反腐行动，三个月后十余名销售分公司经理或被判刑或因腐败被开除。审计部与高层就内部控制进行了第二次对话。高层说："分公司经理有一半已被抓了，另一半正在被审查，现在谁去卖货呢？上次提的内部控制可以搞，但能不能尽量对业务影响小一点？"

审计部通过内部研究，制定了机制、程序、监督"三位一体"，以监督为主的内部控制方案。

在机制上，为减少控制环节，在制度框架内仍然给予分公司绝对的决策权，只有超过制度体系的特殊事项才需上报审批。同时建议对分公司经理的绩效考核方案进行一定调整，对销售目标的设定要根据市场经济水平、城市容量、市场占有率、管理成熟度等重新考虑。让头部销售区域有压力，让落后区域有希望，重新激发绩效的牵引作用。设立风险保证金，预留一部分奖金，分公司经理离职时，需根据离任审计报告结算保证金。

在程序上，明确了销售折扣的范围，不在范围内的一律禁止，在范围内的销售折扣，按类别分别在制度中约定产生的条件与标准。

在监督上，建立备案机制。销售折扣虽无须审批，但备案要求大大增加，比如支持经销商打广告，就要备案广告合同、现场照片。审计部会定期检查备案合规性，业务合规性、合理性、真实性。

建立协防共治的监督体系——通过审计公共关系平台，加强与经销商对账与沟通，发动经销商群体共同监督。明确财务、市场等职能部门的监督责任，具化诸如市场检查广告合同、价格、实地检查真实性的监督要求，使内部控制的组织分工明确。

建立大数据监督平台——对经销商政策差异、批发毛利、样机补贴率、广告费率等相关数据进行横向与趋势分析，对产生的异常数据建立闭环机制。

机制、程序、监督"三位一体"的内部控制方案最终得以通过，因为是以监督为主体，虽未限制分公司决策权，但在监控之下，分公司经理一举一动都让人看得清清楚楚，自然没有干坏事的欲望。绩效机制调整后，各分公司也有动力与压力把资源与精力投放到经营中去。控制程序是规矩，有了规矩自然成方圆。业务部门清楚什么能做、什么不能做，犯了错误要处分也有法可依。

通过更系统的内部控制设计，该公司从 2009 年起再次实现了业务腾飞，以每年近 30% 的增长率发展成为百亿元公司。内部控制真正起到为企业发展提供助力而非阻力的作用。

控制活动设计的可行性——控制成本

决定内部控制可行性的关键在于控制成本，控制成本是实施控制活动产生的直接成本与进行控制后业务收益减少的间接成本之和。而控制收益是实施控制后，减少的损失。如果实施内部控制后，控制成本超过了控制收益，那内部控制就不具有可行性。

案例：零成本的内部控制

　　某公司审计部近期接到大量关于经销商终端展台质量的投诉。审计部通过调查发现，终端展台工艺粗制滥造，材料以次充好的现象特别突出，一些地方的展台甲醛超标到把门店促销人员熏到进医院。一时间经销商恼火、促销员害怕、消费者皱眉，对正常的销售产生了重大的负面影响。审计部通过调查发现，公司一年终端展台制作费约 2 亿元，因制作分散于各地无法集中采购，委托各分公司市场部在当地自行开发终端制作商。虽然制度规定了分公司市场经理要对终端质量进行验收，但分公司市场部就两三个人，主业还是销售促销方案设计与管理，对装修、展台等业务不擅长，也管不过来。一些分公司甚至存在市场经理拿了回扣，故意放水的情况。所以这些终端展台供应商偷工减料情况愈演愈烈。

　　审计部把相关情况反馈给公司高层，引起了公司高度的重视，并要求总公司市场部拿出控制方案。总公司市场部拟定的内部控制方案是：为解决分公司市场部胜任能力不够的问题，每个分公司都招聘一到两名专业的终端专员，负责终端的材料进场检查、隐蔽工程检查和最终验收。为了防止新招的终端专员失职渎职，总公司市场部要定期对各分公司进行飞行检查，展台的材料也定期送到第三方检测机构进行甲醛检测。总公司市场部还要根据检查情况对各地专员进行打分评价，并纳入考核。按照这个方案，管理好终端质量应该问题不大。但公司高层与审计部对这个方案都不满意，一百个分公司都增加一到两名终端专员，总公司市场部还要增加飞行检查、考核人员，光人工费用就得增加 2 000 万元，还不算飞行检查、检测所用的数百万元费用。如每个控制活动都这样设计，公司光是在控制上的成本就得要几十亿元，还不如关门算了。

　　审计部分析了相关情况，在现有业务流程上做了微调，不增加成本就能有效控制住终端的质量风险：把验收确认的权利从分公司市场部经理移交到经销商。经销商不验收确认，就不允许支付相应款项。公司管理人员不直接参与验收，只是根据公司终端验收标准对有争议的工程进行判断与协调。公司在同意实施这一内部控制建议后，后期制作的终端质量得到了很大提升。原来审计部一月数起的终端投诉，实施后数年内都未再发生类似投诉。

怎样把控制活动做得简单有效呢？首先要理解内部控制与管理没有明显的界线，甚至可以说内部控制就是管理的一个分支，并且是专门管风险的分支。这就决定了内部控制的逻辑从属于大的管理逻辑。不同公司的管理逻辑不尽相同，充分理解公司管理逻辑有助于在公司现有的管理要求上进行完善。

上述案例就与原有的管理体系融合得比较好。分公司市场经理开发、验收、付款一把抓，的确需要分权与牵制。但如果在分支机构增加岗位，一是成本增大，二是下属无法牵制上级。而由总公司集权既影响效率，也与公司大的管理原则相冲突。所以，把验收授权下派给经销商，就能很好地解决这些问题。经销商是终端质量的最终受益者，他们有极大的意愿管好终端质量。这样一来，成本、意愿、能力的问题就都解决了。验收不能过，制作商结不了工程款，会激活对制作商的责任机制。局部的微调，实现了有效的分工与牵制，具化了责任机制，继而形成低价高效的控制活动设计。

审计人员应理解管理本质，理解组织的管理特质。创造性、艺术性的内部控制设计，比机械性地套用控制手段更有增值意义。通常在财经领域，规范与控制程序在控制活动中更重要；在相对稳定的业务领域，监督在控制活动中的作用更重要；而在新业务、新组织中，绩效与责任机制在控制活动中的作用更突出。

6.4 / 风险的天网——监督

增值型内部控制认为，监督是对特定风险及配套的管理控制过程进行监测、督促和改进，使企业经营结果能达到战略预定的目标。

监督通常是有针对性、目标性的，是针对已经识别与评估过的已知风险开展的。

风险监测

风险监测在整个内部控制体系中有至关重要的作用，有时"看"比"抓"还有用。

在销售折扣控制活动中，以监测为重要支点的内部控制体系具有业务兼容性好、成本低、效果好的特点。

风险监测从主体上分为公司战略监测、业务监测、职能监测、审计监测。公司战略监测主要对公司主要战略达成指标监测，具体风险的监测由业务监测、职能监测、审计监测对风险构成三道风险监测防线，见图6-5。

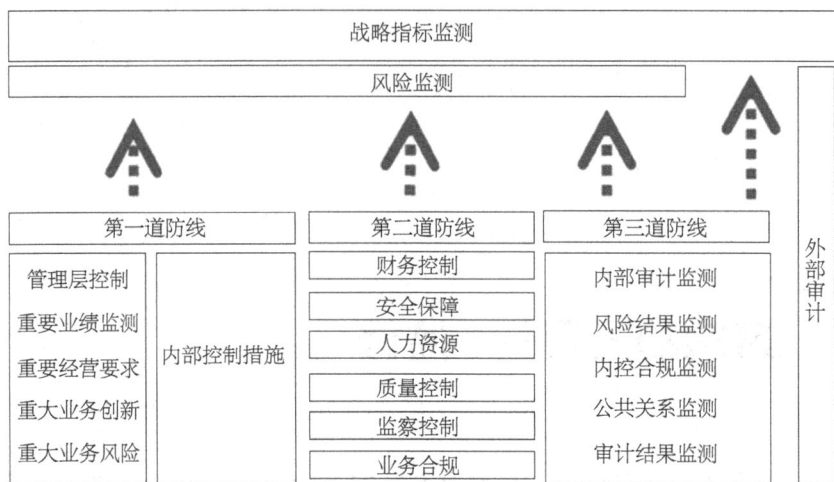

图 6-5　三道防线的风险监测

公司战略监测，主要是高层对重要的战略指标、业务指标、财务指标、重大创新结果实施监测。重大的目标偏离通常意味着存在风险，战略监测是风险的总驾驶台，审计部应关注战略指标的异常情况，及时识别其背后的风险成因。

业务监测，主要是对重要的业务业绩指标、重要的新业务经营结果、重大的业务风险指标实施监测。业务监测通常需要逐级分解到最小的业务单元，是业务部门履行好内部控制第一道防线的重要工作内容。审计部应关注业绩指标的重大偏离情况，并核查其风险成因。新业务管理模式、商业模式、经营模式往往伴随着更多的风险，审计部除了要在决策过程中参与风险研判外，还应当要求业务部门对新业务的风险进行预判，并设置监测指标进行风险预警。

职能监测，是内部控制的第二道防线，审计部应促进职能部门建立相应的风险监测体系。职能部门通常包括财务、人力资源、品质、法务、安全等部门，各职能部门在各自专业领域履行管理职能、风控职责、业务支持职能。传统经济体职能部门偏重于管理，新经济体职能部门则偏重于服务与支持，但无论哪一种，其对风险的监测都是重要的工作内容。

审计监测，主要包括风险结果监测、内部控制合规监测、审计结果监测、公共关系监测。

1. 审计风险监测内容的选择

（1）影响战略的关键业务与风险。

审计部应以战略为基础，自上而下，正向梳理影响战略达成的重要业务支点与相关风险，并将关键风险逐次分解到具体的业务单元，明确风险管理部门。审计部应结合业务部门对相应风险的关键内部控制，梳理出需监测的风险结果指标与内部控制合规指标等，以利于判定风险大小。

以表 6-3 某公司审计部根据供应链风险地图梳理的风险监测点为例，这些重要的业务支点对战略达成往往有重要的影响，其固有风险通常比较高。正因为相关业务支点重要，其内部控制往往也比较严格，所以剩余风险不一定高。无论剩余风险高低，审计部都应该对相关业务支点进行长期、稳定的监测。

表 6-3　某公司审计部根据供应链风险地图梳理的风险监测点

序号	一级风险	二级风险	风险评估		内部控制现状
			现行控制	剩余风险	相关控制点
1	品质	外协件品质风险	1.供应商管理（二元化、考核、订单分配、帮扶、体系检查等） 2.IQC、OQC 和上线检查	高	进料不良率 上线不良率 OQC 不良率 百台维修率
		自制品质风险	1.作业标准 2.过程和 OQC 检验	中	一次直通率 OQC 不良率 开箱不良率

续表

序号	一级风险	二级风险	风险评估		内部控制现状
			现行控制	剩余风险	相关控制点
2	交付	生产计划达成风险	1.年/季/月/周计划和需求管理 2.人员、物料（供应商/自制）设备管理	中	交付不满足率 生产计划达成率 物料交付不满足率 生产计划变更记录 停线损失率
		库存风险	1.产销协调 2.安全库存管理	中	库存周转天数 呆滞物料金额
		物流风险	1.物料供应商管理 2.干线物流发货、过程管理	中	按时提货率 供应商考核分
3	经营效率风险	费用使用风险	1.非生采购管理 2.项目过程验收管理	高	单台制造费用
		材料成本风险	1.物料议价、价格评估管理 2.供应商管理（二元化、考核、订单分配、帮扶、体系检查等）	高	成本降低金额 直接材料成本率 二元化比例 供应商考核得分
		人工成本风险	—	中	人均日产出 单台完工成本 单台直接人工

（2）通过审计、舆情识别的重大风险。

企业经营过程中，时常会遇到偶发性风险，比如前文案例中终端质量风险就是典型的偶发性风险。这类风险通常不会长期存在，在其危害突出时，就可以将其纳入监测范围，在其风险降低到可接受程度后就可以从监测范围剔除，以减少内部控制成本。

审计与公共关系的舆情监测，可以识别与发现在业务变化中产生的新风险。市场在变、商业模式在变、管理模式在变、业务模式在变，这些变化就决定风险的影响、范围、产生方式都会不停地变化。审计部应通过审计与公共关系平台更广泛地采集信息，监测新风险与风险的新变化。对于新风险、新变化，公司管理人员一般不能马上通过信息系统进行有效监测，这时就需要审计部通过投诉受理、问卷调查等方式及时采集相关信息，通过审计结果予以监测。

随着对风险认识的加强，业务部门要尽快健全信息系统与提高业务自身的风险监测能力。当然，这些信息与数据的 IT 化也不能完全替代审计结果与公共关系结果的监测。一方面，有些信息与数据天然难以 IT 化；另一方面，独立的审计与公共关系监督是业务监测的重要补充与动力。

公共关系监测在实务中应用得比较少，大多数审计部对公共关系监测存有疑虑，通常有三方面疑虑。

第一个疑虑：发动不了群众的问题。发动群众与组织能力、动员能力及其长期的文化氛围有关系。

第二个疑虑：审计是严谨的工作，要求证据完整、数据准确、结论谨慎，数据不真实的问卷调查怎么敢用呢？

在传统审计领域，审计的覆盖面不大，且集中于财经与合规相关领域，这个观点很正确也能适用。增值型审计的覆盖面要广得多，所有的监测点与监测数据都要精准的话，其数据成本就会很高，因此必然要应用到大数据的理念与方法。大数据的精髓在于三个颠覆性观念转变：是全部数据，而不是随机抽样；是混杂性，而不是精确性；是相关关系，而不是因果关系。这也就颠覆了传统审计的很多观念。

①是全部数据，而不是随机抽样。在大数据时代，审计人员可以分析更多的数据，有时候甚至可以处理与某个特别现象相关的所有数据，而不再依赖于随机抽样。

②是混杂性，而不是精确性。研究数据如此之多，以至于审计人员不再热衷于追求数据精确度。之前需要分析的数据很少，所以必须尽可能精确地量化审计人员收集的资料；随着数据规模的扩大，审计人员对数据精确度的痴迷将减弱。拥有了大数据，少部分的错误数据与信息会被淹没在大量数据与信息中，不用特别管理。适当忽略微观层面的精确度，会在宏观层面拥有更好的洞察力。

③是相关关系，而不是因果关系。审计人员不再热衷于找因果关系。

寻找因果关系是人类长久以来的管理习惯。在局部有限条件下，因果规律是有效的，也是审计重要的思维之一。但将因果关系放到需要考虑全局、时间维度的重大风险研判中，就不一定好用。比如销售怎么卖得好货跟什么是因果关系？这就完全没答案，因为影响因素太多，变化太快了。所以"混沌管理"在一定程度上否定因果关系，更强调不确定性与相关性。在大数据时代，无须再紧盯事物之间的因果关系，而应该寻找事物之间的相关关系；相关关系也许不能准确地说明某件事情为何会发生，但是它会提示风险正在发生。

公共关系监测数据具有成本低、数据量大、反应迅速的特点，是典型的优质风险监测大数据。风险监测的目的、作用与审计不同，不能直接把监测数据当成审计结果。高风险的区域或问题需要审计跟进，以审计结果为准，就可以实现审计严谨性与风险监测广域性、及时性的统一。另外，公共关系监测结果对审计结果有非常有力的修正作用。随着时间的推移，业务部门会适应审计的套路，容易通过虚假的文件或数据误导审计；而有了公共关系平台所反馈的信息，这些舞弊变得徒劳。公共关系平台信息纳入大数据后，很多领域监测结果的准确度甚至要高于审计结果的准确度。

第三个疑虑：对群众运动控制问题。审计人员在建立公共关系和处理公共危机时，要明确受理范围与处理流程，依法审计，依规办事。建立全开放的公共关系平台要慎重。全开放即相关方与员工在平台即可与审计部沟通，也能相互沟通，这种方式可以更好激活平台，获取更多的信息，但也容易累积情绪，造成群体事件。审计部公共关系维护能力不强，可以建立半开放式平台，即相关方只能与审计部进行沟通与交流。

加强与员工、相关方的联系，可能会让业务管理人员产生抵触，在推进审计公共关系时也时常会出现投诉人遭到打击报复、控制审计问卷调查内容的情况。审计部要认识到公共关系的长期性、困难性，对舆情的争夺是正常现象、必要过程，只要坚定是为了公司长期利益出发，从员工相关方的根本利益出发，专业、审慎、有力地解决风险，最终就能获得信任与支持。

例如某公司对营销风险的监测就使用公司信息系统、公共关系平台与审计结果等不同来源的数据，共同构建风险监测地图，见表6-4。

表6-4　某公司营销风险监测地图

分公司名称			整体风险等级	
风险结论				
监控风险	KRI	关键指标项	源数据来源	类型
市场秩序风险	RKRI	KA-β指标（渠道价格风险）	审计结果	结果
		KA销售价格指数	信息系统	结果
		商场费用订单录入准确性	审计结果	内控
		商场费用对账准确性（差异额）	审计结果	内控
		商场费用对账准确性（差异率）	审计结果	内控
		经销商其他乱价投诉	公共关系	结果
		分公司经销商台前毛利率	公共关系	结果
	CKRI	价格制定合规性	审计结果	内控
		赠品率合规性	审计结果	内控
		价格内控缺失项	审计结果	内控
		渠道管控缺陷项（B管控、窜货）	审计结果/公共关系	内控
渠道管控风险	RKRI	A级经销商退出个数	信息系统	结果
		B级经销商退出率	信息系统	结果
		总体退出率	信息系统	结果
		未满两年退出率	信息系统	结果
		A级经销商经营异常率	信息系统	结果
		B级经销商经营异常率	信息系统	结果
		A/B级经销商经营异常率	信息系统	结果
		经销商管理环节投诉	公共关系	结果
		空白销售区域	公共关系	结果
		不胜任经销商（如托管经销商）	审计结果	结果
	CKRI	经销商引入环节不合规率	审计结果	内控
		退出不合规经销商	审计结果	内控

续表

监控风险	KRI	关键指标项	源数据来源	类型
政策风险	RKRI	分公司经销商（合同内外）销费比	信息系统	结果
		完成率简单平均值	信息系统	结果
		经销商任务达成率	信息系统	结果
		整体完成率简单平均值	信息系统	结果
		其他费用投诉或问题（含口头承诺）	公共关系	结果
	CKRI	费用真实性逆向事件	审计结果	结果
经销商盈利风险	RKRI	经销商净利率	公共关系	结果
		分公司经销商台前毛利率（不含返利后的毛利率）	公共关系	结果
		人员费率	公共关系	结果
		房租费率	公共关系	结果
		单店产出	公共关系	结果
		分公司闭店率	信息系统	结果
成本费用风险	RKRI	经销商合同外费率	信息系统	结果
		选位费率	信息系统	结果
成本费用风险	RKRI	促销费率	信息系统	结果
		广告：分公司单类广告不经济20%以上，累计金额10万元以上	审计结果	结果
		终端量差偏离率（含质量）	审计结果	结果
		终端价差偏离率	审计结果	结果
	CKRI	费用投放询比价合规率	审计结果	控制
		广告投放真实性合规率	审计结果	控制
绩效风险	RKRI	回款完成率	信息系统	结果
		开票完成率	信息系统	结果
		创新渠道信用余额指数	信息系统	结果
		库存核算价	信息系统	结果
		单台核算价（销售结构风险）	信息系统	结果

注：KRI 为关键风险指标，RKRI 为风险指标，CKRI 为控制风险指标。

2. 监测数据的分析与风险定级

通过各种方式收集的风险相关数据并不能直接提示哪里有风险、风险程度有多大，需要使用工具实现风险的可视化与可应用。

（1）风险库。

审计的信息来源很多，如投诉、信息系统、审计结果、公共关系等。如果孤立地管理与分析这些信息，既浪费资源，也易产生风险判断的偏差。审计部应通过数据库，将所有识别的风险统一录入风险库进行集中管理。

审计发现、投诉、大数据异常都可以通过风险矩阵将风险以风险类别、责任部门、风险要素进行拆解，便于汇总与集中分析，风险库是关键风险指标（KRI）与商业智能（BI）的基础。

某公司的逆向风险矩阵拆解分析表，见表 6-5，供参考。

表 6-5 某公司的逆向风险矩阵拆解分析表

逆向事件描述	风险名称	责任部门	控制五要素				
			控制环境	风险评估	控制活动	信息系统与沟通	监督
百台维修率故障原因与实际情况不符影响产品质量持续改善，MQE 通过异常数据对比识别异常区域和期间，对于部分区域进行上门回访，但是无法做到持续监控，从根本上保障改善数据的可靠性。客户体验部对于百台维修率数据可靠性识别结果未与品质共享部建立有效沟通	产品品质	品质共享部、客户体验部、客户服务部					

续表

逆向事件描述	风险名称	责任部门	控制五要素				
			控制环境	风险评估	控制活动	信息系统与沟通	监督
烟灶消、微蒸洗截至7月均未达到公司目标。其中洗碗机百台维修率目标3.63%，累计实际值7.25%。T经理KPI百台维修率制定未与MQE、DQE沟通，百台维修率考核未承接公司战略	产品品质						
对于检验不良OQC会通过邮件进行追溯，但从结果看，经常出现反馈超期及反馈率低的情况，OQC未建立管理台账进行持续监控	产品品质	品质共享部、工厂					
OTS样品确认阶段存在样品验证时间不足，检验和试验时间未进行有效考虑，样本可靠性验证数量未预留，供应商未提供自己的全尺寸、功能、性能报告等问题	产品品质	研发、品质共享部					

（2）关键风险指标（KRI）。

大型企业、金融业等对风险敏感度高的企业，可以建立衡量关键风险的指标——KRI。

KRI是指对某一风险领域变化情况进行定期持续监测的统计指标。KRI具有六大特征，见图6-6。

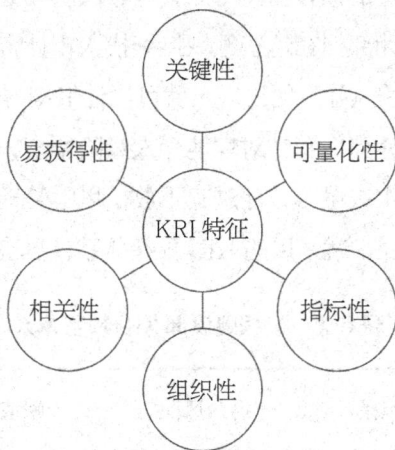

图 6-6　KRI 六大特征

①关键性。企业涉及的风险很多，不可能全部加以监测。二八原则也适用于风险管理，20% 的风险对结果的影响度能达到 80%，确定好这 20% 的风险就抓住了关键。

②易获得性。KRI 需长期、持续地监测，成本过高、取得过难的数据都不宜作为 KRI 的基础。

③相关性。与风险相关的数据很多，但这些数据对风险的敏感度不同，通常应选择风险变化引起数据变化大的敏感度高的相关数据。

④可量化性。KRI 要有可量化性，一些重要的非数据信息，可以转化为数据信息。比如表 6-4 中的费用真实性逆向事件，其本身属于非数信息，但可以通过转化形成数据信息后纳入 KRI。

⑤组织性。KRI 需要分解到具体的组织中去。比如营销相关风险，既要分解到营销部门，又要分解到电商、工程、零售以及营销分支机构，才能真正把风险的监测与管控落实到位。

⑥指标性。KRI 都应设立阈值，以判定风险是否超标或用于风险定级。风险阈值的确定可以来源于内部的数据积累与经验，也可以来自外部同行业的数据。

　　KRI 可以成为风险的预警器。比如一些领域长期处于固有风险高，而剩余风险低的状况，审计部门在这些领域持续投入审计资源可能形成审计资源浪费，但减少审计又怕风险反复出现，就可以让 KRI 成为审计的"警铃"。当有风险触发时，审计部门有针对性地介入风险调查，能起到既节约审计资源，又对业务部门产生威慑力，促进其不放松风险管理的作用。例如某公司在工程建设领域的管控，就采用的 KRI 预警体系，见表 6-6，供参考。

表 6-6　工程建设部 KRI 预警体系

一级风险	二级风险	三级风险	剩余风险	阈值	剩余风险现状描述
工程质量风险	设计品质风险	规划定位过高	1. 设计导致不合理变更例数 2. 变更总金额 说明：二者同时具备时触发	例数年度超过 10 例且变更总金额超过总金额 10%	①设计导致不合理变更：1 例 ②变更总金额占比：1.32%
		图纸设计不合理			
		设计导致不合理变更			
		重大设计失误导致功能影响	有较大投诉和事故	0 例	暂未发现
	招标品质风险	单位竞争充分性不足	资质不适用有效投诉例数	年度超过 3 例	1 例
			资质倾向性有效投诉例数	年度超过 2 例	暂未发现
		核心供应商竞争不充分	最终竞标同档次且具竞争力的单位不少于 3 家	年度超过 1 例 注：合同金额超过 1 000 万元	××招标项目
			核心供应商份额	在建工程权重超过 1/3	××供应商份额 44%
			工程总金额与在建项目数	总金额（总包超 5 亿元 / 精装超 5 000 万元 / 安装及其他超 5 000 万元）且同时超 3 个项目	××供应商承揽 4 个总包项目超 8.1 亿元

一级风险	二级风险	三级风险	剩余风险	阈值	剩余风险现状描述
工程质量风险	招标品质风险	核心供应商竞争不充分	长期参标但技术排名处于末三位	连续超过3次	××供应商
		不平衡报价	经核实有不平衡报价且未能及时消除影响	连续超过3次	暂未发现
		品牌不适当性	品牌不适当性有效投诉例数	占总金额1%	暂未发现
		定标后清单遗漏	定标后清单遗漏例数	年度超过3次	暂未发现
		澄清答疑不充分	对技术要求有重大误解、分歧和投诉例数合计	超过金额2%	××项目（弱电对清单品牌价格不统一导致开标时各单位报价不清晰）
		违反制度和招标办法的行为	违反制度和招标办法的例数	单项目0例，总计超过总体项目50%例数	暂未发现
	施工品质风险	质量问题	ADV对工程质量评估	低于3分	3.4分
		安全问题	ADV对安全问题评估		2.75分
		合规情况	现场问题整改及时率	年度累计值低于95%	97.39%
			现场问题整改到位率	年度累计值低于85%	90.43%
			变更不合规频次	总体年度超过3次	2次
	单位胜任风险	施工单位履约能力	项目最终交付延期天数	超过约定日期30天	暂未发现
			质量和重大安全事故	0例	××项目未系安全带导致工人摔下去
			其他违反合同事项	超过3例	暂未发现

续表

一级风险	二级风险	三级风险	剩余风险	阈值	剩余风险现状描述
工程进度风险	施工进度风险	进度问题	ADV对工程进度评估	低于3分	1.85分
持续经营风险	基建预算执行风险	合同与预算偏离率	—	—	—
		结算与预算偏离率	—	—	—
	经营效率风险	需求不合理／需求不清晰	需求原因导致变更金额占比	超过总金额10%	0.02%观测中
		单方造价	土建、装修单方造价	观测值	
		控制价下浮率	合理范畴之外的例数	0例	—
		结算价偏离率	结算价与预算金额的直接偏离度	超过5%	23.30%
		复审偏差率	复审偏差率	超过5%	2.99%
		金额变更率	金额变更率	超过2%	0.92%
		变更成本误差	误差金额	差错率10%	—

　　KRI也可以作为业务部门的风险管理助推剂。虽然业务部门是风险的第一责任人逐渐形成共识，但实际操作中，业务部门不承接风险管理的绩效指标，就很难真的激发业务部门有效管理风险的意愿。将风险定级与KPI挂钩，KRI可以有效地推进业务部门的日常风险管理质量。例如某公司对营销分公司进行KRI定级考核，见表6-7。

表 6-7 营销分公司 KRI 定级考核

监控风险	KRI	一级风险（1分）	二级风险（2分）	三级风险（3分）	四级风险（4分）	五级风险（5分）
经销商盈利风险	经销商净利率	X<0	0≤X<5%	5%≤X<10%	10%≤X<15%	X≥15%
	分公司经销商台前毛利率（价格指数 - 净超价 -1）	0≤X<10%	10%≤X<15%	15%≤X<20%	20%≤×<25%	X≥25%
	人员成本（逆向事件）	出现2例及以上	出现1例	—	—	—
	房租成本（逆向事件）	出现2例及以上	10%≤X<15%	—	—	—
	单店产出	X<40万元	40万元≤X<55万元	55万元≤X<70万元	70万元≤X<100万元	X≥100万元
	分公司闭店率	X≥20%	15%≤X<20%	10%≤X<15%	5%≤X<10%	X<5%
成本费用风险	经销商合同外费率	X≥20%	15%≤X<20%	10%≤X<15%	5%≤X<10%	X<5%
	商场费用重要费用合理性	X>15%	10%<X≤15%	7%<X≤10%	4%<X≤7%	X≤4%
	经销商费用重复的任务达成率	X>20%	15%<X≤20%	10%<X≤15%	5%<X≤10%	X≤5%
	费用投放询比价合规率	X≤25%	25%<X≤50%	50%<X≤75%	75%<X<100%	X=100%
	广告投放真实性合规率	X≤60%	60%<X≤75%	75%<X≤90%	90%<X<100%	X=100%
绩效风险	任务达成风险	X<60%	60%≤X<80%	80%≤X<90%	90%≤X<100%	X≥100%
	余额（压款）风险	X≥2.5	2≤X<2.5	1.5≤X<2	1≤X<1.5	X<1
	压货风险（批量出库）	X≥20%	15%≤X<20%	10%≤X<15%	5%≤X<10%	0%≤X<5%
	销售结构风险	X<-5%	-5%≤X<-4%	-4%≤X<-2%	-2%≤X<0%	X≥0%

续表

监控风险	KRI	一级风险（1分）	二级风险（2分）	三级风险（3分）	四级风险（4分）	五级风险（5分）
其他违规风险	员工投诉					
	违规事项					
	人力资源合规率					

注：其他违规风险要根据实际产生风险填列。

KRI 的优点在于简洁、量化、可考核，对于分支机构与部门众多的企业，能快速找到风险领域和责任组织，对风险识别与业务部门的风险改善有明显作用。KRI 的缺点在于系统性与趋势性不足，只能针对某一时点、孤立的数据分别进行评价汇总。KRI 对于基建等风险比较单一、管理模式统一的业务领域是比较适宜的，可以发挥其简单、高效、低成本的优点；但对于营销分支机构多、风险影响因素多、变化快的业务领域，其系统性与趋势性不足的缺点就比较明显。而大数据与商业智能更适宜用于更为复杂的风险识别。

（3）大数据与商业智能。

在复杂环境中，有可能找不到与风险有直接因果关系的数据与信息，但能找到有相关关系的信息。大数据技术有利于相关关系的运用。大数据技术的战略意义不在于掌握庞大的数据信息，而在于对有意义的数据进行专业化处理，在于提高对数据的加工能力，通过加工实现数据的增值。

商业智能（Business Intelligence，BI）软件价格不高，应用也比较简单，比较适合作为审计部的风险大数据可视化工具。商业智能可以将现有风险库中的大数据转化为知识，帮助审计部进行风险可视化识别、决策。

案例：BI 应用

某公司审计部经过风险识别，把渠道风险纳入了风险监测范围。而在用 KRI 监测时，却产生了很多问题。比如以 KA 为例的自营渠道价格管理混乱，实际销售价格低，可能影响经销渠道的正常经营与盈利性。相关 KRI 指标有的区域历史价格水平很低，但呈现明显改善；而有区域数据横向对比还好，从趋势上看却日趋恶化。这样，数据的因果关系就变成了相关关系，需要补充纵向趋势数据，需要补充经销商毛利、净利、经销商流失率、异常经销商等相关数据，从而综合准确评估风险。审计部将相关数据通过风险库与数据库汇总，再将这些数据用 BI 工具进行可视化处理，实现了对相关风险及时、准确的监测与评估。例如某公司审计部自行开发的分公司渠道风险 BI 监测界面，见图 6-7。

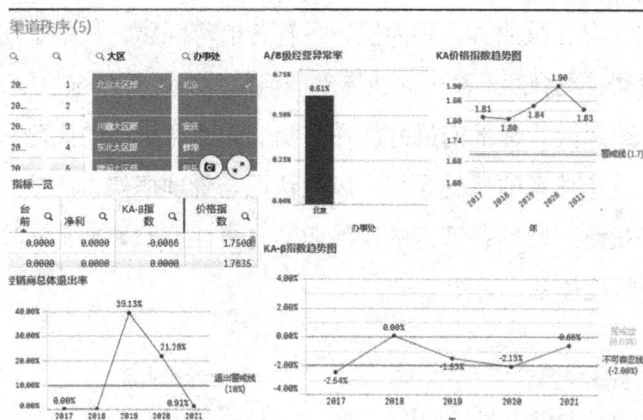

图 6-7　分公司渠道风险 BI 监测界面（部分展示）

风险监测结果的应用——督促与改进

风险监测的意义并不限于能发现风险，还应该对内部控制改善起到督促与改进的作用。

1. 内部控制成熟度评估

风险监测的三道防线中，审计是第三道防线，当好守门员把其他两道防线漏掉的风险堵截下来，是审计的作用之一。审计部作为风险管理的专业机构，要发挥鞭策的作用，鞭策前两道防线履行好责任。所以在风险管理中，审计部除了要当好守门员，还要当好教练与裁判。

各业务部门和财务、人力资源等职能部门通常自身就具备足够的管理能力，管理与内部控制很大程度上是相通的，审计部完全可以在更大程度上利用业务与职能部门的力量强化内部控制，减少审计部的控制压力。企业越大，业务体量越大，业务复杂程度越高，以审计为主导的内部控制管理就越不现实。因为企业越大，审计部对相应业务难有足够的认识，也难以匹配足够的审计资源，容易出现内部控制要求与业务不兼容、内部控制流程配套不及时的情况，不利于业务的有序开展或有效及时管控。同时，业务部门往往存在重业务、轻内控、各管各的等问题，往往会出现风险控制积极性不高、配合度不高、解决跨部门风险能力差等状况。

审计部或风险管理部门最好能在公司层面建立统一的风险与内部控制管理体系，这个体系的目的是统一风险认识与管理框架，形成跨部门的风险信息沟通机制，明确各部门的风险职责与责任。例如某公司建立的风险与内部控制管理体系，见图6-8。

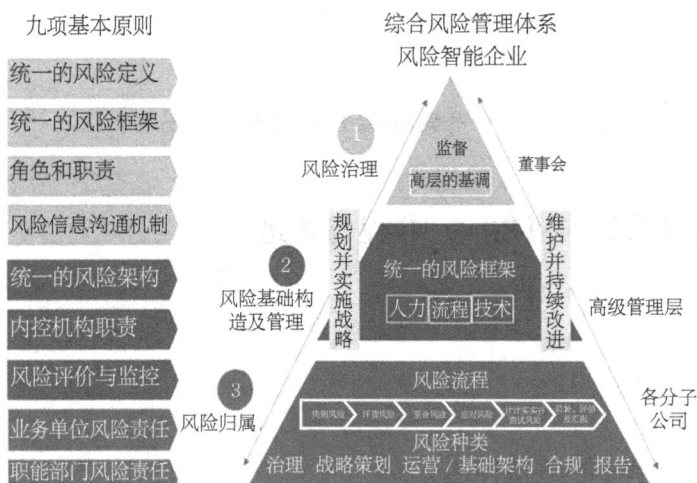

图6-8　风险与内部控制管理体系

企业可以基于风险控制方法论，建立现代综合风险控制管理体系，以满足企业管理需求。

（1）企业董事会、高级管理层关注企业层面的战略风险，确保制订合理的风险规避、缓解计划。

（2）通过有效实施企业战略，为关键的利益相关者创造价值。

（3）确保正确识别、评估、监控和降低可接受风险。

（4）创建一种风险智能文化，并确保决策制定者参与其中。

（5）风险管理必须与决策管理和业务流程紧密衔接，而不是一个附属或事后的活动，也不仅是一项合规、保险或减少损失的工作。

审计部应在公司层面建立风险评价机制，这一机制不一定是审计部去评估风险，而是促使业务部门定期梳理自身业务中的关键风险，并制定有效的控制活动，建立高效的风险监测机制有效管控风险。审计部更多是通过内部控制赋能、内部控制管理成熟度评价促进业务部门的风险控制水平不断提升。

内部控制制度由业务部门构建，审计／风险控制部门作为内部控制的评价者的观点已越来越受到广泛的认同。但现在世界上缺乏一套可操作的评价体系，只能靠审计人员的主观判断，对一些孤立简单的控制点评价尚没有多大问题，但难以做到系统、准确、定量、客观评价，必然导致以评促建的牵引性不够，结论公信力不足。

卓越绩效模式（Performance Excellence Model）是以一种成熟的评价方法，从领导、战略、顾客和市场、测量分析改进、人力资源、过程管理、经营结果等七个方面全面评价企业经营质量。该评价标准在美国形成波多里奇奖评审标准，且每年获奖企业都是由总统亲自颁奖，有极大的影响力。在我国，也有以此为基础设立的全国质量奖评审标准，极大地促进了企业的管理进步。

审计行业可以参照卓越绩效模式构建内部控制的评价方法，通过客观评价，清晰呈现各分／子公司及业务部门所需应对的关键风险，保证这些风险都能被设计有效的控制活动控制。审计部可以从业务部门风险结果、风险评估准确性、关键风险控制活动设计有效性与执行有效性，以及风险监测的相关性、及时性、有效性等方面，对业务部门进行内部控制成熟度评价。

进行内部控制管理成熟度评价与考核，可以让业务部门真正有意愿、有能力自主构建内部控制流程和制度，并自觉执行和维护，让内部控制不再是冰冷的条款，而是和业务系统真正融合的系统。

2. 内部控制的日常实时改进

内部控制成熟度的评估可以长期、系统地促进业务和职能部门进行内部控制改进，但通过审计结果、公共关系平台、数据监测等感知的大多数风险都需要及时处理。

审计整改与审计建议是及时处理内部控制缺陷与风险的重要工具，建立健全整改与建议的反馈与闭环机制是审计工作的基础要求。大多数审计部保证审计整改 100% 闭环还是没有问题的，但应注意，在对风险与内部控制缺陷的监督中，要确保能追踪到引发缺陷的根本原因，而非仅仅局限于表面的直接原因。

比如某公司审计部发现一些零部件的采购价格高于市场价，要求采购部整改，降低相应物料的价格。但审计部抽查到的物料整改了，没有抽查到的物料是否存在问题如何得知呢？这能否说明内部控制有缺陷呢？审计部通过内部控制测试，发现采购部没有按照公司制度对新零部件进行价格评估或多家比价，这是直接导致这些物料价格偏离的原因。那这样的内部控制缺陷是问题的本质吗？还不是。采购部未能按照制度做到对新零部件进行评估，是因为公司研发平台化与零部件通用性做得差，一个月新增700 个零部件，即使采购部倾尽全力，也无法做到全部评估。所以，上述问题的本质是研发风险。厘清责任的真正归属，避免出现"头痛医头、脚痛医脚"的狭隘思维是提升审计整改与建议的重要前提。

对来自公共关系平台或大数据平台的风险迹象，审计人员很难一一进行审计核实，这就可能导致风险应对迟缓、风险没有得到处置的问题。对这类风险，为减少审计资源投放，提升风险处置时效，审计部可以通过风险提示函的形式，要求业务部门对风险异常自查自纠，如有风险，要求业务部门自我整改并改善相应内部控制。风险提示函作为非强制性的公司正式文件，可以让业务部门在调查的基础上判断是否有风险、选择是否改善，可以提升业务部门风险管理的主观性、积极性。基于风险提示函，业务部门可根据实际状况选择不予接受或不予整改，但产生风险后果的，相应管理人员应承担风险责任。这就强化了管理层的风险责任机制。

某公司在推行风险提示函机制后，发现业务部门对风险提示函的接受程度高于整改意见。业务部门更乐于自已落实风险，因为这样承担的责任比审计发现问题承担的责任小；更乐于自己设计内部控制管理方案，因为自己设计的解决方案更顺手，也更能接受。某公司的风险提示函，见图6-9。

风险提示函

×× 部门：

根据 ×× 信息，发现了 ×××××× 问题。故发出风险提示函。

如接受该风险提示，请 ×× 部门于收到本函后 5 个工作日内，对该风险列出风险处置计划，对其进行监控与处置，并将处置结果报送审计部。如不接受该风险提示，则相关风险由 ×× 部门承担。

特此提示。

　　　　　　　　　　　　　　　　　　　　审计部

　　　　　　　　　　　　　　　　　　　　×××× 年 ×× 月 ×× 日

×× 部门回复函：

是否接受该风险提示：

□接受，并处置风险　　　　　　　　　　□不接受，自行承受

　　　　　　　　　　　　　　　　　　　　风险责任人：

　　　　　　　　　　　　　　　　　　　　×××× 年 ×× 月 ×× 日

图 6-9　某公司的风险提示函

6.5
增值型控制环境的建设

控制环境受到包括企业的历史、价值观、市场、竞争和监管的形势在内的各种内外部因素的影响。只有从企业文化的高度开展内部控制活动，才会在企业内部形成良好的控制环境，这种文化需要自上而下推进并树立典范。因此，控制环境强调企业高层或同等级别的监管部门在追求企业目标时以身作则，从而形成企业的价值观、管理观念和经营理念。良好的控制环境是实施有效内部控制的基础。从实践来看，一套内部控制制度是否能有效，控制环境影响因素往往大于70%。好比一个房间，长期不通风、不见阳光，虽然勤加打扫，霉菌仍然不断滋生。只要打开窗户，让房间充满阳光、干燥、通风，即使打扫频率低，也不大会滋生霉菌。

控制环境有以下五个影响要素：

（1）诚信道德价值观；

（2）责任机制；

（3）管理理念与风格；

（4）人力资源政策；

（5）组织与分工。

其中诚信道德价值观、责任机制、人力资源政策与审计有更为密切的关系。

诚信道德价值观与审计公共关系

诚信道德价值观是控制环境的基础与核心。一个组织从上到下，如果没有正确的价值观，它既不能控制好风险，也不能继续存续下去。而一个组织如果有优秀的企业文化，能有效地传导与应用文化，就为内部控制奠定了基础。

很多审计部门容易遇到这样的场景：在办理案件中，腐败当事人不见棺材不落泪，其他干部相互掩护，受到侵害的员工或合作伙伴敢怒而不敢言，最终导致调查停滞不前。这表明组织的价值观出现了问题。

若审计部门能够倡导诚信和道德价值，把企业的一些制度政策传达给员工与合作伙伴，而员工与合作伙伴对企业、对审计有信心，愿意且通畅地将腐败、风险等信息及时反馈给审计部门，并协助审计部门监测风险，调查腐败，这通常表明企业具备了有效的公共关系能力。

对于审计工作而言，公共关系平台具有收集信息、监测风险、投诉管理、输出信息与观点等作用。

1. 收集信息、监测风险

企业越大，审计工作涉及的风险与机构就越多，对数据的依赖与日俱增。而系统里往往缺乏很多非财务数据，审计人员自己采集成本巨大。通过公共关系获取的数据虽然精确度不如财务数据，但胜在高效、成本低与具有广泛性，这与大数据的理念契合。因此，公共关系平台通常应用于审计大数据管理方面，有特别好的效果。

案例：从 1 000 000 到 100 元

某电器公司价格管理屡出问题，一些分公司为了业绩达标，对 KA 渠道放任促销员低价销售，促销员卖一台产品就有提成。一些促销员甚至利用分公司松懈的价格管理低买高卖，一时间 KA 飞单、侵占产品、侵占促销费用的案件层出不穷。经销商当然希望当地价格稳定，KA 价格乱了，经销商利润就会下降甚至出现亏损，所以经销商怨言颇多。公司在要求业务部门加强管理的同时，也要求审计部独立查检控制价格风险。

通过公共关系平台进行风险监测的具体方式主要有问卷调查、走访、远程沟通等。

问卷调查是这些方式中成本最低、应用最广泛的监测方式。问卷调查通常收集的是系统缺失的、不准确的关键风险数据和非数据类信息属于。问卷内容简单易懂、相关性强，设计者在设计问卷时要通过说明、事前沟通等方式让问卷填写者对相关内容的理解一致，避免形成自说自话的结果。

纯粹的问卷调查效果往往比较差，没有直接的交流与沟通，双方很难达成理解与信任。经常的走访、时常的电话交流是很有必要的。问卷回收后，对调查的结果应用要有反馈，让风险监测参与方感到每一次问卷能有实际的作用和效果，所以要做到问卷与日常互动相结合。

2. 投诉管理

投诉管理对审计部门开展公共关系活动至关重要，它是审计部门收集风险信息、管控风险的重要工具。令人满意的投诉处理具有重要的意义：

（1）可以提升员工与合作伙伴对企业及企业文化的忠诚度；

（2）可以有效、及时处置腐败及风险；

（3）可以增加审计线索，降低审计成本与审计风险；

（4）可以有效保护员工与合作伙伴的正当利益，促进企业健康运行；

（5）可以有助于提升审计部门的形象与信任度。

要做好投诉管理，达到理想的投诉管理效果，就要做好明确投诉受理范围、投诉时效管理、投诉闭环管理、投诉协同管理、投诉人的保密与保护五个方面。

一些公司要求审计部门在投诉管理初期有诉必应，但却经常遇到令人哭笑不得的事：有投诉赠品少了两把菜刀；有投诉谁和谁关系好，经常一起吃饭，认为肯定有利益交换，要审计部门去查；还有投诉某人生活不检点等。

在有诉必应的要求下，审计人员疲于奔命，有颇多困扰。对此审计部门完善了投诉受理范围与标准，把范围限定在以下方面：①内部人员利用职权玩忽职守、滥用职权或贪污受贿；②外部客户对账目存在疑虑，需对账目、费用进行核对；③办事处商场价格管理不善，对客户（经销商）经营造成重大影响；④虚假工程等扰乱市场经营秩序；⑤扰乱正常招投标秩序；⑥其他有损公司、员工及相关方合法权益的行为等。而诸如生活不检点等作风类问题，任务分配、赠品分配等业务类问题，审计部门与人力资源部门、业务部门建立协同关系，交由相关部门归口管理，审计部门只需跟踪处理结果即可。这样，既大大减少了审计人员的工作量，又使各类投诉能得到归口管理。

对于受理标准，业务部门曾提出为了避免对干部的诬告，应该要求实名举报，对于匿名举报应一律不予受理。审计部门通过研究认为，实名举报对投诉人的保密与保护都有巨大的难度，将大大挫伤相关人员投诉的信心与积极性；对干部的结论不是由投诉内容，而是由审计调查确定的，所以仍然受理匿名投诉，但要求必须具备明确的事件、时间、当事人等关键信息，对于谁与谁关系好，可能有利益输送这类信息不完整的投诉，可以不予受理。

投诉受理的标准与范围应通过公共关系平台的相关渠道，比如微信公众号等传播手段定期宣传。

投诉有较强的时效性，但审计人员往往有较多的例行审计工作。特别是涉及外地的投诉，通常希望在下次例行审计时一并处理，但拖延的作风往往会导致很坏的结果。比如审计部门在处理一起终端质量投诉时，投诉人就有很大的情绪："我一年前的投诉，你们怎么现在才处理？现在终端都拆除了，你们看得到吗？"所以，及时处理投诉对于投诉处理的有效性、树立审计部门的公信力都有重要意义。某公司审计部就对投诉实现了专人管理，内部规定了投诉 24 小时响应、调查周期不超过 15 天的要求，这大大提升了投诉受理的时效性。

投诉的闭环条件要尽可能清晰，通常应具备事实调查结果、处理意见、内部控制排查等要件。比如有关财务人员虚报费用的投诉。首先要有调查结论，说明事实是否存在，其情节、金额、性质是否与投诉一致；然后给出处理意见，明确按照制度应当如何处理；最后得出这一事件在内部控制上是否有重大风险等结论。

3. 输出信息与观点

输出信息与观点是审计公共关系平台的核心功能。公共关系是一种创造美好形象的艺术，很多人做事讲究"天时、地利、人和"，把"人和"作为事业成功的重要条件。公共关系就是要追求"人和"的境界，为组织的生存、发展或个人的活动创造最佳的软环境，以赢得社会各界的了解、信任、好感与合作。审计公共关系平台达成输出观点的方式有很多，如广告、新闻、软文与多媒体传播等。

广告这一输出方式的优点是成本低，制作简单，比如审计部门逢年过节发送廉洁提示、廉政宣传等信息；缺点是随时间推移效果衰减很快。

新闻这一输出方式是运用案例、事实，通过案例通报、公司新的制度政策解读等，真实、客观地把审计的工作成果、关注重点等对外宣传。

香港廉政公署投资的电影、电视剧就是典型的软文与多媒体传播，获得了广大市民的认可与喜爱。相关电影、电视剧在市民与公务人员中有效树立了香港廉政公署公正、权威、有力的形象，强化了法治观念。

案例：有吸引力的公共关系

某公司审计部为加大审计公共关系的效果，推出了审计部的公众号，并将审计部职责、投诉受理细则、公司廉政文化等进行推广，但反响寥寥。审计部通过头脑风暴，认为通过加大软文与多媒体投放可能会取得更好的效果。于是，审计部组织收集员工与相关方的风险控制关注点，并就员工向经销商违规借款、违规承诺费用、窜货等多发生，且大家共同关心的话题，制作了"审计小姐姐讲制度"系列视频，通过情景剧小视频形式进行宣传。相关视频发布之后，审计部公众号的关注度、阅读量大幅提升的同时，相关违规与腐败的有效举报同比提升 300% 以上。

责任机制

　　增值型内部控制比较重视责任机制所产生的作用，在控制活动中通常会把风险责任机制落地，作为衡量控制设计与执行有效性的重要指标。与控制活动中针对风险的责任机制不同，公司层面的责任机制要更完整、系统，公司层面的责任机制是构建良好控制环境的关键。公司层面的责任机制整体性缺陷，必然导致具体控制活动中的责任机制形同虚设。

　　公司层面的责任机制健全的要素是：触发机制、问责发起、受理程序、受理机构、问责主体的权利与义务。

案例：责任机制

　　某公司审计部近期遇到不少烦心事。

　　基建设计图纸深化程度不足，一直影响招投标，在后期施工中大量产生变更签证，不断给公司带来大额的损失。审计部一再提出意见，工程建设部设计人员态度良好，但坚决不改。

　　审计人员一再发现采购的日常物资价格普遍偏高，希望采购部自查自纠，全面梳理日常物资价格。采购部却以人手不够为由，一直拖延。审计部查到哪个物料价格高就降下来，不查就不管。

　　营销系统销售人员本来就不服管，对制度根本不在乎，出了事就一句："虽然违规，但我是为了业务、为了公司，我没拿钱。"销售人员被罚款后，之后还会出同样的问题。

　　审计部希望强化责任机制，对已经产生风险、造成损失的行为，追究相应责任人。但制度中不可能规定因为图纸深化程度不够等问题就处分员工。员工手册虽有对造成损失的部分问责的要求，但对谁问责、什么样的情况可以问责、相关人员或部门不认可问责怎么办，都没有约定。审计部经研究决定，按员工手册问责，结果光说服人力资源部门受理这事就花了一个月。制度对于是否符合问责条件、异议怎么裁定，也没有规定，只能人力资源、审计、业务部门来回扯皮，折腾了六个月才算有个基本共识：各部门商量确定最后该定什么样的处分。最后各部门还因为罚责不清楚又纠缠了一个月。一项简单的问责，持续了这么长时间，说明在公司层面的责任机制存在严重缺陷。

在审计部的建议下，公司明确了人力资源部作为问责的受理机构，明确了聆讯、举证、复议流程，至于触发机制与定责标准，业务部门尽量在制度体系中加以明确，制度无法明确的，由审计部对采购、工程建设、营销等高风险岗位拟定《审计负面清单》加以界定。

虽然审计部就清单中条款与业务部门、人力资源部进行了激烈的讨论与沟通，但是随着《管理干部问责制度》《审计负面清单》的出台，问责平均时效提高到五天，各方面的冲突与争议大大减少。

在问责机制的顶层设计中，应遵循以下几个原则：立法有度、执法必严、团结打击、依规定责、无罪推论、举证明确、查处分离。

立法宜仁宜轻，问责立法的根本目的不是处罚，而是解决问题。立法应体现教育前置、坦白从轻、改过从轻等内容。立法不宜过于严苛，过严将增大打击面与打击力度，容易造成法不责众、选择性执法的问题，损害法规的公正性、权威性。

问责带有司法性质，而司法腐败历来都是危害性最大的腐败行为。审计部门应加强自身廉政建设，做到依法审计、依规定责，要把无罪推定、谁提出谁举证的原则落实到证据与责任认定的规范中。定责过程中要实现查处分离，审计部门负责查，而人力资源等部门负责判定等；要设立复议机制，接受被问责人、相关部门的监督。

人力资源政策

好的人力资源政策能让符合公司文化、恪尽职守、创新发展的干部得到奖励与提拔，让懒惰、奸猾的干部得到处罚与淘汰，这样才能让管理层行为与公司战略达成一致，才能让干部群体的胜任力不断提高。好的人力资源政策能保障干部、员工的合法利益，使其能有效承担自己的内部控制责任，避免因履行内部控制责任而遭到不公正待遇。

案例：一言堂的终结

　　某公司审计部在大连审计中发现，新任的销售经理半年时间列支了800 余万元临展终端费用（通常分公司全年临展终端费用最多数十万元），这种行为已经不是不合理的问题了。按理分公司有专职的市场经理，对终端的预算、质量、真实性进行管理。审计部调查发现，该市场经理对这些展会分别是在哪里做的、真实性管理有没有记录与拍照、终端展台有没有按规定重复利用等问题，一问三不知。为什么重要职能岗位没起到应有的控制作用？审计部通过进一步审计发现，这位销售经理比较强势，对于其不正当的要求，原市场经理是反对与抵制的，但很快遭到了不公正的待遇：绩效差评，工作调整，被指派到小区发传单。没多久，原市场经理就只能离职了。销售经理马上把原销售机构的市场经理调过来，这个人不专业但很听话，让干什么就干什么。签了一堆的合同，相关部门也不履行真实性控制的责任，展会一闭会，展台就拆了。到底有没有做工作，做了多少工作，再没人得知，给公司造成了巨额损失。

　　这个案例是典型的人力资源政策失效导致的控制失效。市场经理等重要职能岗位是受分公司经理与总部市场部双线领导的，但这些职能岗位长期因履行控制职责遭受不公正待遇，没有得到市场部和人力资源部的有力支持，虽是双线领导，也逐渐丧失了应有的控制管理功能，分支机构就成了一言堂。

　　针对上述案例，审计部可采取三项措施。①把人力资源政策纳入审计范围，特别对分支机构市场经理、财务经理、人力资源经理、服务经理等关键管理岗位异动、调岗、离职、绩效等，通过协同人力资源部进一步规范相关制度，并在例行审计中对这些制度的执行进行检查。②审计部每年向员工进行例行问卷调查，对反馈的问题进行核查和处理。③强化职能岗位的责任，把其关键履职行为纳入审计负面清单管理：一方面，落实各职能岗位的责任；另一方面，为各职能岗履职，避免其因畏惧而放弃内控责任提供保护，让这些岗位的管理干部有足够的理由反对来自上级的不正当要求。随着这些措施的有效推进，分支机构一言堂的局面将得到根本的转变。

案例：劣币驱逐良币

销售系统的考核往往比较简单直接，就是拿业绩说话，能完成任务就升职加薪，完不成就降级淘汰。在企业发展初期，这种简单的考核方式一般问题不大，但随着企业规模的扩大、营销方式的精细化，这样的考核就容易出问题。某公司审计部在呼和浩特分公司审计时发现该分公司在市场状况普遍不好的环境下，较大幅度地超额完成任务。但审计部通过进一步审计发现，业绩中有近一半是有水分的。分公司总经理通过威逼利诱，向经销商大量压货，等经销商没有资金了，就在 KA 系统大搞促销，低价销售，默许促销员低价囤货，高价卖出获利；临近考核期，干脆以高息从财务公司融来款项充作销售款。分公司总经理一系列的不当操作把员工队伍带垮，经销商濒临破产，公司在当地的品牌形象破坏殆尽。究其原因，是公司根据业绩选拔大区经理，一旦当上大区经理，被破坏的市场就可较交他人。

审计部通过进一步调查了解到，公司有这样心态的分公司总经理并不在少数，而且不少大区经理确实也是这样获得职位的。这样的人一旦走到更高的管理岗位，对公司来讲绝对是灾难。更大的权利会在更大的范围造成破坏，会让长期经营市场、维护公司利益的销售经理在竞争中失败。一个组织发展中最可怕的就是劣币驱逐良币，它会迅速降低组织能力，败坏组织风气。如果组织中充斥的都是这样的干部，那么，任何审计与内部控制都是无用的。

针对这一状况，审计部将离任审计范围扩大到调任，审计内容也增加了经营质量、业绩等方面的内容；同时改变了以往审计结果只与被审计单位挂钩的惯例，对关键干部建立了风险履历，把一定期间的任职组织风险、风险事件记录进档案。审计部又与人力资源和业务部门协同，指出当有升职、评奖等环节时，应参考审计部给出的干部风险履历。

在新一轮的干部选拔中，就出现了一些干部因在风险管理上存在责任，而失去升职机会的情况。建立风险履历，也可以算作更软性的责任机制。这些机制的推进，在很大程度上对公司人力资源政策进行了补充。

第 7 章

增值型内部审计在企业组织管理中的应用

内审要科学，处理要哲学。

——李如祥

企业组织管理在风险管理中的作用日渐提升，企业组织管理水平和决策质量直接关系到企业是否能够持续经营、资产质量是否良好和经营效益是否提升。企业的内部审计通过开展积极的审计活动，规范企业组织管理活动，优化企业组织管理者的决策行为，发挥企业董事会、监事会、高级管理层的治理作用，打击企业领域的违法犯罪活动，减少企业资产的损失，提高企业的管理效率，为企业发展奠定良好的环境基础。

传统的企业组织管理审计主要是从决策管理、经营管理、绩效管理的合规性入手，通过查错纠弊来规范企业的经营行为。这种审计强调的是对制度的遵守情况和业务操作的合规情况进行审计，审计目标单一，项目单调，效果不佳，与内部审计的监督、评价、咨询职能要求相差甚远。

企业内部审计强调"有为有位"，为实现内部审计对企业组织管理审计的价值增值作用，就需要在传统企业组织管理审计的基础上，引入增值型审计。开展企业组织管理增值型审计，有利于实现组织管理环节的增值目标。这个目标就是管理高效、决策科学、绿色发展、风险可控、效益领先、服务提升，战略客户群体巩固和优化，"三位一体"的风险防控体系的构建。

企业组织管理增值目标的实现，必须围绕企业治理决策、业务管理、产品渠道管理、业务绩效管理等重要管理环节展开。企业组织管理效能提升和风险控制需要上述四个环节共同作用，相互联动。不仅要从企业治理的机制入手，而且还要夯实优化制度和流程的管理基础；不仅要从加强产品渠道管理着眼，而且还要有高效的业务绩效激励机制的推动，使企业"远离麻烦、远离案件、远离风险"。

7.1
避免"迷失方向"——企业治理决策环节重点风险及控制

企业组织管理中最重要的是企业治理决策，它在企业经营管理中地位超然，决定企业战略发展的方向。科学的企业治理决策可以使企业健康发展，避免"迷失方向"。因此，企业治理决策审计流程复杂，审计对象敏感，审计问题确认困难，整改难度大，内部审计很少涉及。但是，如果内部审计部门放弃企业治理决策审计，就会影响到企业的战略规划、业务发展、风险防控和经济效益以及社会责任的履行。企业治理决策的优劣是关系到企业兴衰成败的头等大事。

企业治理决策审计的目标是通过开展审计工作，进一步了解企业治理状况，促进企业治理不断趋于科学、合规和有效。审计的重点包括董事会、监事会、高级管理层的管理决策和治理机制。

权利约束——董事会治理决策审计的"关键点"

在公司制企业的治理机制中，董事会要担负企业战略发展、风险防控、业务定位、绩效激励等的决策主体责任。董事会的经营决策，关系到企业的战略定位和业务发展的方向，关系到企业的正常经营和社会责任履行。董事会的作用非常重要，所以，其权利需要约束，避免出现权利失控的现象。

董事会治理决策审计，需要重点关注的风险如下。

一是董事会未根据股东会的授权，建立健全董事会的组织架构和决策机制，造成权利失控；未制定科学的议事规则和流程；未建立高质量发展的企业愿景和诚实守信的企业文化以及稳健合规、符合可持续发展目标的经营理念。

二是董事会在企业治理中没有开展提升企业治理有效性的创新活动，在企业文化中没有倡导开拓进取的创新精神，没有为客户提供产品和服务方式的创新；未持续提升为客户提供可持续服务的能力，风险管理体系不健全，未能充分识别业务发展中的风险，风险管控措施不当，给企业造成巨额经济损失；未能在保障股东利益的同时，建立健全绩效考核机制，维护员工的利益，保证女性员工和少数民族员工享有平等的晋升发展环境；在董事会运作中未能避免出现一言堂或内部人控制的情形，造成侵占企业资产或者损害企业利益事件的发生。

三是董事会运作不规范，未能积极发挥在企业治理中的主体作用，采取通讯表决方式审议利润分配方案，造成利润分配中小股东利益受损；董事会审议重大投资、重大资产处置方案、聘任或解聘高级管理人员、资本补充方案、重大股权变动以及财务重组等重大事项的程序不合规；董事会不能主动与监管部门进行互动，听取监管部门的意见，及时通报监管部门的制度、监管意见、整改建议，造成监管制裁；董事会对监管通报、监管意见、现场检查意见书等监管文书提出的问题，不能有效督促整改并及时评估整改效果。

董事会治理决策审计的方法有：调阅董事会相关的制度、议事规则、会议记录和决议，审核相关的议案，查看各种议案的落实情况，跟踪分析年度报告、财务报告、经营分析报告、审计报告、工作成果记录、生产经营台账记录等；利用大数据分析销售完整性和合规性、投资的有效性、成本控制的合理性，审计有无舞弊等情况发生；访谈公司董事、执行董事、外部审计师、监管部门，分析和测试董事会决策的科学性和决策机制的有效性。

案例：内部审计为制造企业战略转型护航

某集团是生产工业机床零配件的专业公司，面临着市场竞争激烈、市场份额进一步萎缩的困境。为了提高集团竞争力，集团通过调研准备转型生产工业生产用机床整机，并制定了企业战略转型实施方案。集团董事会委托集团审计部对企业战略转型方案可行性进行评估。

审计部认真研究了集团战略转型方案，以及工业生产用机床的市场前景，采取市场调研，充分了解目前工业生产用机床的厂商的生产能力、技术标准、市场份额分布、竞争能力，预测了未来机床的销售前景和盈利状况，方案做得非常有说服力。审计部也请教了行业专家，专家也比较赞同该方案。但是，审计人员研究了近五年生产机床用到最多的高强度合金钢和铜的价格和供应量变化，绘制了趋势图。从趋势图可以看出，高强度合金钢和铜的价格波动比较大，最低价和最高价变动幅度达到 450%，直接影响机床的定价和公司的盈利。转型方案并没有关注到原材料价格的变化，没有相应的应对方案。因此，原材料价格的波动成为战略转型方案的关键风险点。审计部建议集团成立衍生产品交易部，负责对大宗商品价格的监测与预测，从事远期价格管理，降低原材料价格波动，管理原材料价格波动带来的市场风险。

集团采纳了审计部的建议，使集团转型生产工业用机床的战略顺利落地，规避了原材料价格剧烈波动带来的风险，赢得了客户信任和实现了市场份额的不断扩大。

董事会治理决策审计还需要关注的重点风险有：董事会没有积极发展专业委员会的作用，没有开展风险评估、财务监督、重大投资评价、关联交易管理、薪酬考核机制检查等专业活动；没有建立独立董事制度，独立董事未认真履行职责，造成企业的资产损失；未建立健全关联交易管理制度，未建立完善的关联自然人、关联法人等关联方以及关联交易的认定标准；未建立全面、动态的关联方名单；未按规定及时披露财务会计报告，给企业带来声誉影响。

针对上述风险的审计方法有：调阅企业的关联方清单，访谈关联交易管理部门以及企业法律顾问，利用外部数据查证关联方的完整性；查阅独立董事制度、独立董事履职声明和履职台账，调阅独立董事签署的文件；分析企业的薪酬制度，了解员工对薪酬制度执行情况的意见；查看企业信息披露文件，了解信息披露的完整性和及时性等。

案例：权利失控造成关联交易案件发生

某金融投资公司审计部在开展关联交易审计时，利用计算机审计模型，对大额交易以及频繁交易的客户进行筛查，选取年度新增客户交易量在前10的客户进行重点审计。通过分析一年的交易数据，审计人员发现金融市场业务中存在金额在10亿元以上的大额可疑交易的客户有6个，分别是某城市投资有限公司、某电子科技发展公司、某机械制造公司、某金融科技信息公司、某信托资产管理公司、某光电产品生产公司等，金融投资公司与这6家公司的交易是投资购买企业债或者企业的商业承兑汇票，涉及金额为136亿元。

审计人员调阅6家公司的授信资料发现，这6家公司分别注册在不同的城市，法人代表也不同；授信报告分别分析了6家公司的经营状况和资产负债情况，授信结论是经营状况良好。这6家公司的授信时间比较集中，且公司经营时间较长，最短的一家公司已经超过3年，可奇怪的是6家公司都是被新股东在一年前买入的。原公司在买入前经营业绩平平，被新股东买入后业绩大幅度提升。

审计人员利用网上工商登记信息进行联网核查，发现6家公司的财务总监都曾在西城集团工作，西城集团是否就是该金融投资公司的大股东？九名董事中，西城集团按照持股比例派驻两名董事，分别担任总经理、金融市场总监。西城集团的出现是巧合还是漏洞？审计人员决定好好查一查。

审计人员首先去询问授信管理部总经理张某，了解对6家公司开展投资业务的授信背景、授信管理部授信审查，以及是否存在关联交易情况。张某说："这6家公司是西城集团派驻的董事，即总经理赵某引进的，目的是推进本公司的金融市场业务，提高公司的整体盈利能力。我们也派人到 6 家公司做了实地调查，6 家公司都在正常经营。没有发现有关联交易的情况，股东相互没有关系。"审计人员又去问金融市场总监李某，李某说："6 家公司经营良好，买进的资产收益大，风险可控，按时偿还利息，授信部已经做过授信审查，也没有发现问题。这 6 家公司是总经理引进的，不会有问题的。你们审计人员要理解我们做业务的困难，争取一个客户不容易，要换位思考，不能无端怀疑我们的客户。"审计人员认为通过询问无法取得进展。

审计人员着手对 6 家公司提供给金融投资公司证明经营实力的交易合同和交易流水进行分析，发现 6 家公司的交易合同中，6 家公司互为交易对手，交易流水划转频繁，相互之间划转的交易占整个公司销售额的 70%。审计人员在交易流水中也发现了西城集团的影子：金融投资公司购买 6 家公司资产的资金，6 家公司在收到后当天就划转给西城集团，6 家公司给金融投资公司的利息也是西城集团通过省外的账户划入的。审计人员通过进一步了解发现，西城集团购买 6 家公司，派驻财务总监控制 6 家公司账户和资金，利用隐名股东，骗取金融投资公司资金。

审计人员还通过网络媒体梳理法院受理的案件，发现一年来西城集团投资新能源汽车和开发连锁超市都遭到失败，资金链存在严重困难，多个企业债违约，法院的诉讼案件也显示西城集团面临着多家银行的诉讼。

审计人员向金融投资公司董事长报告了西城集团利用关系人派驻董事，掩盖关联交易，规避关联交易审查，为股东公司进行利益输送，骗取和挪用资金且金额巨大的违法事实。

金融投资公司董事长对审计发现非常重视，立即召开公司高层会议，研究部署全面业务排查活动，停止总经理、金融市场总监的职务，审视公司风险决策机制存在的问题，向上级部门和监管部门报告重大风险情况，启动应急预警机制，申请保全西城集团股份和资产，出台新的风险防控制度和措施，避免出现重大资产损失。

瞪大"第三只眼"——监事会治理决策审计的"定海神针"

监事会治理机制是指监事会利用其职权去巡视董事会、高级管理层的决策及其执行情况，纠正偏差。监事会受股东的委托，对董事会、高级管理层的决策及其执行情况进行监督，保障股东利益和企业的资产安全。

监事会治理决策审计，需要重点关注监事会运作中监督不到位和监事会履职能力不足的风险。具体表现在以下方面。

一是监事会没有履行受托责任，肩负起保护股东利益、员工利益和社会利益的责任。

二是监事会没有监督董事会、高级管理层勤勉尽职，认真履行职责；没有监督董事会、高级管理层完善企业内控制度、企业组织架构，制定并推动实施发展战略，完善风险管理、消费者权益保护、内控合规、薪酬考核、内外部审计、信息披露等相关机制；没有有效监督董事会各专门委员会有效运作情况，以及董事参加会议、发表意见、提出建议情况等。

三是监事会未组织开展对发展战略和经营理念的科学性、有效性、合理性以及实施情况的监督与评估；未认真组织对重要财务决策和执行情况、利润分配方案的合规性和合理性、机构定期报告的真实性、准确性和完整性等财务状况进行监督；未对新业务、新产品的管理制度、操作流程、关键风险环节和相关信息系统等内控合规情况进行监督；未对落实监管意见以及问题整改问责情况进行监督。

监事会治理决策审计的方法有：观察董事、高级管理层的履职行为，查看董事、高级管理层的履职档案以及董事会、高级管理层的议案和决议，检查董事、高级管理层成员的经营管理活动的合规性和有效性，评价监事会对董事、高级管理层的履职评价是否恰当；听取股东、监事、监管部门的意见，了解股东、监事、监管部门对监事会工作的意见；审阅监事会制度、议事规则、会议纪要、委员会议程和报告，评价监事会履职有效性；分析监事会工作成效、监管意见、外部审计报告评价监事会履职能力。

案例：资产处置违规，其目的为何

某公司审计部在审核资产处置流程时发现，公司有多处闲置资产处置存在很多疑点。公司章程规定，对于"三重一大"事项，必须在董事会决策前征询监事会意见，监事会履行对董事会决策的监督职责。

审计部发现公司的资产处置未征询监事会意见，直接由资产管理公司报董事会审议通过，资产金额达到 9 800 万元，资产包括两处房产和四台设备。审计人员查看资产交易清单发现，购买方为一家物流公司。为什么重大资产处置没有按流程征询监事会意见，而是直接经董事会审议通过？是不懂流程还是疏忽所致？带着疑问，审计人员认真审核了董事会关于闲置资产的处置方案和附属的相关资料。审计人员翻遍资料都没有找到处置资产的价值评估报告。是没有评估报告，还是评估报告没有归档？关联交易审查报告为什么没有独立董事的签字？资产处置为什么没有走拍卖流程？

审计人员核查后得知，资产管理公司并没有请资产评估公司对闲置资产进行评估，而是采取向第三方资产中介询价的方式获得闲置资产价值，此后向董事会提交了第三方资产中介提供的询价报价书。相关负责人称：关联交易审查没有独立董事签字是由于时间紧迫，独立董事刚好不在国内，无法签字和审查关联交易，关联交易审查报告由资产管理公司工作人员进行了关联交易审核，在董事会上给予了说明；资产处置没有走拍卖流程，是为了省一笔大额拍卖费用和快速回笼资金，也是董事会审批同意的。难道这就是真相吗？审计人员将闲置资产的资料送到资产评估公司进行估价，初步评估价为 12 300 万元，与同地段房产和同型号二手设备进行对比，明显发现处置资产被低估了。为什么会被低估，是否存在关联交易？审计人员在工商注册系统查询了购买方某物流公司，未发现其经营范围有经营资产处置和利用设备进行生产的相关业务。该物流公司购买房产和设备不是自用也不是为了销售获利，那能做什么？物流公司年报中披露的一个数据引起了审计人员的重视：其他应付款 9 800 万元，代付某资产管理公司房产和设备款，备注是某光电集团公司。这个某光电集团公司不正是公司的大股东吗？也就是说，最终购买处置资产的公司为公司的大股东某光电集团。审计人员终于明白，资产处置违规，不是董事会不懂得流程，而是大股东为了规避关联交易审查。大股东让物流公司出面，不经过拍卖和资产评估就处置资产，是为了将公司利益输送给大股东，如果走监事会征询意见流程，一定需要独立董事做关联交易审查、资产评估和拍卖，利益输送就不能实现。审计部根据审计的情况，向监事会进行了汇报，监事会启动问责程序，对相关责任人员追究了责任，追回了低估的资产损失。

案例：监事会、业务部门与审计的协同机制显成效

某公司的审计部组织开展投资金融资产质量专项审计，审计中发现公司投资资金用途不合规，审批申请是购买 A 资产，购入时却是 B 资产。两个资产虽然都是某信托公司发售的资产，但是 A、B 资产投向不同，所包含的底层资产也不同，所对应的资产风险不同。审计人员还发现，未实现资产和资金流水进出的一致性存在问题，公司所持有的资产存在一项资产对应多笔资金，或者多项资产对应一笔资金的情况，有的甚至是一个资产池，所有的资产都混在一起；资产持有期间，资产出售和回笼资金没有单独核算，没有建立资产和投资资金相匹配的台账，导致投资资金和资产总额存在差异，明细混乱，资产管理责任不清。

上述问题不仅涉及公司投资部，还涉及财务部。审计部在与两个部门的沟通中发现，两个部门存在相互推诿的情况，都不愿意牵头组织对审计发现问题的整改。

审计部为了实现跨部门整改，及时将审计发现问题及审计整改建议向监事会进行报告，请求监事会协同高级管理层，督促公司投资部、财务部进行整改。监事会高度重视，专门召开业务分管副总经理及投资部、财务部、审计部负责人参加的联席会议。同时监事会协调开展同业业务交流学习，借鉴同业对投资资产业务管理经验，由投资部牵头、财务部协助，重新梳理和完善投资资产业务管理制度，完善了投资资产业务系统，实现了资产和资金的系统联动，解决了资产和资金核算混乱的问题。监事会还组织将业务审批流程嵌入业务系统中去，避免出现审批流与投资资产业务流的脱节，避免出现责任不清的问题。监事会、业务部门与

审计部的协同，不仅提升了审计成果落实的时效性，而且加大了审计成果转化的力度。

尊重"规则"——高级管理层治理决策审计的"重中之重"

高级管理层是由公司总经理、副总经理、财务总监、风险总监、市场总监等组成的管理团队，负责执行董事会的决议，根据公司战略目标制定经营策略，带领公司全体员工完成经营目标，实现公司资产保值增值，维护股东和员工利益。

高级管理层治理决策审计需要重点关注的风险有以下几个方面。

一是高级管理层未认真执行董事会决议，没有根据董事会制定的发展战略、风险管控措施对战略进行分解、制定相应的贯彻落实的政策措施和配套的激励机制，造成公司业务偏离战略方向，发展停滞不前，业务数据下滑严重等。

二是未建立健全风险控制体系，公司风险控制机制运行不健全，资产质量下降，违规案件和风险事件不断，破坏了公司正常运营的环境，损害了股东和员工的利益。

三是未建立以总经理为主的经营团队和财务、投资、风险控制等专业委员会，市场营销能力不足，产品不符合市场需要，造成风险与业务规模不匹配。

四是没有建立科学的薪酬激励体系，员工工作积极性差，团队战斗力弱，影响公司的业务发展。

高级管理层治理决策审计的方法有：通过调阅高级管理层的工作报告、会议记录、经营分析报告、市场调研报告等，查看高级管理层对董事会决议议案落实的情况，听取高级管理层对董事会决议以及重大事项的贯彻执行情况的说明，查看公司的备忘录、大事记等；调取公司经营业务数据、财务数据、生产销售记录数据，分析公司经营状况、各项业务指标完成情况，访谈内外部各岗位人员，了解其对公司战略落实以及重大决策科学性的意见；向部分员工代表发放调查问卷，了解员工对业务经营、业务管理、风险防控等方面的意见和建议；利用穿行测试，评价公司内控制度是否有效，并持续执行。

案例：业务经营下滑，业务指标堪忧

某公司审计部为推进战略目标落地，提高经营层决策有效性和科学性，组织开展经营指标合规性和科学性专项审计。审计人员采取的措施有：调阅业务报表，复核业务指标计算准确性，核实业务指标计算口径；抽查风险资产真实性，核实业务资产质量；函证银行存款和应收账款，核实利润的真实性等。审计人员发现，2020 年公司的主要业务指标完成很不理想，12 个业务指标有 6 个未达到集团公司最低要求，有 8 个指标呈下降趋势，特别是现金准备充足率、优质流动性资产充足率、利息保障倍数、现金准备充足率、资本利润率等恶化严重。具体情况，见表 7-1。

表 7-1　2020 年主要业务指标情况

项目	2020 年 12 月末	比年初	是否达到集团要求
资本充足率	10.92%	−1.68 个百分点	是
资产不良率	2.87%	2.07 个百分点	否
总资产周转率	177.44%	7.96 个百分点	是
现金准备充足率	181.02%	−131.07 个百分点	是
成本收入比	91.44%	59.39 个百分点	否
资产利润率	0.02%	−0.14 个百分点	否
资本利润率	0.33%	−1.77 个百分点	否
流动性比例	40.68%	−10.00 个百分点	是
优质流动性资产充足率	121.86%	−48.85 个百分点	是
利息保障倍数	2.1	−102.14 %	否
核心客户依存度	68.66%	7.13 个百分点	是
市场需求缺口率	−14.83%	−1.92 个百分点	否

审计人员分析，原因主要是公司的销售下降，产品质量不高，资产不良率上升，而且上升幅度非常大，直接导致资产利润率和资本利润率下降。同时，由于年初出现流动性风险，高级管理层为了应对流动性风险，增加负债，增加了筹资费用，造成利息保障倍数降低，负债成本增加，营利性指标恶化。流动性指标虽然达标，但不稳定性因素增加，恶化的可能性增强。

审计报告建议高级管理层要调整业务发展的方向和结构，转型未来发展前景好的业务，增强业务现金流，把好业务的准入关，实施公司资产质量的源头控制，加强账款的催收管理，及时发现风险隐患，及时处置，减少资产损失；在解决好流动性问题的基础上，采取多渠道融资和场景融资，降低负债成本，提高公司的盈利能力。

另外，针对高级管理层治理决策审计，还要关注政策落实风险，重点审计以下内容：高级管理层是否研究贯彻落实国家的方针政策、上级部门的重要指示和重要工作部署等重大问题；是否研究决定董事会贯彻落实国家政策的工作计划及其落实措施，讨论、检查高级管理层自身建设工作；是否研究企业发展战略、中长期发展规划、重要经营方针和改革方案，以及有关案件、重大违规事故（事件）的责任追究；是否研究在审计工作中发现的重大问题落实整改处理情况等。

针对上述风险的审计方法有：查看企业的发展战略、国家的政策文件、会议记录、决议方案等，查询高级管理层对董事会提交的发展战略、国家政策落实的讨论情况和落实情况；同时，查看公司主要战略指标、国家政策完成情况，利用数据分析战略目标、国家政策完成质量，与同行业总体情况进行比较，检查发展速度和规模效益是否匹配；查看高级管理层工作记录，访谈公司管理人员和业务、财务等工作人员，了解公司的运营情况；查询法院、公安、安全监督等部门的公开数据，了解公司有无被诉讼、行政处罚等情况，看是否有对重大事项未审议的情况出现，避免重大风险产生。

案例："良心"缺失，高级管理层环保政策落实情况跟踪审计

　　某集团公司审计部连续三年开展了高级管理层环保政策落实情况跟踪审计，主要对集团下属公司生产污水排放处理、空气净化、生产产品甲醛含量达标情况等重大环保政策执行情况进行审计，督促集团及其下属各公司坚持科学发展、绿色发展，确保产品质量达标、企业环境无污染，贯彻落实"绿水青山就是金山银山"的发展理念。

　　环保政策落实情况跟踪审计的重点在于政策，吃透政策背景，方能顺利、有效地开展审计工作。审计人员首先认真学习了关于环境保护的法律制度，逐条逐项地对照审计，审查集团及其下属公司政策落实情况。其次，审计人员摒弃了直接去查有无偷排污水和污染空气的情况、抽查甲醛不达标产品的传统审计方法，从审计环保治理环境入手开展以下活动：查看集团及其下属公司是否将环保政策落实纳入"三重一大"事项，报董事会审议；查看集团及其下属公司是否将环保政策执行写入公司章程，建立环保政策执行、监督的相关制度，成立环保政策落实的工作组织；查看相应的环保工作会议记录、讨论纪要、工作计划和考核情况，确定集团及其下属公司是否认真落实环保政策并且取得一定成效。再次，审计人员还通过暗访、突击检查，查看集团及其下属公司是否有违规排放污水和污染空气的情况，查看集团及其下属公司环保设备是否能够正常运行，抽查排污口的水样以及厂区排放空气的样品，抽检不同批次产品，送到检验部门进行检验，查明是否有不达标的排水、空气和产品。最后，审计人员还走访集团及其下属公司不同层级的工作人员以及环保工作人员、公司周围社区的居民、公司的客户，了解公司执行环保政策的情况和产品的合格情况；同时，调阅公司的财务数据和员工的考勤、工作岗位设置等资料，了解公司污水处理和空气净化设施的用电数据是否正常、是否设置环保设备管理岗位、是否有操作人员、是否支付工资、是否有考勤记录等，以此来验证这些环保设备是否日常保持运行状态，有无检查开启、日常关闭的情况出现。

　　审计人员通过政策学习、环保环境评估、数据分析、各方访谈、客户回访等，发现部分下属公司环保政策落实结果不理想。部分下属公司为了短

期的效益，环保设备白天开、晚上停，产品抽检批次不全，部分产品未执行集中清除甲醛再销售的流程。这是部分高层主管领导重视程度不够，决策传导机制不健全，考核引导不合理造成的。被审计单位根据审计结果，及时调整公司环保治理机制，设立了环保政策落实督导领导小组，监督环保工作措施的落实，建立有效的激励措施，调整绩效考核办法，对违规机构和人员进行了问责和处罚等，取得较好的成效。

7.2

修炼"内功"——业务管理环节重点风险及控制

企业组织管理中，业务管理是企业制度落实和效率提升的关键环节。业务管理提升是对企业管理的优化，需要企业各级员工根据业务发展的实际，对涉及企业的各项经营决策和管理工作进行不断完善，增强企业业务管理能力，提升企业各级管理者能力。

业务管理环节审计的目标是通过开展审计工作，进一步加强企业的经营管理，提高资产管理质量，完善企业的制度，优化管理流程和业务操作细则，减少冗余管理环节，提升服务质量；建立良好的风险控制制度，减少不良资产，提升资产质量，实现经济效益的最大化，为企业的业务发展、风险控制、科学决策提供审计支持。

业务管理环节审计的重点在于管理制度和流程有效性、总部管理部门能力提升、资产管理质量提升三方面，目的是优化管理、提升业务管理能力、减少业务风险和提升业务质量。

讲规矩，才会成方圆——管理制度和流程有效性审计的"焦点"

管理制度和流程是企业安全运行的保障，是规范员工行为的基础，是企业合规操作和防控风险的前提。开展管理制度和流程有效性审计是企业业务管理环节审计的重要一环。

管理制度和流程有效性审计需要关注的主要风险如下。

一是制度和流程缺失，先有业务再有制度，违背内控优先的原则，造成业务发展缺乏制度控制，从而导致业务失控，风险激增。

二是制度和流程不匹配，存在"两张皮"的情况，表现在：制度是从监管部门的指引和制度中照抄搬来的，内容空洞，缺乏可操作性；有的制度没有执行细节，员工无法操作，没有起到制度定规范，流程明确操作步骤、风险节点、防控措施的防风险作用。

三是对制度和流程执行不到位，或者根本不执行，将制度放在纸面，成为一种装饰、一种摆设；制度执行缺乏监督处罚措施，对于违规的行为，没有对应的处罚要求和方案，造成制度执行缺失。

四是没有对制度和流程实施动态评估，没有及时根据业务变化和监管环境进行修订和完善，制度形同虚设，毫无作用，造成企业风险控制失效，业务有章不循。

管理制度和流程有效性审计的方法和要点如下。

一是查看企业制度是否符合国家的法律、法规以及监管部门的要求。采取的审计方法有：将企业的规章制度与国家法律法规、监管部门的规章进行比较和匹配，找出制度文件中的差异，判断这些差异是否有实质性区别、是否影响企业业务的开展，主要看制度的相符性。

二是审计企业制度是否缺失。从企业制度的完整性入手，做到制度优先。比如当企业有金融投资业务时，检查是否有金融投资业务的管理制度和操作流程来规范业务的开展，防控风险。审计的方法主要是利用计算机辅助技术，对企业的交易数据进行分析，并且将交易数据与企业的账户信息进行匹配，找到新增业务品种，与企业目前的业务与制度进行匹配，判断业务与制度是否一致，从而发现制度缺失的情况。又如，根据监管部门发布的新的制度和规章，或者国家颁布的新的法律，看企业是否根据新的法律法规来修订完善企业制度，评价制度修订的及时性。

三是审计企业制度的有效性。通过审计企业的业务和处理流程，看现行制度是否能够规范企业的经营行为、控制风险、保障企业的资产保值增值，避免出现资产损失、控制失效、员工行为失控等情况。审计的方法主要有：采取穿行测试，验证企业业务流程和环节是否有制度进行规范，防控业务风险；同时，根据审计逆向思维，对企业已经出现的风险业务和资产损失、员工管控失败的案例进行复盘，寻找管理中出现的漏洞和制度制定中的缺陷，进一步完善企业的制度控制体系，提升企业管理能力和管理效益，实现审计为企业价值增值的目标。

案例：一个小动作，避免出现 1 亿元的融资借款损失

某公司审计部每年都会开展制度有效性审计，在一次例行审计中，审计部发现：业务部门为了更贴心地服务客户，修订了出口信保融资的操作流程，在制度上取消了向信保登记机构核保的规定，而让客户自己提供出口信保的提单和保单，并且让客户自己承诺提供出口信保融资资料的真实性。这样，若出现信保融资资料不真实的情况，信保融资借款人立即偿还借款，并且不诚信客户将进入公司的黑名单。

审计人员将发现的问题与业务部门进行沟通。业务部门坚持这是目前市场上通行做法，有利于维护客户，减少业务流程的冗余环节，可以节约公司的成本，提高办事效率，客户非常欢迎；并认为公司采取了必要的风险防控手段，比如主动要求客户提供信保融资提单和保险资料、承诺信贷资料真实性，并有严厉的违规处罚措施，加上保险承保，可以说万无一失。审计人员认为，向信保登记机构核保是公司控制业务风险的手段，不能因为优化流程、满足客户需求而减少必要的风险防控措施，也不能盲目相信有保险承保就万无一失，保险的前提是业务真实。

在审计人员的坚持下，公司高管层支持审计部的意见，业务部门恢复了向信保登记机构核保的流程。这引起信贷客户的不满，部分信贷客户转往其他公司办理业务。

最近在监管部门的业务通报中，业务部门惊奇地发现，从本公司转到其他公司的某客户利用虚假信保融资资料骗取信保融资承接公司业务款 1 亿

元的案例，利用的就是公司不到信保登记机构核保的漏洞。由于贸易背景不真实，保险机构不承担责任，办理信保融资机构除了损失 1 亿元融资款外，还受到监管部门的巨额处罚。至此，业务部门发自内心地感谢内部审计让他们躲过了一个"雷"。

核心提升，举足轻重——总部管理部门能力提升审计的"着力点"

为促进企业快速应对市场变化和决策管理扁平化以及职能上移的需要，企业会加大对企业总部管理部门能力提升的审计，进一步提升总部管理部门的管理能力和效率，并形成有效的内部控制机制和风险管理体系，从而促进企业业务的稳健发展。

总部管理部门能力提升审计关注的主要风险如下。

一是企业总部管理部门政治站位不高，不能认真执行国家的企业政策，未能认真学习领会监管部门的监管政策和监管要求，贯彻落实企业政策和执行监管政策不力。

二是企业总部管理部门不能认真履行企业赋予的管理职责，不能恪尽职守、坚持管理原则、履行管理职能；各部门管理职责不清晰，相互交叉，工作成效差。

三是企业总部管理部门不能认真贯彻执行企业的战略，不清楚战略方向，工作不力，工作中缺乏技能和方法、没有建立健全的制度和流程，不能实现企业的价值增值，造成风险事件不断、内控制度缺失、员工行为失控等问题。

四是部门之间相互推诿，工作精神涣散，注意力不集中，工作中不能形成合力，缺乏主动服务基层的能力和意识、风险意识，造成工作失误，给企业带来损失和浪费。

总部管理部门能力提升审计的要点：按照一个"坚持"，两个"保证"，三个"关注"，四个"重点"展开。一个"坚持"就是坚持内部审计为业务发展服务。两个"保证"：一要保证内部审计"无禁区"，审计业务覆盖全公司的所有业务、岗位和环节，任何一个部门和人员都应纳入审计范围；二要保证审计资源，公司高层为审计部门配备高素质人才和科技设备。三个"关注"：一要关注总部管理部门的制度建设和业务流程；二要关注总部管理部门的风险管控能力和创新能力；三要关注总部管理部门对问题的改进能力和持续完善能力。四个"重点"：一是科学制订审计计划，三年实现管理职能和部门审计的全覆盖；二是流程审计，评价管理部门制度有效性和工作流程的适宜性；三是关注被审计单位对制度的执行力；四是认真开展后续审计，监督审计建议的落实情况，巩固审计成效。

总部管理部门能力提升审计的方法有：分析总部管理部门的管理效能和管理绩效，查找总部管理中存在的管理缺陷和漏洞，观察总部各部门的内控制度和流程渠道建设及执行情况，对比排查业务管理中的风险点和风险隐患，测试企业的产品质量，评价客户的品质和数量，检查企业资产质量等。

案例：优化运营部门的管理职责，防控资金风险

某公司审计部在组织开展管理部门履职审计中，发现该公司城东分公司业务员办理零星收购业务，出现业务差错导致收付业务现金短缺9万元，主要原因是业务员对业务处理流程不清楚。业务运营部门设计零星收购业务流程复杂，业务员没有按照收货—记账—付款这一流程操作，导致先付款，后记账没有成功。业务员对此毫不知情，直到业务终了，才发现现金短缺的事实。

审计部发现城东分公司存在现金短缺的违规事实，经分析，主要原因有：业务操作流程设计复杂，财务系统与收购业务系统没有相互校验的功能；运营部门对业务员的业务培训不到位，业务员不熟悉零星收购业务操作的流程；运营部门没有和财务部门进行沟通，没有实现财务系统与收购业务系统的联动等。

针对审计问题及原因分析，审计部建议运营部门加强对业务员的业务

培训，强化运营部门的业务管理职能，重新设计零星收购业务流程，简化零星收购业务付款流程；增加业务处理与库款开启和账务处理的联动功能，实现收购商品入库，付款联动记账，在记账成功的情况下，自动解锁弹开库款款箱，系统控制付款业务先记账后付款，保障制度执行的有效性；运营部门与财务部门积极协调，共同开发新一代财务业务系统和收购业务系统，实现数据的联动和相互校验，减少业务处理中的操作风险，保障资金的安全。

资产效益来自哪里——资产管理质量提升审计的"要点"

为了加强资产管理质量，强化资产管理的流程、提升资产管理的效率是企业重要的管理工作。资产管理质量提升审计以防范和化解资产风险为目的，优化资产管理流程，从源头控制风险，主动识别客户信用风险，严控操作风险，保障资产安全，提升资产管理质量，提高企业管理效益。

资产管理质量提升审计关注的重要风险主要表现在以下几个方面。

一是资产管理缺乏相应的制度和流程，不能有效识别风险，未能严把准入关，造成资产损失。

二是资产管理重视第二还款来源，不重视第一还款来源，造成信用客户第一还款来源不足、现金流不足、没有交易流水，若贸易背景不真实，被授信人资信不佳、还款意愿不足，将导致应收账款不能按时归还，出现不良资产。

三是资产管理"重投轻管"：重视金融投资资产投放管理，投放时认真调查信用客户的生产经营情况，审查用信客户的资信状况和经营状况以及用信客户的还款能力；购入资产后却疏于管理，不及时开展投后资产检查，不能及时发现信用客户存在的交易风险，以及信用客户的资信变化，造成风险出现和资产损失。

四是其他资产管理缺乏相应的制度和规范，不相容岗位没有分离，管理流程缺失，没有相应的内控机制。

资产管理质量提升审计的方法和要点如下。

一是关注用信客户的第一还款来源。查看用信客户是否为实际资产负债率（含账面负债和或有负债）不超过 70% 的企业，是否为实际用信额度与其经营规模相匹配的企业；查阅资产发售单位流动资产是否小于流动负债，销贷比是否明显大于同类行业平均水平，经营活动的净现金流量是否出现负值、是否有亏损现象，主营业务收入是否比上年同期明显减少且经营行业已进入衰退期。

二是关注信用客户的非财务信息。查看工商信息网站、司法网站，看信用信客户是否存在单位、法人代表或主要经营者有重大涉诉、是被执行人、有违法违规行为等较大负面新闻；是否为环保未达标、高能耗、产能过剩或经营项目属于政策禁止性或限制性的企业；是否为供货来源和产销渠道单一，集中依赖某一客户的企业；是否存在征信不良记录。

三是关注信用客户抵（质）押物情况。查看信用客户抵（质）押物是否有效，是否存在被查封等情况；抵（质）押物评估价是否过高，抵押率是否符合规定；担保单位（人）是否存在代偿能力不足或操作上存在缺陷；单一土地证抵押的，是否按期开工、施工期是否满足投产规定要求，是否能按期实现土地证或相关批件注明的附属条件。

四是关注现金资产管理的有效性和安全性。查看现金资产管理是否符合相关的制度和流程，是否安全，是否满足企业的流动性需要。

同时，还要关注企业资产管理的状况，即关注其是否有规范和完善的制度和流程，是否能够识别企业资产面临的风险，是否存在操作风险，这些因素是否影响企业资产的质量等。

案例：完善资产管理流程，提升资产管理质量

2020 年，某公司审计部组织开展资产质量专项审计，发现某户企业贴现银行承兑汇票涉及的增值税发票造假，贸易背景不真实的问题。经过深入追查，审计部发现该企业是一户集团企业，在多家企业利用关联企业虚构贸易背景，进行大额贴现，集团户贴现金额高达 20 亿元。

审计部敏感地意识到这是个严重的问题，及时向公司高层领导请示，扩大审计范围，不仅对该集团在票据业务范围内的贴现业务进行审计，而且对该集团所有交易关联的企业票据业务范围内的所有贴现业务进行审计，并出具延伸审计情况报告。公司高层给予高度重视，迅速采取措施防范票据业务风险：调整客户授信额度，同时出台《关于进一步加强业务营销和管理的通知》，要求客户经理办理票据业务时，一律要求客户出示发票原件、合同原件，确保贸易背景的真实性。

另外在审计中，审计人员还发现抵押物实际盘点价值大于记账金额，出口退税质押物的实际价值小于记账金额等情况。审计人员经过多方求证，发现实际为资产管理系统功能存在缺陷。

针对该系统设计缺陷，审计部向票据贴现管理部门出具了系统改善建议书。票据贴现管理部门采纳了改善建议，并与审计部、科技部共同探讨票据贴现系统改造办法。三个月后，票据贴现系统上线使用了该改造内容。

通常资产管理质量审计是对单户票据贴现或者单个业务的风险点进行逐个排查，缺少对该项业务整体风险的把握。为了提高审计价值，本次审计中审计部主动延伸审计触角，拓展审计广度，从单户票据贴现企业存在的风险延伸揭示整个行业的票据风险，从单一担保物的风险延伸揭示一种担保类型的风险，从一个分公司存在的问题延伸揭示整个集团存在的普遍性问题。这种由点及面、由个体至整体进行横向、全面的分析，剖析问题根源，提出富有建设性的管理建议或进行风险揭示的审计方式，有助于了解问题的普遍性和严重性，实现发现一个问题，解决一批问题，提高审计的整体价值，促进资产管理质量提升。

7.3

关注"源头活水"——产品渠道管理环节重点风险及控制

产品渠道管理是指企业各业务部门根据企业的发展战略和同业市场竞争的状况，在充分调研的基础上，结合客户的需求，组织开发满足客户需要的产品、推进产品营销、评价产品竞争力、调整产品性能的一项管理活动，同时还要考虑产品的推广渠道和应用渠道。产品渠道管理审计是企业组织管理环节重要的一项审计工作，是对产品的开发调研，到产品的推广以及产品的评价、渠道管理等全过程进行审计，从而提升产品的质量、渠道推广的有效性。

产品渠道管理审计的目标是通过开展审计工作，进一步加强企业的产品和渠道管理，提高产品开发的有效性，最大限度满足客户的需求；正确选择目标客户，节约产品和渠道开发费用与推广费用，提高产品的预期收益，使产品渠道畅通，促进产品的推广和应用；建立良好的产品和渠道风险控制制度和流程与有效的风险管控措施，推进客户服务质量不断提升，实现企业的稳定发展。

产品生命需要哪些呵护——产品管理审计需要"自始至终"

产品管理审计重点在于持续跟进产品的全生命周期，要做到事前、事中、事后审计相结合，通过开展不同项目，全方位了解产品管理的过程，评价产品的风险、效益、持续贡献能力。产品管理审计需要关注的主要风险主要表现在以下几个方面。

一是产品开发设计不符合客户需要，客户群体少，预期收益达不到要求；产品开发的可行性报告不全面，产品开发决策不符合制度规定且流于形式，未进行实质性论证和评估。

二是新业务产品制度不健全，未能实现制度优先的内控要求，产品存在缺陷、风险管控不到位，造成客户准入管理不当，产生客户信用风险，导致资产质量不高、资产不良率上升。

三是新产品业务操作流程不符合监管部门要求，内控制度不健全、岗位职责不清、员工配置不合理，不能有效开展市场拓展和调研；员工薪酬激励不到位、积极性不佳、培训教育不到位、辅导教育不力、知识库建设不到位，客服服务不足，客户投诉多，消费者保护能力不足。

四是新业务产品合规管理不到位，员工合规管理不足，案件防控机制不健全，员工行为监测不力，出现违规代理客户业务资金往来。

五是新业务产品系统存在开发缺陷，系统对风险管理存在不足，开发测试不到位，上线新产品出现差错，违规对业务系统访问等。

产品管理审计的方法和要点如下。

一是查阅产品开发的档案资料和产品论证资料、产品的市场分析报告，审核产品开发是否经过充分的论证，是否建立产品开发、使用、维护的管理制度和流程，可行性分析是否到位，与同业之间是否进行过比较和调研，是否具有市场竞争能力，是否符合企业的战略定位和方向；能否为企业带来发展机遇，决策的流程是否科学有效。

二是审阅规章制度和流程，比较分析新产品是否建立了规范的业务管理办法、操作规程、会计核算办法，是否及时修订完善；是否建立新业务产品销售业务风险应急预案并定期演练，对出现可能影响业务的不利情形是否及时预警，并落实管理措施；是否定期组织从业人员培训，是否对服务质量进行监督并纳入考核管理；各岗位职责是否存在相互监督与制约。

三是新业务产品业务管理是否合规。重点关注新产品风险评价的结果是否每年更新（风险评价流程是否合规），过往评价结果是否作为历史记录保存；产品投资人风险承受能力调查和评价是否到位；是否执行异常交易的监控、记录和报告制度；新产品销售信息披露合规性。

四是新业务产品销售是否合规。重点关注新产品销售和代销业务销售制度执行情况；是否存在员工代理客户进行新产品认购、申购、赎回交易等；销售操作是否合规。

五是新业务产品效益是否符合预期，是否能够给企业带来持续的现金流，市场竞争能力是否满足企业的要求；新产品的客户是否满意，是否有对新产品的投诉，投诉是否能够及时反馈，是否对产品缺陷及时进行完善；新业务产品销售账户管理情况是否良好，交易账户、结算账户管理和柜面操作是否合规；对结算资金专用账户的监督管理是否到位；是否定期核对销售业务内外账；销售资金清算全流程是否及时、准确，收入会计核算是否规范准确。

六是是否对新业务产品系统的运行状况进行日常维护与监控；是否建立科学的入侵检测机制和报告反应机制，是否建立应急处理机制；是否采取措施控制业务系统访问安全性、控制安全性和数据安全性；是否有交易限额或交易账户控制，是否有密码试输次数限制；新产品知识库是否建立健全，是否准确、完整、及时地对知识库进行资料梳理、信息报送、信息核对及信息维护。

案例：全过程审计，为新业务产品管理保驾护航

为了适应业务产品创新的需要，某公司审计部门积极跟进，开展新业务产品制度、流程、合规、风险审计，为新业务产品的发展保驾护航。新业务产品审计坚持贯穿于新业务产品的全过程，实现事前、事中、事后的全程参与和审计。

事前审计。在新业务产品开发时，审计人员独立参与新业务前期的论证和评估，对新业务的产品设计和流程安排，提出独立的审计意见。如销售部门通过开发的网上商城销售电子产品，审计部门通过同业调研、员工访

谈、征求客户意见等方式，收集客户对网上电子产品的需求、同业网上电子产品的信息，比较分析各家同业网上电子产品的优劣，并且评估网上电子产品的安全风险等，发表审计部门的意见和建议。审计部门前移审计关口，突出审计的预防性和前瞻性，促进风险管控能力的提升。

事中审计。首先，对新业务产品制度的审计。在业务制度和流程制定中，审计部门作为制度文件的最后会签评估部门，对制度制定中存在的问题和风险提出修改意见和建议，从制度层面来满足业务发展和防范风险的需要。其次，新业务产品上线后，及时跟踪审计，发现业务制度执行中存在的风险隐患和制度执行中不到位的情况，提出整改建议。如对网上电子产品审计，针对电子产品制度制定提出了以下意见：网上电子产品对客户识别力度不够，需要网上核实购买者的身份，对购买电子产品客户的风险承受度进行划分；对于在网上商城购买电子产品冻结资金的交易，要有复核人执行复核操作等。最后，及时组织对电子产品管理情况开展专项审计，通过审计及时提出电子产品运营过程中存在的不足。

事后审计。首先，新业务运行一段时间后，开展定期、不定期的审计，检查新业务运行过程中制度执行的情况，检查在内外部环境变化的情况下，公司业务管理部门是否及时调整，以适应内外部环境的变化。其次，根据内部审计准则和ISO900质量控制的要求，实施持续改进计划，即开展后续审计，对发现的审计风险，在向管理层提出持续改进建议的基础上，召开持续改进工作会议，制定持续改进的措施，开展后续审计，巩固持续改进的成效。最后，定期评估改进的效果，根据评估的情况，确定新业务审计的频率和审计的力度。为此审计部门组织参与和开展了网上电子产品业务安全评估、网上电子产品效益评估、电子产品业务流程和业务合规性审计等专项审计项目，通过多方位、全流程审计促进了新业务产品的发展。

负重前行，重在抬头看路——渠道管理审计"审在何方"

渠道管理中的"渠道"是指企业向市场提供服务和产品的平台，包括物理渠道和电子渠道。物理渠道管理，即企业通过设置服务网点，组织开展柜面服务和上门推广，设置自助机具来服务客户、销售产品、获得收益。电子渠道管理，即企业利用互联网、移动网络销售产品，触达客户，实现产品销售和风险控制，实现全天候的服务。

渠道管理审计需要关注的主要风险如下。

一是渠道管理不符合国家政策和监管要求，未经监管部门批准擅自开办物理网点，擅自增设自助设备，擅自增加电子渠道业务，违规停办、撤销物理网点和电子渠道，未能及时提示和警示已经开通或停办的物理网点和电子渠道、电子渠道业务等。

二是渠道管理不到位，未能进行有效评估和科学规划，对客户的服务能力不足，客户需求得不到满足，客户投诉事件频发，引起媒体关注和监管处罚。

三是渠道管理不到位，疏忽和管理漏洞造成业务管理失控。关键业务岗位履职不尽职，操作流程不规范、内部控制制度不健全，业务系统功能存在缺陷，员工违规操作，对客户造成资金和财产损失，给企业带来声誉风险。

四是渠道业务管理未能全面覆盖渠道运营的所有领域和关键节点，管理人员未能认真履职尽责，管理流于形式，产生重大风险事件。业务创新机制配套措施落实不及时，操作流程不合理，业务系统操作功能不健全，流程与系统不匹配，系统控制失效。

渠道管理审计的方法如下。

运用检查和观察的方法，识别渠道管理的风险；运用数据分析的方法，测试系统管理失效和员工的操作风险，提升渠道管理的自动化和智能化水平；采取访谈和调阅资料的方法，识别内部控制制度的完善性和执行的有效性。

渠道管理审计的要点如下。

一是重点审计渠道管理是否符合国家的渠道政策，渠道管理的内部控制制度建设是否到位，是否符合监管部门的要求，是否能够满足企业的战略发展要求、符合企业的业务发展定位，能否满足客户需求，能否提升企业的市场竞争能力。

二是重点审计物理渠道（比如网点设置、自助机具摆放）是否科学、符合企业的网点规划安排，物理渠道管理是否经过评价，物理渠道的安全性是否符合要求，物理网点功能是否齐全、是否能够满足企业客户的需求等。

三是重点审计电子渠道是否有规划，是否能够合理开发电子渠道，电子渠道的安全性，是否有电子渠道的风险控制措施，是否能够定期评价电子渠道的畅通性、适宜性、安全性、科学性。

四是重点审计管理机制和业务准入机制，管理职责以及运行机制、制度建设以及风险机制的完善；关注渠道管理职责是否清晰、合理，网点业务相关制度、操作规程是否随着系统优化、监管变换而变化，营业网点开立审批手续是否完备、运行是否良好，关键人员是否配置合理、关键岗位配置是否齐全、不相容岗位是否分离。

案例："体验式"审计调查，促进渠道管理能力提升

网上商城作为移动销售的重要载体之一，是公司重要的电子渠道，是公司维系客户、服务客户、提升客户价值的重要方式，是同业竞争的焦点。为了推进集团公司网上商城移动销售业务渠道的完善和功能的提升，某集团公司审计部组织开展网上商城移动销售渠道管理状况审计调查。

本次审计调查除采用观察、询问、问卷调查等传统方法外，还探索运用"体验式"审计方法。所谓"体验式"审计方法，即运用对比、验证、直接操作、亲身体验等多样化的手段开展审计调查，采用该审计方法有助于在调查中更好地掌握不同机构不同要素的优劣情况，为手机银行业务的开展提供参考。主要内容如下。

一是通过对比分析广泛了解市场上各公司网上商城移动销售的功能、安全性等方面差异，办理各公司网上商城开户，观察各公司网上商城移动销售在功能设置、使用便捷程度、安全性等方面的优缺点。以调查"功能设置"为例，通过对比分析各公司网上商城移动销售功能设置的全面性、创新

性、美观程度等，提炼出优秀网上商城移动销售功能设置的特点，指出相对劣势网上商城移动销售功能设置的缺陷所在，从而提出审计建议，以达到取长补短、博采众长的效果。

二是通过实际操作体验，直观感受各公司网上商城移动销售操作的差异。为真实反映各方面情况，在主要审计调查方面，如网上商城移动销售安全性、交易便捷度和响应度等，通过实际交易进行穿行测试，直观感受网上商城移动销售安全性、便捷性等方面差异，以及交易速度和用户体验方面的不同情况，准确掌握和详尽了解各网上商城移动销售相关特点，为提供审计建议的提出打下坚实基础。

三是通过实地调查感受各公司网上商城移动销售服务态度和推广情况。各公司不仅在网上商城移动销售功能和便捷程度等实用方面展开竞争，还在服务和营销推广方面一较高下。为准确了解各公司网上商城移动销售营销推广和客户服务方面的信息，审计人员在办理各公司网上商城移动销售业务时，以普通客户的身份体验各公司的服务态度，并通过询问等方式了解其在推广方面的实际情况。

此次"体验式"审计发现各公司网上商城移动销售共同点和差异点分析如下。

共同点。（1）基本功能方面，各公司网上商城移动销售交易功能差异不大。（2）安全和性能方面，下载安装各公司网上商城客户端均较为便捷。以公司无线网络环境为例，一般均可在1分钟内完成各网上商城客户端安装。公司网点一般不提供免费WIFI，仅WF公司和KD公司的个别网点有此服务，公司均不通过运营商向客户赠送专门流量。安装文件大小一般在20M以内。

差异点。（1）各公司销售积分兑换功能开发深度不同。在销售积分兑换功能方面，WF公司、KD公司和MD公司普遍具有销售积分兑换功能，其中KD公司和MD公司还具有无卡兑换和透支兑换功能，以上功能迎合了市场化下积分兑换类业务的强势崛起，也利于维护积分透支等高附加值客户。（2）通过网上商城移动销售大力扩展业务增长点。在生活服务功能方面，KD公司依托网点优势和信息优势，整合了各类生活服务资源，包括商旅机票、酒店预订、游戏点卡、电影票、彩票等；MD 公司亦推出游戏点卡、电影票、积分兑换、商旅服务。（3）特色业务方面各公司差异很大。KD 公司和 MD 公司均推出二维码兑付功能，十分方便；WF 公司推出摇一摇兑付功能，亦有独到之处。MD 公司特色功能除在专业领域有专门宣传渠道外，还打造出银行商城这一特色产品，增加了网上商城移动销售客户需求，增强了客户黏性。在功能使用方面，以销售收款为例，审计人员测试了四家公司收款便捷度和时间。在收款便捷度方面，四家公司均需要三步完成（选择收款—输入信息和密码—输入动态口令），没有区别；不同之处在于动态口令的获取方式不同。在收款效率方面，MD 公司和 KD 公司跨行收款到账时间基本相同，完成交易后即可到账；而 WF 公司到账时间则为 180 分钟，收款效率明显低于 MD 公司和 KD 公司。

审计人员提出以下建议。（1）发挥网上商城移动销售替代物理网点作用的同时，更应发挥好其在业务推广方面的独特优势。可以将网上理财、网上购票等多项业务接入网上商城，从而大大提升网上商城的业务量，而且还有助于增加客户对移动销售的业务黏性，有助于提高客户对公司的忠诚度，稳固客户群体。（2）细致深入分析客户群体及其特征，加强网上商城交易功能的针对性。对公司客户群体进行深入分析，在客户群体分析的基础上，建议加强特色功能设置，如航空贵宾室预约服务、特约商户信息推广、理财产品销售等新兴类业务，积极借助网上商城移动销售渠道拓展公司优势业务领域快速发展。

本案例的意义在于，通过审计独立的视角、完善的手段，可以更好地提供全面客观的调查，在网上商城移动销售功能、使用方便程度、交易安全程度、业务推广发展等方面提供详尽客观的调查分析；在审计方法上，探索实践了"体验式"审计，有效提升了分析的全面性，增强了审计调查的客观性以及审计建议的针对性。

7.4

点燃"工作激情"——业务绩效管理环节重点风险及控制

企业组织管理中，业务绩效管理对于促进企业业务发展具有非常大的作用。业务绩效管理审计包括部门绩效管理审计和分支机构绩效管理审计两个方面。

业务绩效管理审计的目标是通过开展审计工作，进一步加强企业绩效管理的有效性。对企业绩效考核制度和流程进行审计，可以评价绩效考核制度和流程的合规性和有效性，推进绩效考核制度的执行，促进企业高质量发展。

体现该体现的职能节点——部门绩效管理审计

部门绩效管理审计是通过对部门绩效管理情况开展审计，进一步健全部门绩效管理的内控制度，提高内控制度的执行力，改进部门绩效管理功能与技术，明确问题以及问题产生的机制，从而为企业战略目标的实现提供参考依据。

部门绩效管理审计主要关注的风险有以下几个方面。

一是部门绩效考核不符合企业战略发展要求，不符合监管部门的要求，绩效考核不利于企业业务发展，部门业务发展缓慢，对于分支机构的业绩考核不利，不能有效促进部门所分管业务的发展。

二是部门绩效考核的内控制度和流程缺失，没有构建部门绩效考核的相关制度，流程不符合企业业务发展的需要；部门业务发展缺乏规划，不能有效激励部门员工认真履职、开拓业务，提高部门业务绩效。

三是部门绩效没有体现业务发展、风险控制、经济效益的协调发展，绩效考核未认真考虑资产负债管理结构，没有按照资产负债的要求进行资产定价，没有促进业务人员提高资产质量、提高资产收益、降低资金成本、优化流程、消除冗余节点，没有提高部门绩效的激励效果。

四是部门绩效的业务系统没有及时开发，绩效考核系统功能不健全；部门绩效考核没有采用参数控制，部门考核没有落实到每一个岗位和员工，员工对绩效考核方案不满意、工作积极性不高，部门绩效不能激励业务发展。

部门绩效管理审计的方法和要点如下。

一是通过审计现行绩效考核体系，比较分析部门绩效管理战略是否明确，现行的绩效考核体系、结构和水平是否支持企业的发展战略，部门绩效管理是否对企业发展战略起到支撑作用。

二是通过大数据统计分析，观察现行的绩效体系是否根据职位责任、风险、技术含量、工作量等因素来决定不同职位的绩效水平，这种考核方式的科学性如何，是否能体现出不同职位之间的相对价值。

三是比较分析和评价现行的绩效体系、业务结构和激励水平是否能够吸引、激励和保留企业所需要的人才，是否出现因激励问题而造成的人才流失现象，不同层级、不同职位在市场上的薪酬位置如何，是否同市场上薪酬曲线相吻合。

四是审计引入人工成本动态管理的概念，测试企业部门是否建立完整的人工成本核算体系，是否将人工成本同经营状况、资产等形成有机的动态平衡，薪酬水平的确定是否基于风险成本调整后的经营业绩，短期激励与中长期激励是否协调。

五是通过部门绩效访谈，审核部门绩效管理方案是否统一制定、规划，不相容职务是否分离；是否建立了部门绩效管理制度，部门绩效组成结构是否合理等；部门风险控制成本指标是否纳入绩效考核指标，是否存在盲目追求规模增长和市场份额提升、绩效考核指标中风险成本控制指标所占比重过低，造成机构经营行为短期化的情况。

六是调阅绩效考核文件与业务数据资料，分析绩效考核制度是否正向激励合规员工、逆向约束违规员工；是否存在对管理人员的正向激励效应大、问责处罚轻，而收入分配对一线员工（尤其是经办人员）倾斜少，反向制裁重，从而呈现"风险责任下移，收入分配上移"的现象；是否对不同部门岗位的员工设定了清晰的免责、问责标准，责任追究措施能否到位，是否存在免责标准不清、责任追究以罚代处的现象；部门员工是否满意自己的薪酬，员工的公平感如何，员工是否有较强的归属感，如有不满意的，员工的不满意点的产生原因是什么。

案例：关键指标法，提升公司业务部门绩效

某公司审计部门对公司业务部门实施关键指标法进行审计，通过审计完善了公司业务部门绩效考核指标，提升了公司业务部门指导分支机构履行条线管理职责的积极性，推动落实了公司业务部门既是公司业务的独立经营单位，又是分支机构公司业务的管理部门的双重责任，提高了公司业务部门的部门绩效，实现了公司业务部门职能转型，对驱动公司条线经营行为持续优化，取得了较好的审计成效。审计部门对公司业务部门绩效审计后的建议绩效考核方案如下。

公司业务部门绩效考核指标体系采取关键指标法，关键指标包括独立经营指标与分支机构公司业务管理指标。独立经营指标旨在衡量公司业务部门作为经营单位，在独立客户拓展与经营方面的成果，考核权重为70%。分支机构公司业务管理指标旨在衡量公司业务部门作为管理部门，在推动、支持分支机构达成公司条线经营任务上做出的贡献，考核权重为30%，其中70%与各分支机构公司条线经营任务完成情况挂钩，30%与相关管理任务的执行情况挂钩。具体指标，见表7-2。

表 7-2 绩效考核指标

指标维度			指标项	分值	计分部门
独立经营指标	模拟 EVA（权重 50%）		模拟 EVA	50	计划财务部门
	业务（权重 30%）		公司销售日均余额增量	13.5	业务管理部门
			公司应收款日均余额增量	13.5	
			中间业务收入	3	
	客户（权重 20%）		公司有效客户增长	10	
			网上渠道客户	10	
	风险（扣分项）		应收账款不良率	待定	
			应收票据利息收回率	待定	
分支机构公司业务管理指标	挂钩分支机构公司条线任务（权重 70%）	业务（权重 56%）	公司销售日均余额增量	28	
			公司应收款日均余额增量	28	
		客户（权重 14%）	公司有效客户增长	14	
		风险（扣分项）	公司应收款不良率	待定	
	管理任务（权重 30%）	公司业务能力输出（权重 10%）	考核对分支机构相关人员进行公司业务的辅导与培训	10	主管领导
		联动营销（权重 10%）	考核持续跟进各分支机构重点客户的拓展情况	10	
		微型企业业务能力建设（权重 10%）	考核微型企业发展情况	10	

（1）公司业务部门独立经营任务基础分 100 分，每项指标最低 0 分，上限 200 分。

①模拟 EVA 计分规则。

模拟 EVA 基础分 100 分，最低 0 分，不设上限，占独立经营任务考核得分的 50%。

模拟 EVA 考核得分 =100× 本年模拟 EVA 达成值 ÷ 本年模拟 EVA 任务值

②业务总分 100 分，最低 0 分，上限 200 分，占独立经营任务考核得分的 30%。

公司销售日均余额增量得分 =45× 公司销售日均余额增加额 ÷ 公司销售日均余额增长任务

公司应收款日均余额增量得分 =45× 公司应收款日均余额增加额 ÷ 公司应收款日均余额增长任务

中间业务收入得分 =10× 中间业务收入额 ÷ 中间业务收入任务

③客户总分 100 分，最低 0 分，最高分 200 分，占独立经营任务考核得分的 20%。

公司有效客户增长得分 =100× 公司有效客户增长数 ÷ 公司有效客户增长任务数

网上渠道客户得分 =50× 网上渠道客户数 ÷ 网上渠道客户任务数

④风险类指标。

风险类指标为扣分项，每项与目标值差 1 个百分点扣 1 分。

（2）分支机构公司业务管理指标，包括两部分：挂钩分支机构公司条线任务和管理任务。

①挂钩分支机构公司条线任务指标口径，以确保公司业务部的一切管理活动围绕着支持推进分支机构达成公司条线经营任务为目标。

②管理任务指标口径，即对公司业务部门执行相关管理任务情况的评价，管理任务包括 3 个维度，每年根据相关流程制定具体任务。

公司业务能力输出：围绕短板与业务需求，对分支机构相关人员进行公司业务的辅导与培训，领域包括但不限于产品、营销、运营、风控等。

联动营销：持续跟进各分支机构重点客户的拓展情况，与分支机构团队一起定计划、一起定方案、一起访客户，充分发挥公司业务部门专业强的优势。

微型企业业务能力建设：包括开发、优化适合区域小客户产品、系统优化；对业务能力进行评估指导；制定风险防控指引；对公司客户进行调研等。

（3）分支机构公司业务管理指标计分规则。

公司业务部门对分支机构公司业务管理指标基础分 100 分，最低 0 分，单项分值上限为基础分的 2 倍。

①分支机构公司业务条线任务基础分 70 分，最低 0 分，最高分 140 分，占分支机构公司业务管理指标考核得分的 70%。

公司销售日均余额增量挂钩得分 =28× 分支机构公司销售日均余额总增量 ÷ 总增长任务

公司应收款日均余额挂钩得分 =28× 分支机构应收款日均余额总增量 ÷ 总增长任务

公司有效客户增长挂钩得分 =14× 公司有效客户总增量 ÷ 总增长任务

风险类指标为扣分项，每项与目标值差 1 个百分点扣 1 分，最高扣 20 分。

②管理任务基础分 30 分，最低 0 分，最高分 60 分，占分支机构公司业务管理指标考核得分的 30%。

管理任务考核得分基于分管领导对公司业务部管理任务执行情况进行评分。

"亮个相，卡个度"——分支机构绩效管理审计

分支机构绩效管理审计是通过对分支机构绩效管理情况开展审计，进一步健全分支机构绩效管理的内控制度，提高分支机构绩效考核的力度，规范分支机构的经营行为，提高分支机构绩效考核的积极性，推进分支机构贯彻落实企业战略规划，坚持业务发展定位，降低分支机构风险，提高

分支机构经济效益，注重基础业务的发展，为企业持续稳定发展奠定基础。分支机构绩效管理审计是企业组织管理环节审计的重要组成部分。

分支机构绩效管理审计关注的主要风险如下。

一是分支机构绩效的设计不符合企业的发展战略，业务引导性不强，偏离企业的发展方向，给企业长期稳定发展带来不利影响。

二是分支机构绩效管理制度和流程存在缺陷，指标体系设计不合理，目标任务安排不符合业务发展实际，没有注意到企业发展的关键环节，导致企业业务发展缓慢，绩效激励作用欠缺。

三是分支机构绩效管理只注重业务发展，不顾及业务风险，重业务、轻风控、轻效益，导致业务发展规模增大，风险增加、成本增加、效益降低、现金流缺乏、资产质量降低，企业发展陷入困境。

四是分支机构绩效管理没有建立风险金制度，未采取延期发放营销奖励绩效薪酬的政策，导致客户经理风控意识不强、追求短期效益、违规操作、弄虚作假，给企业造成资产和声誉损失。

分支机构绩效管理审计的方法和要点如下。

一是通过调阅董事会战略规划、高级管理层落实战略规划的行动方案，分析分支机构绩效考核导向是否符合公司的发展战略，是否坚持公司的业务发展方向，是否坚持基础客户的发展以及业务场景的构建，业务发展生态是否良好。

二是计算分析关键业务指标、访谈关键员工，评价分支机构绩效管理的科学性、绩效考核指标设置的合理性，是否兼顾业务发展与风险防控之间的平衡，分支机构考核的业务规模指标和效益指标与合规内控指标的占比是否符合监管部门的要求，是否实施案件防控指标的一票否决。

三是对比分析历史业务考核方案和考核数据，评价分支机构绩效考核体系是否能够涵盖主要业务、主要条线，对于分支机构的负责人（总经理）、部门总经理、运营主管、客户经理、柜面服务人员等，是否建立岗位、人员、目标相适应的考核体系，并且认真执行。

四是调查分支机构是否建立绩效考核的责任追究制度、违规处罚机制，是否对违规人员进行处罚，维护企业的内控制度的严肃性。

案例：弄虚作假增业绩，大数据审计揭真相

某集团公司审计部根据年度审计计划组织开展分支机构经营绩效专项审计。审计过程中，审计人员采取大数据分析和数据挖掘技术，对该公司36 家分公司进行数据筛查和对比分析，发现有一家分公司绩效数据存在弄虚作假的情况，具体问题如下。

一是该公司 2 名客户经理利用虚假身份信息，代理设立销售网点 86个，并且办理授信营销结算账户 86 个，所有客户信息和授信资料均掌握在客户经理手里。客户经理利用授信账户在 POS 机上刷卡，虚增销售业务量，利用企业账户对 86 个授信营销结算账户进行虚假销售，并在信用免息期到期前一天将销售货物按照退回处理，将资金退回授信结算账户，消掉应收账款，形成一个闭环操作。审计人员利用大数据抽取一年的数据，发现这2 名客户经理每月操作多次，累计资金达到 11 330 万元，骗取销售营销奖励 103 万元，虚增授信营销账户 86 个。

二是虚增销售。审计人员根据每月月底和月初大额资金变动数据清单，对月底销售、月初退回或月底预收账款、月初还款进行抽取，发现有 3 名客户经理管理的 12 个客户存在月末最后一天销售、月初第一天就退回的情况，全年涉及借款金额 6.7 亿元，平均每月 5 583 万元。审计人员经审查，认定虚增销售额全年共计 6.7 亿元。

三是利用应收账款周转方式掩盖应收账款质量。审计人员利用在授信期内主动周转应收账款，增加额度分析模型，对全行数据进行分析，发现该公司有 3 个客户应收账款金额为 3 500 万元，在授信期内，新增加应收账款金额 200 万元。审计人员深入查证后，发现 3 户企业资金流中断，企业被法院查封，经营停止，增加应收账款就是为了骗取公司发货，利用销售货物归还债务。审计人员综合分析认为 3 个客户已经出现不良，公司为掩盖应收账款坏账增加应收账款余额，使公司经营风险进一步增大。

审计部通过审计认定该公司存在以下情况：违规销售，掌控客户账户，弄虚作假完成销售考核任务，违规套现信用，占用应收账款资金利息，损害

公司利益；利用销售业务月末虚增营业收入、应收账款余额，虚假完成营业销售考核任务；利用周转应收账款掩盖坏账，增加分公司绩效，规避坏账率考核，性质严重。

公司高层领导对审计结果高度重视，及时召开全集团员工大会，通报审计结果：对分公司总经理、副总经理免职；对客户经理进行开除或辞退，追回已经发放的绩效；对主管业务的领导进行警告。公司高层领导还及时在全集团范围内进行排查，组织绩效考核的目的大讨论，督促业务部门履行管理责任，加强日常数据的监测和管理，堵住绩效管理的漏洞。

丛书后记

从某种角度讲，内部审计诞生于经济，同时也服务于社会发展。一次偶然的机会，某位协会领导触动并激发了大家创作"内部审计工作法系列"丛书的热情，他说："你们应该把自己宝贵的工作经验与理论相结合，向内部审计实务工作者传递好这些内部审计先进的理念、技术与方法。"于是，在丛书编委会的统筹下，作者们开始辛勤调研、认真写作，并按照分工，有序地推进写作任务，经过无数个不眠之夜，终于使"内部审计工作法系列"丛书付梓，可谓天道酬勤，值得庆贺。

本套丛书筹备初期、编写期间以及出版过程中，诸多教授、学者和内部审计实务工作者对丛书提出了宝贵的意见并给予充分的肯定与鼓励。2021 年 5 月 19 日，丛书主创人员在宁波召开了中期汇报会，其间，全国部分省市内部审计协会新老领导们一致认为"本套丛书是他们记忆中全国首套成体系的内部审计实务丛书，非常有意义"，这个评价激发了我们极大的创作热情。丛书出版过程中，特别感谢第十一届全国政协副主席、审计署原审计长、中国内部审计协会名誉会长李金华亲自审阅本丛书并作总序；感谢李如祥副会长、时现副校长、李若山教授对图书的高度评价，并为丛书作推荐序；感谢中国内部审计协会原副会长兼秘书长易仁萍老领导对本套丛书的精心指导与帮助；感谢王光远教授对本套丛书的关心与关注；感谢陈焕昌、范经华、尹维劼、许建军、王勤学、何小宝、徐善燧、陈德霖、许兰娅、翁一菲、陈建西、沈谦、吴晓荣、沈静波、缪智平、高垚、林朝军、毛剑锋、全国义、杨辉锋、薛岩、雷雪锋、罗四海、施曙夏等人在丛书调研与写作过程中给予的大力支持。

在本套丛书初稿形成，我们又组织专家进行多次的线上讨论，部分专家前辈提出建议：为给人以启示，传递正能量，希望在每章首页中插入以内部审计为主题的名言警句。在此，感谢中国内部审计协会新老领导、内部审计领域的专家学者为本书提供精辟而富有哲理的名言警句，感谢审计署内部审计指导监督司、北京市内部审计协会、湖南省内部审计协会、浙江省内部审计协会、山东省内部审计协会、福建省内部审计协会，成都市审计学会以及宁波市内部审计协会、上海铭垚信息科技有限公司、宁波南审审计研究院等单位的大力支持！

丛书的出版离不开人民邮电出版社全程地跟进服务，他们很专业、很敬业；离不开李越、林云忠委员组织协调，他们为丛书的调研与写作提供了有力的保障；更离不开袁小勇教授统筹丛书编写架构，统一丛书编写要求，统领丛书进度与审稿等，他为此投入了极大的精力并倾注了极大的心血。

时代在前进，理念在发展，本套丛书错漏之处在所难免，恳请读者批评指正，我们会再接再厉，希望有机会再为广大读者创作更为专业、系统的内部审计工作法系列实务丛书，为实务工作者增值，为企业增效，为社会增进！

丛书编委会

2022.5.16